DIE SELFPUBLISHERBIBEL

Handbuch für verlagsunabhängiges Publizieren.
Ausgabe 2022

MATTHIAS MATTING

ISBN: 978-3-96357-310-1

Lizenzausgabe des Belle Époque Verlags, Dettenhausen, mit freundlicher Genehmigung des Autors.

Matthias Matting, selfpublisherbibel.de

Sieglgut 51, 94034 Passau

Lektorat: Mirjam-Samira Volgmann

Coverfoto: Birgit-Cathrin Duval / takkiwrites.com

Druck: Custom Printing, Warszawa, Polen

BE

Belle Époque Verlag

Fördermitglied im Selfpublisher-Verband

Inhalt

Zum Einstieg

Marketing

Recht und Finanzen

Technik

Willkommen zur Ausgabe 2022

Liebe Leserinnen und Leser,

Die Selfpublisherbibel ist im Frühjahr 2013 online gestartet. Was nicht jeder weiß: Ursprünglich sollte sie ein gedrucktes Buch werden, eben die »Bibel des Selfpublishing«. Nur ist die eigentlich geplante Crowd-Finanzierung des Projekts Mitte 2012 gescheitert. Die Website jedoch hat sich als außerordentlicher Erfolg erwiesen. Inzwischen über 1800 Artikel beschreiben alle Facetten des selbstbestimmten Publizierens.

Die schiere Masse hat es allerdings zunehmend erschwert, die Übersicht zu behalten. Deshalb gibt es die »Selfpublisherbibel« seit 2017 nun doch als »richtiges Buch«, und zwar gedruckt und als E-Book. Sie erfahren darin wirklich alles, was Sie wissen müssen, ganz egal zu welcher Frage.

Wie Sie das Buch lesen sollten

• Sie betrachten sich noch als Neuling? Dann fangen Sie im Kapitel »Zum Einstieg« an.

Hier erlernen Sie die nötigen Schritte zur Veröffentlichung.

• Sie sind im Selfpublishing schon fortgeschritten? Dann haben Sie vermutlich eine ganz bestimmte Frage. Beim Finden der Antwort helfen Ihnen das Inhaltsverzeichnis, beim Buch der Index – und beim E-Book die Suchfunktion.

• Ihre Frage ist noch nicht beantwortet? Das kann (wenn auch selten) passieren. Fragen Sie einfach online auf Selfpublisherbibel.de! Ihre Antwort wird dann wahrscheinlich auch die nächste Ausgabe dieses Handbuchs ergänzen.

Was gibt es in der nunmehr dritten Ausgabe von 2022 Neues? Zunächst einmal natürlich die nach 2019 neu entstandenen Texte. Alle aufgenommenen Artikel wurden angepasst und überarbeitet, Links geprüft und Tippfehler entfernt.

Ansonsten wünsche ich Ihnen eine abwechslungsreiche Lektüre.

Sie haben die Erst-Ausgabe 2017 oder die zweite Auflage von 2019 bereits als E-Book oder gedrucktes Buch gekauft? Dann erhalten Sie die Version 2022 auf Wunsch kostenlos als E-Book. Schreiben Sie mir dazu einfach eine E-Mail an kindle@matting.de.

Ihr Matthias Matting

Zum Einstieg

Fünf Schritte für den besten Start ins Selfpublishing

KDP Select, *ISBN*, *Distributor*, *VLB*, *Impressum*, *Cover*, *Lektorat* – wer als Selfpublishing-Neuling einschlägige Foren oder auch die Selfpublisherbibel liest, fühlt sich schnell erschlagen. So viel ist zu beachten, alles müssen verlagsfreie Autor*innen selbst erledigen. Aber keine Sorge. Selbst die erfolgreichsten Selfpublisher*innen haben klein angefangen, mit dem allerersten Schritt. **Natürlich werden Sie Fehler machen**, das ist völlig normal – aber das sollte Sie nicht davon abhalten, einfach anzufangen. Ich empfehle, in diesen Schritten vorzugehen:

0. Was Sie für den Anfang benötigen

Sie brauchen natürlich ein **Manuskript**, etwas, das Sie veröffentlichen können. Einige frisch gebackene Indie-Autor*innen haben schon eine Verlagstour hinter sich und einen oder gar mehrere Texte in der Schublade. Andere müssen ihre Ideen erst noch in Romanform gießen.

Welches Werkzeug Sie dafür benutzen, ist nicht besonders wichtig. Viele Autorinnen und Autoren arbeiten mit *Word* oder *OpenOffice*. Andere bevorzugen speziell für Autor*innen geschaffene Textprogramme wie Papyrus Autor oder Scrivener.

Ein **Gewerbe müssen Sie übrigens nicht anmelden**: Das Schreiben und Verkaufen eigener Bücher ist eine freiberufliche Tätigkeit. Natürlich müssen Sie Ihre Einnahmen am Jahresende versteuern.

1. Lassen Sie Ihr Manuskript lesen

Leser*innen, die bei einem Onlinehändler auf Ihr Buch stoßen, haben daran **dieselben Anforderungen wie an einen Titel aus einem Verlag**. Das heißt, es muss fehlerfrei und in sich stimmig sein. Dafür brauchen Sie normalerweise die Hilfe eines Lektors oder einer Lektorin. Im Selfpublishing-Markt finden Sie eine große Auswahl freier Lektoren.

Lektor*innen sind fast immer ihr Geld wert und eigentlich chronisch unterbezahlt.

Wenn Sie sich aber partout kein Lektorat leisten können, versuchen Sie es doch mal mit einer Alternative. Viele erfolgreiche Autor*innen geben unter der Hand zu, dass ihre ersten im Selfpublishing veröffentlichten Titel nicht von einer Profi-Lektorin gelesen wurden, sondern von einer guten Freundin oder der Schwiegermutter. Sie brauchen einen (besser mehrere) Menschen mit Abstand zum Text und guten Deutsch-Kenntnissen. Ihr Probeleser sollte sich auch trauen, die **innere Logik Ihres Buches in Frage zu stellen**. Reagieren Sie offen auf die Einwendungen Ihrer Testleser*innen – setzen Sie im Zweifel vielleicht sogar deren Meinung über Ihre eigene.

Ein Wort noch zum Titel Ihres Romans: Beachten Sie, dass sich der Titel von anderen unterscheiden muss. Das sollten Sie nicht erst prüfen, wenn Ihr Buch bereits online ist.

2. Entwerfen Sie Cover und Klappentext

Es gibt viele Wege, zu einem tollen Buchumschlag (Cover) zu kommen. Wenn Sie grafisch nicht wirklich begabt sind, würde ich es nicht mit einer Eigen-Anfertigung probieren, zumal Sie schon f**ür unter 100 Euro brauchbare Cover** kaufen können (ich gebe hiermit zu, dass ich mein allererstes E-Book mit einem selbst gestalteten Cover in den Handel gebracht habe – es hat sich trotzdem sehr gut verkauft).

Denken Sie aber daran, dass das Umschlagbild das Erste und oft auch Einzige ist, was ein potenzieller Käufer zu sehen bekommt. Erst, wenn er oder sie daraufhin den Titel angeklickt hat, darf Ihr Klappentext sich austoben: ein Text, der Ihr Buch beschreibt, ohne zu viel zu verraten, der die Käufer*innen neugierig macht und schließlich zum Kaufen animiert. **Lassen Sie den Klappentext ebenfalls von Dritten lesen**!

3. Wandeln Sie Ihr Manuskript in ein E-Book um

Potenzielle Käufer*innen in E-Book-Läden zu erreichen ist weitaus einfacher, als ein gedrucktes Buch unter die Leute zu bringen. Wenn sich Ihr E-Book gut verkauft, können Sie immer noch eine gedruckte Ausgabe nachschieben. Nur, damit Sie die Dimensionen abschätzen können: Die meisten Selfpublisher*innen (auch ich) verkaufen auf **zehn E-Books nicht mehr als ein Taschenbuch**.

Um aus dem Manuskript ein E-Book zu machen, sollten Sie ein **gutes Werkzeug nutzen**. Die oben erwähnten *Papyrus Autor* und *Scrivener* können E-Book-Dateien im ePub-Format direkt exportieren. Wenn Sie mit Word oder OpenOffice gearbeitet haben, empfehle ich immer Jutoh. Das Programm ist relativ einfach nutzbar und gleichzeitig so mächtig, dass Sie auch später mit mehr Erfahrung im Selfpublishing noch gern damit arbeiten werden. Wenn Sie sich den Umgang damit nicht zutrauen, fragen Sie am besten einen E-Book-Dienstleister; der Service kostet unter 100 Euro.

Warnen muss ich in diesem Zusammenhang vor der Konvertier-Software Calibre. Calibre scheint einfach, aber Sie glauben gar nicht, wieviele damit verhunzte E-Book-Dateien ich schon reparieren durfte. **Das Problem ist nicht die Software an sich**. Profis können damit perfekte E-Books erzeugen. Doch Calibre ist einfach zu tolerant und macht auch aus fehlerhaften Eingabe-Dateien noch irgendwie E-Books. Das ist im Privatbereich praktisch und sogar erwünscht (Hauptsache, der Text ist lesbar), doch die eBook-Händler beschweren sich dann, wenn sie solche Ergebnisse hochladen.

4. Stellen Sie Ihr E-Book bei Amazon ein

Dieser Rat scheint vielleicht unpopulär, aber Amazon ist und bleibt der beste und bequemste Weg, Ihr Buch auf Markttauglichkeit zu testen. Andere E-Book-Händler wie die Tolino-Allianz machen es Selfpublisher*innen noch immer deutlich schwerer, echte Erfolge zu erreichen. Das liegt daran, dass es trotz der unermüdichen Arbeit des für Selfpublishing bei Tolino zuständigen Anbieters Tolino Media immer noch weitaus schwieriger ist, bei den Tolino-Händlern eine gute Position (und damit zahlreiche Verkäufe) zu erreichen. Gründe dafür sind einerseits die Vielfalt der Plattformen (eine #1 bei Thalia ist nicht auch #1 z. B. bei Weltbild), andererseits die Ranking-Mechanismen (wo es nicht nur auf Verkaufszahlen ankommt) beim wichtigsten Tolino-Händler Thalia und seinen Töchtern.

Wenn Sie Ihren ersten Bestseller gelandet haben, können Sie immer noch darüber nachdenken, Ihr Werk auch Leser*innen auf anderen Plattformen anzubieten. Vielleicht hilft Ihnen der Erfolg bei Amazon dann sogar dabei. Wenn Sie mit einer Anmeldung bei kdp.amazon.de starten, müssen Sie sich keine Gedanken über ISBNs, das VLB, die Preisbindung und ähnliches machen. Amazon fordert nicht einmal ein Impressum (ich würde trotzdem zu einem Impressum raten).

Sie können leicht unter eigenem oder fremdem Namen veröffentlichen, bekommen Ihre Einnahmen (70 Prozent des Nettopreises, wenn Ihr E-Book über 2,99 Euro und unter 9,99 Euro kostet) schnell ausgezahlt und **behalten die**

komplette Kontrolle über Klappentext, Preis und so weiter.

Amazon bietet Ihnen auch die Teilnahme am KDP-Select-Programm an. **Nutzen Sie diese Möglichkeit** (nach 3 Monaten können Sie kündigen): Nicht wegen der dann möglichen Verschenkaktionen, sondern weil Ihr E-Book dann auch ausgeliehen werden kann. Das verschafft Ihnen ein zusätzliches Buchregal.

5. Werben Sie für Ihr E-Book

Ein neu veröffentlichtes Buch landet in einem Teufelskreis: Da es noch von niemandem gekauft wurde, taucht es in keiner Kategorie im Bestseller-Ranking auf. Da es aber **nirgends sichtbar ist, kann es auch niemand kaufen**.

Diesen Teufelskreis müssen Sie durchbrechen. Das **derzeit wirksamste Mittel ist dabei eine Preisaktion**, also eine vorübergehende Preissenkung. Sie richtet sich an Schnäppchenjäger, die Ihr Buch dann durch ihre Käufe in sichtbare Bestenlisten-Ränge bringen.

Allerdings passiert auch hier wieder nichts, wenn niemand davon weiß. Ich empfehle deshalb die Ankündigungsdienste XTME und Lesen.net. Eine Liste weiterer Anbieter von Werbung für E-Book-Preisaktionen finden Sie hier:

http://www.selfpublisherbibel.de/marketing-tipp-wo-sie-auf-preisaktionen-aufmerksam-machen-koennen/

Die mit KDP Select möglichen Verschenkaktionen würde ich zunächst eher nicht nutzen. Natürlich sollten Sie auch (vorsichtig) bei Facebook, Twitter und so weiter die Werbetrommel rühren. Aber versprechen Sie sich nichts davon.

Glückwunsch, Sie haben es geschafft

Damit haben Sie Ihr erstes E-Book auf dem Markt. **Wie Sie nun weiter vorgehen, hängt von Ihren Wünschen und Zielen ab**. Vielleicht lohnt es sich nun, über Distributoren auch auf anderen Kanälen zu verkaufen. Vielleicht sollten Sie als nächstes aber auch lieber ein Taschenbuch produzieren.

Womöglich haben die Leser*innen auch Fehler im E-Book gefunden, die Sie nun mit Hilfe eines Profi-Lektors und Ihrer bisherigen Einnahmen ausmerzen können. Wollten Sie das Cover nicht schon immer von einer Grafikerin überarbeiten lassen? Oder fragen Ihre Leser*innen schon nach einem Nachfolger Ihres Buches, den Sie dann **besser gleich als später schreiben**?

Ihr Einstieg ins Selfpublishing

SEHR OFT BEOBACHTE ich gerade bei Einsteiger*innen den folgenden Ablauf – und womöglich war es bei Ihnen ja ähnlich: Ein Artikel in einer Zeitschrift, Erfolgs-Postings auf Facebook oder die Erfahrungen von Freunden begeistern Sie. Dann beginnen Sie, sich zu informieren. Sie googeln oder fragen in einer Facebook-Gruppe, treffen vielleicht auf die Selfpublisherbibel. Und so bekommen Sie in kürzester Zeit weitaus mehr, als Sie brauchen, nämlich jede Menge Tipps, Ratschläge und Warnungen, was Sie beim Selfpublishing oder auch beim Autorendasein allgemein unbedingt beachten müssen.

Leider hat das oft einen unangenehmen Effekt: Es tritt eine Lähmung ein. Das ist völlig natürlich. Ein riesiger Berg an Aufgaben steht vor Ihnen, der unüberwindbar scheint. Selbst wer noch so mutig ist, kann da nur aufgeben. Bis dahin, etwa die fünf Schritte zum Start ins Selfpublishing auszuprobieren, kommen Sie gar nicht erst. Der Berg ist nicht nur gigantisch, sondern es scheint nicht einmal ein klar auszumachender Weg hinaufzuführen.

Tatsächlich unterscheiden sich die Wege, die erfolgreiche Autorinnen und Autoren gegangen sind. Mancher hat mit 99-Cent-Aktionen immensen Erfolg, während seine Kollegin nie unter 2,99 Euro verkaufen würde. Mancher schwört auf selbstgezeichnete Cover, andere lassen nie lektorieren und haben trotzdem Erfolg. Lässt sich daraus eine allgemeingültige Strategie ableiten? Leider nicht.

Wenn man die Erfolgsgeschichten der Top-Selfpublisher*innen vergleicht, haben sie aber meist eines gemeinsam: „Ich habe vom Selfpublishing gehört und mir gedacht – probier es doch einfach mal aus.» Das ist, wozu ich Sie ermutigen möchte. **Fangen Sie an!** Es ist völlig normal, am Anfang Fehler zu machen. Erst wenn Sie losgehen, zeigt sich der für Sie optimale Weg. Und vermeiden Sie zumindest am Anfang, sich mit zu vielen Fragen gleichzeitig zu befassen. Solange Sie Ihr Buch noch schreiben, schreiben Sie. Wenn Sie es dann veröffentlicht haben, können Sie sich immer noch um das Marketing kümmern. Später, mit mehr Erfahrung, können Sie dann anders vorgehen und ausgefeilte Pläne aufstellen.

Das Risiko ist übrigens minimal, denn die gute und die schlechte Nachricht lauten: Das erste Buch ist bei den allermeisten sowieso kein Erfolg. Aber es zeigt Ihnen durch Versuch und Irrtum den für Sie optimalen Weg auf den Berg (oder darunter hindurch).

Lohnt sich Selfpublishing?

JA – und manchmal verdient man damit sogar Geld.

Das dürfte die kürzestmögliche Antwort auf die Frage aller Fragen sein, die ich regelmäßig gestellt bekomme. Ich brauche mich dazu überhaupt nicht mit Rückfragen aufzuhalten, etwa nach dem Sinn von »lohnt sich« oder der Definition von Erfolg. Denn es ist völlig egal, wie eine Profi-Autorin oder ein Hobby-Schreiber Erfolg für sich definieren: Selfpublishing lohnt sich auf jeden Fall, zumindest für den, der es tut, denn es erfüllt irgendein Bedürfnis (Bestätigung, Aufmerksamkeit, künstlerischer Ausdruck…) – sonst würde man ja die Veröffentlichung sein lassen.

Und… so rein finanziell? Je nach persönlichen Motiven kommt die Frage mal verschämt (wir bewegen uns ja hier im Bereich der Hochkultur), mal ganz direkt. Sie müssen sich wegen dieser Frage nicht schämen, auch wenn in Deutschland kulturell bedingt wenig über Geld gesprochen wird, jedenfalls über das eigene. Deshalb stelle ich sie hier noch einmal ganz groß:

Lohnt sich Selfpublishing finanziell?

Oben schrieb ich schon: Manchmal verdient man damit sogar Geld. Dieses »manchmal« zu beziffern ist nicht leicht, und noch schwerer ist eine Anleitung, wie aus dem »manchmal« ein »für mich« wird.

Ich probiere es mal mit ein paar Zahlen, die vielleicht ein bisschen ernüchternd klingen. 2011 führte der deutsche Kindle-Store 25.000 deutschsprachige E-Books. 2012 hatte sich die Zahl schon verdoppelt, 2013 versechsfacht. 2015 waren es 300.000, und heute sind es rund 510.000 Titel, mit denen Ihr E-Book um Aufmerksamkeit buhlt. Die Verlagsproduktion ist dabei jedes Jahr etwa gleich geblieben, bei ca. 80.000 Büchern pro Jahr in Deutschland. Gestiegen ist der Anteil der Verlagstitel, die als E-Books angeboten werden (heute nahe 100 Prozent), noch stärker gestiegen ist der Anteil der E-Books von Selfpublisher*innen.

Das erkennt man u. a. an der Anzahl der Autoren. Am 1. Januar 2015 hatten rund 45.000 Autoren bei Amazon.de deutschsprachige Bücher veröffentlicht (ältere Daten habe ich nicht in meiner Datenbank). Ein Jahr später, am 1. Januar 2016, waren es schon etwa 60.000. Der Zuwachs dürfte sich zu 90 Prozent aus Selfpublisher*innen speisen. Eine Schätzung von 30.000 Selbstpublizierenden insgesamt sollte realistisch sein.

Interessanterweise ist diese Zahl binnen Jahresfrist allerdings leicht (= 3 Prozent) gesunken. Da gab es wohl einige, die die Frage nach dem »lohnt sich Selfpublishing finanziell« für sich mit »nein« beantwortet haben. Aber davon sollten Sie sich nicht beeinflussen lassen. Denn der Markt wächst nach wie vor von Jahr zu Jahr, jedenfalls der Teil des Marktes, den Selfpublisher*innen in Deutschland erreichen.

Das verrät z. B. ein Blick auf die Umsatzkurve. Was die Top-150-Selfpublisher in Deutschland im Mittel mindestens verdienen, ist seit 2015 um 50 Prozent gestiegen. Summiert man den Gesamtumsatz der Top 150 über ein Jahr und teilt den Wert durch 1,5, kommt man auf etwa 8 Millionen E-Books, die von den 150 meistverkaufenden SP-Autoren derzeit pro Jahr verkauft werden. Typisch für eine solche Verteilung ist, dass die anderen 29850 Selfpublisher*innen zusammen etwa denselben Umsatz hatten, das wären dann weitere 8 Millionen, womit wir bei 16 Millionen E-Books pro Jahr sind, ein Anstieg von rund 5 Millionen E-Books seit 2015.

Diese 16 Millionen E-Books verteilen sich also auf ca. 30.000 Selfpublisher*innen. Jeder hat damit im Mittel rund 530 E-Books pro Jahr verkauft. Allerdings handelt es sich um eine stark asymmetrische Verteilung, sodass der Mittelwert wenig aussagekräftig ist.

Der Median dürfte (und das ist jetzt eine reine Schätzung) eher bei der Hälfte des Mittelwerts liegen, also bei ca. 250 E-Books. Das heißt, die eine Hälfte der SP-Autor*innen hat mehr als 250 E-Books verkauft, die andere Hälfte weniger.

Ihre Chancen, pro Jahr mehr als 250 E-Books zu verkaufen, stehen also 50/50.* Leben kann man von 250 verkauften E-Books natürlich nicht, und selbst ein Lektorat zu bezahlen, ist davon noch nicht möglich.

Kann ich als Selfpublisher*in vom Schreiben leben?

Wie hoch stehen dann Ihre Chancen, als Selfpublisher*in vom Schreiben leben zu können? Wenn Sie gut schreiben, professionell arbeiten, beim Marketing nicht zu viel falsch machen und vor allem eine ordentliche Portion Geduld mitbringen: bei etwa 70 Prozent. Hier wirkt oft das Genre einschränkend – wer sich als Autor*in für magischen Realismus oder Kinderbücher begeistert, braucht noch eine Stange mehr Geduld.

Und wie sieht das in Zahlen aus? Es sind wohl derzeit kaum mehr als 500 Autorinnen und Autoren, die in Deutschland vom Selfpublishing mehr oder weniger leben können. Darunter sind auf jeden Fall die 150 KU-Top-Autoren, doch auch eine ganze Reihe weiterer, die sich nicht exklusiv an Amazon gebunden haben. Es ist sogar inzwischen möglich, den Schwerpunkt auf Shops abseits von Amazon zu legen. 500, das sind weniger als zwei Prozent. Einerseits. Andererseits waren es 2015 noch etwa 350.

»Manchmal« liegt also je nach Interpretation bei 100, 70

oder 2 Prozent. Oder bei Null, wenn Sie es gar nicht erst versuchen.

*Die Zahlen berücksichtigen Umsätze bei anderen Shops nicht. Dort liegt der Marktanteil der Selfpublisher*innen zwar deutlich niedriger, trotzdem werden aber signifikante Einnahmen erzielt.

Was Sie brauchen, um im Selfpublishing erfolgreich zu sein

Es gibt Menschen, die sind mit Leib und Seele Unternehmer. Andere haben lieber vierzig Jahre lang einen Chef. Und dritte sind gern Chef in einem Unternehmen, das ihnen nicht gehört. Die persönlichen Wünsche und Voraussetzungen im Arbeitsleben sind vielfältig. Ähnlich ist es bei Autorinnen und Autoren. Seit sich Selfpublishing in der bekannten Form durchsetzt, wird das immer deutlicher. Lange Zeit gab es nur eine einzige Uniform, die sich Schreibende anziehen konnten – heute lassen sich verschiedene Modelle auch prima kombinieren.

Doch was genau brauchen Autorinnen und Autoren, die im Selfpublishing erfolgreich sein wollen?

Bevor hier Missverständnisse entstehen: Die Definition von »Erfolg« ist immer individuell. Es kann ein echter Erfolg sein, ein Buch überhaupt fertiggestellt, die schwierige Familiengeschichte bewältigt oder die Hürden einer Veröffentlichung gemeistert zu haben. Diese persönliche Einschätzung will ich in keiner Weise schmälern. Im Folgenden geht es aber um eine andere Art von Erfolg – vom Schreiben leben zu können, also eine Definition auf kommerzieller Basis.

Voraussetzung 1: Freude am Schreiben

Es klingt banal – natürlich sollte gern schreiben, wer vom Schreiben leben will. Aber tatsächlich höre ich öfter, dass manche Schreibende den eigentlichen Schreibvorgang eher als stressig erleben. Sie mögen es, zu recherchieren, die Fantasie spielen zu lassen, sich Geschichten auszudenken. Aber das Aufschreiben ist dann lästig. Im Selfpublishing nimmt allerdings das Schreiben einen großen Raum ein. Das liegt an der relativ hohen Veröffentlichungsfrequenz, die für dauerhaften Erfolg nötig ist. Ein Buch im Jahr ist hier auf Dauer zu wenig.

Voraussetzung 2: Fähigkeit, mit Kritik umzugehen

FNiemand mag Kritik. Sie müssen es nicht großartig finden, wenn einem Leser Ihr Buch nicht gefällt. Aber Sie müssen einen Modus finden, damit umzugehen. Denn manchmal hat Kritik leider Recht. Wenn ich zum Beispiel die Anmerkungen meiner Lektorin lese, ist mein erster Gedanke: So ein Quatsch. Dann überlege ich mir: nun, aus ihrer Sicht mag das gerechtfertigt sein, auch wenn es aus meiner Sicht nie und nimmer stimmt. Und dann kommt der entscheidende Schritt: Wie hoch ist die Gefahr, dass ein Leser die Sicht der Lektorin teilt? In 99 Prozent der Fälle einige ich mich dann mit mir selbst, die gewünschte Änderung vorzunehmen, um auch diesem Leser, der wie meine Lektorin denkt, ein gutes Buch zu bieten. Im Nachhinein zeigt sich dann oft, dass es deutlich mehr als ein Leser ist, dem ich damit einen Gefallen getan habe.

Voraussetzung 3: Bereitschaft, auf Leser*innen zuzugehen

Beim ersten selbstveröffentlichten Buch besteht etwa die Hälfte des nötigen Aufwands aus Marketing (später wird es weniger). Ich muss versuchen, mein Buch unter der großen Zahl anderer Bücher sichtbar zu machen, Schritt eins, und dann Leser*innen in Fans zu verwandeln, Schritt zwei. Es gibt da viele Möglichkeiten; Selfpublishing-Autor*innen haben gegenüber Verlagen hier oft den Vorteil, ihre Leserinnen und Leser direkt ansprechen zu können. Sie beherrschen Schritt zwei besser. Keine Sorge – dank Website, Newsletter und sozialen Medien müssen Sie dazu nicht extrovertiert sein, Ihre Leser*innen auf großen Messen persönlich umarmen oder in Talkshows lustige Geschichten erzählen. Auch Introvertierte haben sehr gute Chancen – solange die Bereitschaft da ist, sich mit den Leser*innen elektronisch auszutauschen. Eine Autor*in zum Anfassen, das ist es, was Verlage oft nicht zu bieten haben.

Voraussetzung 4: Professionelle Arbeitsweise

Buchkäufer*innen sehen kaum auf Verlagslabel. Sie sind offen für neue Namen. Aber sie erwarten ein professionelles Produkt, das sich in nichts von einer Verlagsveröffentlichung unterscheidet. Man kann das nicht oft genug wiederholen. Die Zeiten, wo man mit einem selbstgemachten Cover kommerziellen Erfolg haben konnte, sind vorbei. Ein professionelles Produkt entsteht aber nur als Ergebnis professioneller Arbeit. Da die wenigsten Schreibenden gleichzeitig Grafikkünstler*innen sind und ein Selbstlektorat unmöglich ist, bedeutet das, dass Sie auf die Hilfe von Profis zurückgreifen müssen. Und auch die Weiterbildung sollte hier Raum bekommen. Das bedeutet aber auch, dass Sie in Ihr Buch und sich selbst investieren, ohne sicher sein zu können, dass sich die Investition am Ende rentiert. Vor diesem Problem stehen alle Verlage, aber Sie als Selbstverleger*in ebenso.

Voraussetzung 5: Vernetzung

Allein gegen die Welt – das ist schwierig. Wenn Sie bei 150.000 neuen E-Books im Jahr mit Ihrem Titel erfolgreich sein wollen, brauchen Sie Input und Hilfe von Anderen mit ähnlichen Zielen. Die treffen Sie in Vereinen wie Qindie, im

Selfpublisher-Verband, in kleineren Gruppen, die gemeinsam auf Messen auftreten, in Facebook-Gruppen ... Es geht darum, nicht alle guten und schlechten Erfahrungen selbst machen zu müssen, das wäre einfach ineffizient. Und oft macht es auch mehr Spaß, die Erfolge mit jemandem teilen zu können, der sie realistisch einschätzen kann.

Voraussetzung 6: Frusttoleranz

Es gibt im Autorenleben auch Ereignisse, die als unfair, fies, gemein oder bösartig wahrgenommen werden. Das Spektrum reicht von Problemen beim Upload und Neidrezensionen über Betrug bei KindleUnlimited und mangelnde Akzeptanz durch manche Händler bis hin zu Plagiaten und E-Book-Klauplattformen. Auf all das werden Sie früher oder später stoßen. Die Kunst besteht darin, sich den Spaß am Schreiben und Veröffentlichen nicht verderben zu lassen. Mir hilft es, an die Überzahl der ehrlichen Fans zu denken. 98 Prozent der Leser*innen und auch Ihrer Autoren-Kolleginnen und -Kollegen sind nett und ehrlich, und das ist doch eine, über alle Branchen hinweg verglichen, sehr gute Quote.

Die sieben häufigsten Anfängerfehler im Selfpublishing

Nur wer nichts tut, macht keine Fehler. Ich gebe zu: Als ich im Mai 2011 mein erstes Buch bei KDP hochlud, habe ich mich diverser Fehler schuldig gemacht. Immerhin war ich ja auch ein blutiger Anfänger in Sachen Selfpublishing. Ich hatte Glück: Das Buch entwickelte sich trotzdem zum Bestseller.

So etwas kann heute immer noch passieren, doch es ist nicht mehr sehr wahrscheinlich. Denn mittlerweile sind viele Indie-Autor*innen zu Profis geworden. Wer jetzt einsteigt, muss ein Buch vorweisen können, das trotz starker Konkurrenz eine gute Figur macht. Dabei hilft es enorm, die **gängigen Anfänger-Fehler zu vermeiden**. Hier meine persönliche Hitliste, ungefähr in der Reihenfolge der Häufigkeit:

1. Zu viele Rechtschreibfehler

Die meisten Leser*innen haben weder Germanistik studiert noch Deutsch. Sie können schwer in Worte fassen, welche stilistischen Fehler der Autorin oder dem Autor eventuell unterlaufen sind. Die Schule hat ihnen aber ein Gefühl für die Orthografie der deutschen Sprache vermittelt. Finden sie schon auf den ersten Seiten der Leseprobe offenkundige

Rechtschreibfehler, dann hat das Buch seinen Stempel weg und wird entweder nicht gekauft oder in einer Rezension verrissen. **Ein Korrektorat ist das mindeste**, das man, selbst wenn keinerlei Budget vorhanden ist, seinem Buch angedeihen lassen sollte.

2. Laienhafter Buchumschlag

Das Cover ist das allererste, das potenziellen Käufer*innen ins Auge fällt. Eigentlich wissen das die meisten, aber trotzdem unterliegen viele einer Fehleinschätzung. Passendes Foto, Titel, Autorenname, so viel kann man doch gar nicht falsch machen? Falsch. Ein Bild aus einer Datenbank in Photoshop mit einem Titel zu beschriften, macht daraus noch lange kein professionell erscheinendes Cover. Bild und Typografie müssen eine Einheit bilden und zum Thema des Buches passen. Als Einsteiger*in fehlt Ihnen dafür der professionelle Blick. Mein erstes Cover war aus heutiger Sicht auch grausam… Suchen Sie sich lieber professionelle Hilfe.

3. Wahl des falschen Preises

Da haben Sie nun zwei Jahre an Ihrer Geschichte gesessen, haben mit ihren Protagonist*innen gelitten, sich ein professionelles Lektorat gegönnt – und nun stehen Sie vor dem Problem der Preisfindung. Eigentlich ist Ihr Werk unbezahlbar, aber Sie sehen ein, dass es einen Preis bekommen muss. Verlagstitel kosten 13,99 oder 8,99 Euro und werden gekauft. Gut, vielleicht ein bisschen darunter gehen? Sind 6,99 Euro für Ihren Roman nicht angemessen?

Nein.

Wenn Sie als Anfänger*in mit 6,99 Euro starten, werden Sie nicht viel Freude am Betrachten der Verkaufszahlen haben. Benutzen Sie meinen E-Book. Es kommen 99 Cent heraus? Das kann sein, wenn Sie in einem heiß umkämpften Genre veröffentlichen. Aber der Preis Ihres Buches muss dem entsprechen, was es den Käufer*innen wert ist, und das richtet sich nach Angebot und Nachfrage. Trennen Sie diese Zahl gedanklich von dem Wert, den das Buch für Sie persönlich hat. Als Ihr erstes Werk wird es für Sie immer unbezahlbar bleiben.

4. Zu wenig Aufmerksamkeit für den Klappentext

Falls Ihr Cover es geschafft hat, potenzielle Interessent*innen zum Klicken zu verleiten, haben Sie nur noch eine Aufgabe vor sich: Aus dem Klick muss ein Kauf werden. Dafür ist der Klappentext zuständig. Leider steht das Formulieren dieses Textes oft am Ende eines langen Weges.

Anfänger*innen wollen nun endlich fertig werden und das Buch auf den Markt bringen. Ihre Geduld ist erschöpft, und zwar genau zum falschen Zeitpunkt. Reaktivieren Sie beim Schreiben des Klappentextes noch einmal all Ihre Schöpferkraft! Niemand wird Ihren Roman lesen, wenn nicht zuvor der Klappentext das richtige Maß an Überzeugungsarbeit geleistet hat. Lassen Sie sich dabei gern helfen, legen Sie den Text anderen vor.

5. Rezensionen durch Verwandte und Freunde

Niemand kauft gern die Katze im Sack – oder ein Buch ohne Rezensionen. Und ein Buch, das nicht gekauft wird, wird auch nicht rezensiert. Es bietet sich an, diesen Kreis mit Hilfe von Freunden und Familie zu durchbrechen. Wer aus der Verwandtschaft hat denn einen Amazon-Account?

Mein Tipp: Lassen Sie es. Gefälligkeits-Rezensionen sind fast immer erkennbar und helfen Ihnen nicht weiter, im Gegenteil. Starten Sie lieber eine Leserunde auf einer Social-Reading-Plattform. Das beschert Ihnen fundierte, ehrliche Besprechungen, die Käufer*innen auch als solche erkennen.

6. Persönliche Betroffenheit bei Verrissen

Es wird nicht lange dauern, dann haben Sie Ihren ersten Verriss. Selbst wenn Ihr Buch bis dahin allen Lesern und Leserinnen gefallen hat (vielleicht sogar weil Ihr Buch bis dahin allen gefiel), wird es irgendwann einem Menschen in die Hände fallen, der vielleicht gern widerspricht, womöglich einen schlechten Tag hatte, der grundsätzlich gern anderen in die Suppe spuckt oder dem Ihr Buch einfach nicht gefallen hat. Wenn Sie Pech haben, formuliert dieser Mensch seine Abneigung in hässlichen Worten. Dagegen können Sie nichts tun. Amazon wird die Rezension nicht löschen, wenn sie nicht gerade voller Schimpfwörter steckt. Selbst wenn der Rezensent oder die Rezensentin Ihren Plot verrät, wird Amazon nicht tätig.

Mein dringender Tipp: Üben Sie sich in buddhagleicher Ignoranz. Ommmm… Kommentieren Sie nicht. Wenn der Verriss ungerechtfertigt ist, werden Ihre anderen Leser*innen das merken. Wenn Wahrheit darin steckt, korrigieren Sie die Fehler. Aber bleiben Sie ruhig, zetteln Sie keine Diskussion an und trösten Sie sich damit, dass eine 1-Stern-Rezension Ihr Buch glaubwürdiger macht.

7. Zu hohe Erwartungen

Manchmal ist das erste Buch eines Neulings zwei Wochen nach Erscheinen bereits ein Bestseller. Das passiert aber sehr selten. In aller Regel werden Ihre Verkaufszahlen mittelmäßig bis schlecht ausfallen. Das ist normal und zu erwarten. Sie sind schließlich neu, Sie haben noch keine Fans.

Als Selfpublisher*in brauchen Sie vor allem Geduld! Vermarkten Sie Ihr Buch nach bestem Wissen, und schreiben Sie parallel am nächsten. Erst wenn nach dem dritten oder vierten Buch immer noch kein Erfolg eintritt, müssen Sie Ihre Strategie überdenken.

Wie Sie den Steuerfragebogen bei Amazon KDP korrekt ausfüllen

Nach der Erstanmeldung bei Amazon KDP (und dann etwa alle drei Jahre) steht Ihnen noch eine Aufgabe bevor, die auf den ersten Blick furchtbar kompliziert wirkt: Amazons Steuerfragebogen, der ermitteln soll, ob Ihre Einnahmen in den USA versteuert werden müssen. Aber keine Sorge – Sie brauchen keine Belege zu sammeln, sondern müssen lediglich an den richtigen Stellen klicken. Welche das sind, erklärt Ihnen dieser Artikel.

Auf der ersten Seite müssen Sie drei Fragen beantworten.

- Wie lautet Ihre Steuerklassifizierung? -> Einzelperson
- Wegen der US-Steuern: Sind Sie eine US-amerikanische Person? -> Nein
- Fungieren Sie als Vermittler oder sonstige Person, die eine Zahlung im Namen einer anderen Person oder als Durchflussgesellschaft erhält? -> Nein

Darunter geben Sie Ihre Adressdaten an. Dann klicken Sie auf »Ich habe eine Nicht-US-TIN« und geben dort Ihre Steuer-ID an (nicht die Umsatzsteuer-ID, sondern die persönliche Nummer vom Finanzamt).

Dann bestätigen Sie das Land Ihres steuerrechtlichen Wohnsitzes (Deutschland) und klicken auf »Bestätigen«.

Die Zustimmung zur Verwendung der elektronischen Signatur ist schon aktiviert. Sie brauchen unten im Unterschriftsfeld nur noch Ihren Namen einzutippen und auf »Speichern und Vorschau anzeigen« zu klicken. Amazon zeigt Ihnen das W-8BEN-Formular an. Prüfen Sie, ob Sie sich evtl. vertippt haben, und klicken Sie schließlich auf »Formular übermitteln«.

Fertig! Das Ergebnis sollte eine nullprozentige Einbehaltung sein. Diese gilt für Einnahmen in den USA. Sie bekommen also Ihre kompletten Einnahmen über Amazon.com ausgezahlt.

Schwieriger wird das Ausfüllen leider für GbRs. Hier müssen Sie im ersten Schritt die Personen/Kapitalgesellschaft wählen. Als Art des Eigentümers kommt nur die Personengesellschaft in Frage, was dann zum Fragebogen W-8IMY führt. Dort wählen Sie die Non-Withholding Foreign Partnership. Ohne weitere Unterlagen zu den einzelnen GbR-Partnern werden Ihnen allerdings in den USA 30 Prozent Steuern abgeführt werden.

Wie Sie den Support Ihres Selfpublishing-Anbieters erreichen

Die Selfpublishing-Angebote von KDP bis Tolino sind inzwischen durchaus selbsterklärend, und meistens funktioniert auch alles prima. Doch dann kommt wieder der Tag, wo alles in die Hose geht. Die Preisumstellung wurde nicht weitergegeben, eine alte Version des E-Books ist online, das Taschenbuch ist nicht erhältlich … Dann ist guter Rat zwar nicht teuer, aber oft schwer erreichbar. Hier deshalb eine Übersicht, an wen Sie sich wenden können, alphabetisch sortiert. Achtung, die Kontaktformulare erreichen Sie meist nur, wenn Sie auf der Seite eingeloggt sind.

Autoren-Support bei Amazon

Amazon bietet Ihnen zwei Anlaufstellen, die bei speziellen Autoren-Problemen helfen. Keine der beiden können Sie direkt telefonisch erreichen. Es gibt zwar einen allgemeinen telefonischen Kundendienst, doch der verweist Sie bei Schwierigkeiten mit KDP an den Autorenservice.

- **KDP**: Kontaktformular (auch am Ende jeder KDP-Seite zu finden, ganz unten). Deutsch und Englisch, Voraussetzung: KDP-Nutzer. Tipp: Wenn Sie die KDP-Sprache auf Englisch

umstellen, können Sie sich auch kostenlos zurückrufen lassen. Sie sollten dazu in der Lage sein, ein Gespräch auf Englisch zu führen.
- **Authorcentral**: Kontaktformular. Voraussetzung: Anmeldung bei Authorcentral, hilft oft auch, wenn Sie Ihr Buch anderswo eingestellt haben. Kommunikation: Deutsch/Englisch.

Tipp: Bei manchen Problemen, etwa der Kategorien-Einordnung, hilft Authorcentral schneller als KDP, bei manchen hilft auch nur AuthorCentral (wenn das Buch NICHT bei KDP veröffentlicht wurde z. B.).

Autoren-Support bei BoD

BoD hat sowohl eine Hotline geschaltet als auch ein Support-Formular.

- Telefon: 040 – 53 43 35-11 (Mo-Fr 9-17 Uhr)
- Kontaktformular: https://www.bod.de/hilfe/kontakt.html

Autoren-Support bei Bookrix

Der Münchner Distributor Bookrix bietet ein Kontaktformular für Supportanfragen an. Im Impressum ist außerdem die E-Mail-Adresse support-de@bookrix.com angegeben.

- E-Mail: support-de@bookrix.com
- Kontaktformular: bookrix.de/contact

Autoren-Support bei ePubli

Notfallhilfe erhalten Sie bei ePubli entweder per Telefon (zeitlich eingeschränkt) oder per Kontaktformular.

- Telefon: 030/617 890 200 (Mo-Fr 9-12 und 14-16 Uhr)
- Kontakt: https://www.epubli.de/kontakt

Autoren-Support bei Feiyr

Der Distributor nimmt Anfragen per Formular oder Telefon entgegen.

- Telefon: 0861/1661745 (Mo-Do 9-18 Uhr, Fr 9-17 Uhr)
- Kontaktformular: https://www.feiyr.com/de/contact.html

Autoren-Support bei Neobooks

Neobooks ist per E-Mail erreichbar, bietet aber auch Support über Social Media an.

- E-Mail: team@neobooks.com
- Twitter oder Facebook

Autoren-Support bei Tolino Media

Das Selfpublishing-Angebot der deutschen Tolino-Allianz ist per Kontakt-Formular und Social Media erreichbar und beantwortet E-Mails.

- Web: Kontaktformular (mit Messenger-Chat)
- E-Mail: publishing@tolino.media

Autoren-Support bei Tredition

Mit dem Hamburger Dienstleister Tredition können Sie telefonieren oder mailen.

- Web: Kontaktformular

- Telefon: 040 / 28 48 425-0 (Mo, Mi, Fr 9-13 Uhr, Di + Do 14-17 Uhr)

Autoren-Support bei Twentysix

Twentysix erreichen Sie am besten telefonisch – das Kontaktformular lässt sich bei mir nicht öffnen.

- Telefon: 040 / 55 55 399-26 (Mo-Fr 9-17 Uhr)
- Web: Kontaktformular

Autoren-Support bei XinXii

Der Berliner Distributor XinXii hat zwei E-Mail-Adressen für Anfragen.

- E-Mail: distribution@xinxii.com (rund um Verfügbarkeit in den Shops)
- E-Mail: support@xinxii.com (Allgemeine Fragen)
- Web-Formular

Wenn niemand hilft

Manchmal kann es passieren, dass Anbieter Probleme hin- und herschieben. Wenn niemand helfen will, probieren Sie es doch mal hier:

- Fragen und Antworten zum Selfpublishing
- Selfpublishing-Gruppe bei Facebook
- Selfpublisher-Verband (für Mitglieder)

E-Book-Cover: Gestaltung, Kosten und was Sie beachten sollten

DAS COVER, die Titelseite, ist der **wichtigste Teil eines E-Books** – jedenfalls wenn Sie Ihr Buch auch verkaufen wollen. Stellen Sie sich einen potenziellen Käufer vor, der in einem E-Book-Laden nach neuem Lesematerial stöbert. Er öffnet die Charts oder seine Lieblingsrubrik und hat eine Liste mit 20 Titeln vor sich, deren Namen sich oft ähneln. Dazu gibt es etwa briefmarkengroße Bildchen.

Zwei Augen wandern über die Seite, vielleicht nehmen sie sich **20 Sekunden Zeit** oder auch eine Minute – doch pro Titel bleibt nicht mehr viel. In dieser kurzen Spanne muss Ihr Buch den potenziellen Käufer*innen auffallen, sie zu einem Klick verleiten. Eine **schwere Aufgabe**, denn alle anderen Autor*innen haben natürlich Ähnliches im Sinn. Was sollten Sie beachten, damit die Verkaufschancen Ihres Buches nicht schon beim Anblick des Covers vorüber sind?

1. Gestaltung des Covers

»*Die optische Gestaltung ist eine reine Geschmacksfrage*«. Das höre ich oft. Es ist aber falsch. So, wie es in der Rechtschreibung Gesetze gibt, gibt es auch bei der Covergestaltung Regeln. Ein **Cover, das diesen Regeln folgt, gefällt dem Kunden nicht zwangsläufig**, so wie ein orthografisch korrekter Text auch nicht unbedingt jeder Leserin gefällt. Verletzt das Cover jedoch die Regeln, fällt das dem Betrachter auf jeden Fall auf – nämlich **unangenehm**, auch wenn er vielleicht nicht genau sagen kann, was ihn stört. Wenn Sie (wie ich auch) keine Erfahrung in Gestaltung haben, holen Sie sich deshalb am besten professionelle Hilfe (siehe unten).

Wenn Sie Profis engagieren, haben diese aber nicht unbedingt Erfahrung mit E-Books, deshalb müssen Sie die Person mit den **speziellen Erfordernissen** dieses Genres briefen. Dazu gehört vor allem: Das Titelbild muss in **Briefmarkengröße** ebenso wirken wie in mittlerem und Großformat. Das betrifft sowohl die Typografie als auch die Bildmotive. Sie müssen unbedingt auch **mehr verraten als nur den Titel** des Buchs. Denn ein Cover muss erstens zum Genre passen. Wenn Kund*innen auf ein nach Science Fiction aussehendes Cover klicken, danach aber ein High-Fantasy-Roman erscheint, sind sie enttäuscht. Das Titelbild muss zweitens auch den Inhalt des Buches widerspiegeln, ohne zu viel zu verraten.

Auf das Cover gehören der **Titel und der Name des Autors oder der Autorin**. Alles andere ist fakultativ. Einige Autor*innen fügen noch das Genre hinzu oder auch die Art des Inhalts. Das kann hilfreich sein, um falsche Erwartungen (und damit schlechte Rezensionen) zu vermeiden. Eine »Kurzgeschichte« oder eine »Fantasy-Novelle« ist eben weniger umfangreich als ein Roman. Bei Serientiteln sind die Erwartungen an den Umfang bei vielen Leser*innen auch etwas geringer.

Speziell bei Amazon wichtig: Sie dürfen bei KDP im Feld »Titel« gemäß den Amazon-Richtlinien nur eintragen, was auch auf dem Cover zu sehen ist. Das beachten zwar viele Autor*innen nicht (um in der Suche besser dazustehen) – doch Amazon geht zunehmend gegen diesen Missbrauch des Titelfeldes vor.

E-Book-Cover besitzen keine Rückseite. Gedruckte Bücher aber sehr wohl. Diese füllen Sie mit dem Klappentext, einer kurzen Autor*innen-Biografie, dem Barcode und der ISBN.

Bitte kein 3D: Sie wirken zwar optisch gefällig, doch kein E-Book-Anbieter mag sie – Cover in 3D-Optik. Verzichten Sie auf diese Spielerei oder setzen Sie sie höchstens auf Ihrer eigenen Website ein.

2. Technische Anforderungen

Die technischen Anforderungen an das Cover sind von Anbieter zu Anbieter unterschiedlich. Grundsätzlich fahren Sie mit **Jpeg-Dateien im RGB-Farbraum** gut. Amazon empfiehlt ein **Seitenverhältnis von 16:10** (Höhe zu Breite), wobei die längere Seite mindestens **2500 Pixel** haben sollte. Diese Monster-Datei, das so genannte Marketing-Cover, sollten Sie allerdings nur bei KDP hochladen, nicht aber in das E-Book selbst einbinden (»E-Book-Cover«, ist Pflicht), da es sonst zu groß wird und (bei Amazon) die Datenübertragungsgebühr Ihren Gewinn schmälert. Erstellen Sie für das E-Book selbst daraus am besten eine Datei mit **1024 Pixeln Höhe**, und zwar in Farbe.

Dieses verkleinerte E-Book-Cover können Sie auch in der ePub-Datei verwenden. Kobo und Apple erlauben für den Shop (Apple auch für das E-Book) als maximale Größe für das Cover **zwei Megabyte**.

Bei Apple dürfen (und sollen, sonst wird's pixelig) E-Book-Cover die Auflösung des Retina-iPad haben, also **2048 x 1536 Pixel** (als Mindestmaß gibt Apple 1400 Pixel Breite an). Das Seitenverhältnis beträgt hier 4:3, das sollte Ihr Designer berücksichtigen.

Wenn Sie beabsichtigen, später vielleicht auch ein Taschenbuch aus Ihrem E-Book zu machen, sollten Sie sich unbedingt die **originale Photoshop-Datei** mit allen Textebenen geben lassen. Daraus kann eine Layouterin dann ein vernünftiges Buch-Cover bauen.

3. Wer gestaltet mein Cover?

Hier gibt es eine ganze Reihe Auswahl an Optionen, die sich an unterschiedlich große Geldbeutel richten.

Selber machen – kostenlos

Das Cover für mein allererstes E-Book habe ich selbst gestaltet, auf Basis eines Fotos, das mir ein netter Kollege kostenlos zur Verfügung gestellt hat. Ich würde heute **nicht mehr so vorgehen**, aber der Vorteil, dass **keine Kosten** anfallen, ist für zaghafte Gehversuche mit einem E-Book nicht von der Hand zu weisen. Ein eindrucksvolles Foto mit der zum Genre passenden Typografie (bloß nicht »Comic Sans« als Schriftart, keine Kursivschrift für Sachbücher) kann bereits professionell wirken.

Beachten Sie aber, dass Sie das kommerzielle **Nutzungsrecht** des Fotos erwerben müssen, wenn Sie es nicht selbst geschossen haben. Manche Foto-Datenbanken erlauben Ihnen kostenlos nur die nicht-kommerzielle Nutzung. Zudem erlauben manche Foto-Datenbanken zwar die Nutzung im Buch, jedoch nicht als Cover.

Von Software-**Cover-Gestaltern**, die Amazon KDP und die meisten Distributoren auch anbieten, sollten Sie eher keine Wunder erwarten. Ebenso wenig halte ich von **Buchcover-Software** (wie etwa »Bookcover Pro« oder »Magic eCover«), die Sie für ein paar Dollar im Internet downloaden können. Hier kommen Sie vielleicht im Sachbuch-Bereich zum Ziel, aber auch nur, wenn Sie sich mit Gestaltung auskennen. Und dann können Sie ja auch gleich Ihre Lieblings-Designsoftware benutzen…

Vielleicht kennen Sie auch jemanden, der Ihnen als **kleinen Gefallen** in der Freizeit ein Cover erstellt? Revanchieren Sie sich mit dem, was Sie können, und schreiben Sie vielleicht einen tollen Text für die Website dieser Person oder empfehlen Sie deren Arbeit…

Vorgefertigte E-Book-Cover – ab 50 Euro

Statt mit einer Bahn Stoff zum Schneider zu gehen, können Sie **Cover auch von der Stange** kaufen. Auf den vorgefertigten Titelbildern fehlen nur noch Ihr Name und der Buchtitel. Es gibt eine ganze Menge Anbieter dafür im Netz, stöbern Sie am besten ein wenig. Der größte Nachteil besteht darin, dass das Motiv vielleicht nicht perfekt für Ihr Buch passt. Deshalb ist es hilfreich, bei möglichst vielen Anbietern im Regal nachzusehen. Kleinere Anpassungen sind meist für einen geringen Aufpreis zu haben.

Die Anbieter haben die **Fotorechte** für ihre Cover bereits geklärt. Achten Sie aber darauf, dass Sie die Rechte an einem Design exklusiv bekommen, also nicht auch andere Autoren denselben Umschlag verwenden dürfen. Wollen Sie das Cover später auch für ein Taschenbuch verwenden, müssen Sie oft draufzahlen. Das gilt ebenso, wenn Sie eine Buchserie planen: Die Cover-Lizenzen werden nur **für ein einziges Buch** vergeben.

Anbieter gibt es inzwischen wie Sand am Meer, googlen Sie einfach nach »premade Buch Cover« oder »premade book cover«. Hier finden Sie meist eine weit größere Auswahl als bei den deutschen Designern, allerdings läuft auch die Korrespondenz in englischer Sprache.

Das Cover per Ausschreibung – ab 279 Euro

Gute Erfahrungen habe ich mit dem Ausschreibungs-Dienst 99Designs gemacht, vor allem dann, wenn ich selbst gar keine genaue Vorstellung von der Gestaltung eines Covers besitze. Dieser Anbieter ermöglicht Ihnen, Ihr Projekt einer ganzen Reihe von Grafiker*innen aus aller Welt vorzustellen, die dann **konkrete Vorschläge** für ein Cover machen.

Der Prozess dauert **sieben Tage**, in denen Sie möglichst **regelmäßig Feedback** geben sollten. Wichtig ist auch eine möglichst gute Projektbeschreibung in englischer Sprache, damit die Grafiker*innen nicht in die falsche Richtung arbeiten. Am Ende des Verfahrens wählen Sie aus all den Vorschlägen den Gewinner aus, der (abzüglich einer Provision für 99designs) den von Ihnen gesetzten Preis erhält.

Ein Cover kostet Sie hier **ab 279 Euro** (Bronze-Level). Ich investiere allerdings in der Regel lieber 500 Euro, angesichts der Arbeit, die die Designer*innen in den Prozess stecken. Generell gilt: Je höher Ihr Angebot ist, desto mehr Beteiligung können Sie im Wettbewerb erwarten. Die besten Designer*innen engagieren sich nur, wenn Ihr Preis stimmt.

Eine Alternative dazu ist designenlassen.de.

Das Cover von Designer*innen – verhandelbar

Ein individuelles Cover dürfte die Königsoption sein. Zumindest, wenn Ihre **Grafikerin Sie versteht**. Das merken Sie nur im Gespräch. Vorab sollten Sie Arbeitsproben etc. begutachten, um zu sehen, ob der Stil der Arbeit Ihnen liegt und zu Ihrem Projekt passt. Gute Cover-Designer*innen finden Sie zum Beispiel in der Rubrik Cover-Design des Selfpublishing-Markt.de. Rechnen Sie hier mit Preisen ab 250 Euro. Und klären Sie vor Auftragsvergabe, was alles inklusive ist: Wer bezahlt die Lizenzen für verwendete Grafiken? Wie viele Korrekturdurchläufe akzeptiert der Grafiker, wie viele Vorschläge unterbreitet man Ihnen? Und was bekommen Sie am Ende: E-Book-Cover, Printcover, gar beides, und wer erhält die Original-Dateien?

Distributor oder Direkt?

Mit Firmen wie ePubli, Bookrix, Xinxii, Neobooks oder BoD buhlen inzwischen viele Unternehmen um die Gunst von Autoren – mit dem Angebot, Ihr neues **E-Book auf alle verfügbaren Plattformen zu bringen**. Sie müssen sich nur einmal die Arbeit machen, und trotzdem ist Ihr Werk überall erhältlich. Das klingt doch vielversprechend? Schließlich haben Sie mit all den anderen Tätigkeiten, die im Selfpublishings anfallen, eh genug zu tun…

Doch so wie Bequemlichkeit und Komfort für diesen Weg sprechen, gibt es auch Gründe dagegen. Nicht zuletzt das liebe Geld: Wer sich die Arbeit selbst macht, **braucht nichts vom Honorar abzugeben**. Vor der Entscheidung sind deshalb Recherche (etwa in unserem E-Book-Distributoren-Vergleich) und Abwägung eigener Prioritäten nötig.

Was für die Nutzung eines Distributors spricht

- **Bequemlichkeit**: Statt auf vier oder fünf Websites geben Sie alle Daten Ihres Buches nur einmal ein. Sie brauchen auch nur einen einzigen Account und müssen sich nur mit einer Bedien-Oberfläche befassen.

- **Einfachheit**: Distributoren unterstützen Sie in der Regel bei der korrekten Erstellung eines E-Books, etwa mit einem Online-Editor.
- **Übersicht**: Alle Daten der belieferten Plattformen laufen bei Ihrem Distributor ein, auch das Honorar erhalten Sie nur aus einer Hand.
- **Marktanteile**: Manche Plattformen erreichen Sie nur über Distributoren – Sie verpassen anderenfalls also etwa ein Fünftel des Marktes.
- **Marketing-Hilfe**: Da die Distributoren prozentual beteiligt sind, haben sie ein Interesse daran, Ihre E-Books gut zu verkaufen. Potenzielle Hit-Titel werden da durchaus auch mal beworben – die Unternehmen kennen die Manager der E-Book-Plattformen meist.
- **Community**: Die meisten Distributoren bringen ihre Nutzer*innen untereinander in Kontakt – das kann Autor*innen helfen, ihre eigene Arbeit zu verbessern.

Was gegen die Nutzung von Distributoren spricht

- **Kontrolle**: Sie behalten den direkten Zugriff auf Ihr E-Book, können die Beschreibung direkt im Buchladen verändern, Preise zeitnah anpassen etc.
- **Honorar**: Es bleibt mehr Netto vom Brutto, weil Sie nichts abgeben müssen. Das gilt aber nicht für jede Preisklasse.
- **Exklusiv-Boni**: Insbesondere Amazon bietet interessante Vergünstigungen an, wenn Sie sich über das KDP-Select-Programm exklusiv an den Anbieter binden. Diese Boni können unter Umständen sogar den kleineren Marktanteil aufwiegen.
- **Aktualität**: Von der Anzeige der Verkaufszahlen

bis zur Auszahlung des Honorars geht ohne Distributor alles schneller.

Welche Gründe für Sie am wichtigsten sind, müssen Sie selbst entscheiden. Das hängt von vielen Faktoren ab – etwa von Ihrem **Wissensstand** oder Ihrer Bereitschaft, sich in neue Systeme einzuarbeiten. Einen Bestseller, das zeigen die Charts immer wieder, können Sie auf beiden Wegen landen.

Mit KDP telefonieren – auf Englisch

Kann man bei Kindle Direct Publishing anrufen? Nein, muss ich immer sagen, wenn ich danach gefragt werde. Anders als etwa Tolino Media besitzt KDP keine telefonische Hotline; Probleme muss man per E-Mail klären.

Wer allerdings gut Englisch spricht, bekommt mit ein paar Mausklicks doch einen echten Menschen ans Telefon – in den USA nämlich. Der Support dort spricht definitiv nur Englisch, Sie sollten sich also zutrauen, Ihr Problem in der Fremdsprache schildern zu können. Aber der Anruf ist kostenlos, denn Sie werden zurückgerufen. Der Service, der während der Pandemie zeitweise offline war, ist inzwischen wieder freigeschaltet.

So kommen Sie zur Hotline:

1 Stellen Sie Ihr KDP-Dashboard auf »English« um.

2 Klicken Sie ganz unten im Bookshelf auf »Contact us«.

3 Suchen Sie ein Thema aus.

4 Wählen Sie die Kontaktoption »Phone«.

5 Geben Sie Ihre Region und Ihre Telefonnummer samt Vorwahl ein (+49…), auch Handy ist möglich.

6 Schnappen Sie sich Ihr Telefon und klicken Sie auf »Call me« oder auf »Call me in 5 Minutes«.

Der Support wird dann nach Ihren Accountdaten (E-Mail, Name, Ziffern aus der IBAN) fragen. Wenn Sie die richtigen Daten parat haben, können Sie Ihre Frage stellen. Die meisten Probleme sollten vom US-Support lösbar sein (Kategorien ändern, Versionen verlinken u. ä.). Nur bei speziell deutschen Fragestellungen (AllStar-Bonus, Kindle-Deal auf Amazon.de …) wird er Ihnen sicher nicht weiterhelfen können.

E-Mail von Amazon – wie Sie reagieren müssen

Ab und zu kommt es vor, dass nicht Sie sich per Mail beim Amazon-Support melden, sondern ein Mitarbeiter schreibt Ihnen. Was ist passiert? Mal von der Möglichkeit abgesehen, dass Sie irgendeinen Newsletter abonniert haben – welche Nachrichten verschickt der Support üblicherweise, und wie sollten Sie darauf antworten?

Kindle Qualitäts-Mitteilung

Diese Nachricht beginnt so: »Wir möchten Sie darüber informieren, dass Leser ein Problem mit Ihrem Buch gemeldet haben«. Danach folgen dann Tippfehler oder ähnliches – was Leser*innen eben so an Ihrem Buch aufgefallen ist. Das ist im Grunde ein netter Service. Nicht alles, was auf diese Weise gemeldet wird, hat Hand und Fuß. Auch Leser*innen können sich irren. Prüfen Sie die Meldung, korrigieren Sie eventuelle Fehler und laden Sie eine neue Version Ihres E-Books hoch. Eilig ist das nicht, Konsequenzen müssen Sie normalerweise nicht fürchten. Wurden viele Fehler gemeldet, könnte allerdings eine »Qualitätswarnung« auf der Buchseite erscheinen.

Urheberrechts-Mitteilung

Manchmal passiert es, dass dem Amazon-Roboter Ihr Buch bekannt vorkommt. Vielleicht haben Sie es schon einmal über einen Verlag oder unter anderem Namen publiziert, vielleicht ist es auch in Teilen online verfügbar. Oder der Roboter irrt sich ganz einfach. In all diesen Fällen erhalten Sie eine Nachricht, dass Sie Ihr Urheberrecht nachweisen sollen, und zwar in Form einer »Registrierung«. In den USA kann man tatsächlich sein Urheberrecht registrieren lassen, hierzulande aber nicht. Antworten Sie einfach, dass Sie hiermit versichern, Inhaber*in der Urheberrechte zu sein. Meist genügt das.

Metadaten-Mitteilung

Unerfahrene Autoren vergessen gern mal einige der Bestimmungen, die Amazon für die Veröffentlichung bei KDP voraussetzt. So dürfen in der Buchbeschreibung etwas keine Preise genannt werden (etwa »jetzt nur 99 Cent«) und das Titelfeld darf außer dem Titel keine anderen Informationen enthalten (etwa »Thriller«). Wenn Amazon das auffällt, erhalten Sie eine Nachricht des sinngemäßen Inhalts: »Ihre Metadaten sind über den Buchtitel hinaus für Leserinnen und Leser störend und verwirrend. Bitte ändern Sie diese, da wir sonst Ihre E-Books aus dem Verkauf nehmen werden.« Dieser freundlichen Bitte sollten Sie auf jeden Fall nachkommen, und zwar bald, denn die Drohung nimmt Amazon ernst.

AllStar-Mail

Hier werden Sie von diesen freundlichen Worten begrüßt: »Herzlichen Glückwunsch! Sie haben sich im Monat … für einen All-Star-Bonus von KDP Select qualifiziert.« Der Anlass bietet tatsächlich Grund zur Freude – Sie gehören zu den 150 in Deutschland via KindleUnlimited meistgelesenen

Autoren des betreffenden Monats. Das Geld landet dann mit den KU-Einnahmen des Monats auf Ihrem Konto.

Einladung zum Kindle-Deal

Bei einem Kindle-Deal wird Ihr Buch für bestimmte Zeit preisreduziert angeboten. Der große Vorteil gegenüber einer Preisaktion, die Sie stets auch selbst starten können: Auch bei Preisen unter 2,99 Euro erhalten Sie noch 70 Prozent vom Netto. Dafür müssen Sie Ihr Buch für den Aktionszeitraum im Select-Programm belassen. Die Einladung beginnt so: »Wir kontaktieren vereinzelt Autoren und Verleger, um für ausgewählte Bücher besondere Marketingmöglichkeiten anzubieten.« Danach folgt dann eine Anleitung: Klicken Sie hierhin, geben Sie diesen Code ein und unterschreiben Sie digital. Einen Kindle-Deal lehnt man eigentlich nicht ab …

Einladung zur Teilnahme an Prime Reading

Diese E-Mails verschickt Amazon quartalsweise. Sie beginnen mit: »Wir möchten Sie gerne einladen, mit Ihrem/Ihren u. g. Title(n) an unserem Service Prime Reading teilzunehmen.« Auch hier folgt dann eine Anleitung, wie Sie vorgehen müssen. Ob Sie Prime Reading als Autor nutzen sollten, ist pauschal schwer zu sagen. Bei Reihen lohnt es sich jedenfalls eher als bei Einzeltiteln.

Vorsicht, Fälschung

Sie haben es gemerkt: In keinem der oben aufgeführten Fälle habe ich empfohlen, irgendwo Ihr Amazon-Kennwort einzugeben. Wenn eine Nachricht, angeblich von Amazon, Ihnen dies vorschlägt, wissen Sie, dass es sich um eine Phishing-Mail handelt. Darauf sollten Sie gar nicht reagieren. Falls Ihnen jemals etwas spanisch vorkommt: Klicken Sie nicht auf Links, fragen Sie lieber einmal mehr nach.

Wie Sie über Tolino Media mit dem Selfpublishing starten

SEIT FRÜHJAHR 2015 gibt es das gemeinsame Selfpublishing-Portal der deutschen Buchhandelsketten Thalia, Weltbild, Hugendubel, eBook.de, Osiander (und einiger mehr) nun schon – genug Zeit, damit Erfahrungen zu sammeln. Fragt man Autorinnen und Autoren, die dort veröffentlichen, erhält man Antworten von »bringt mir gar nichts« bis »läuft viel besser als Amazon«.

Dass die Erfolge dort so unterschiedlich ausfallen, hat mehrere Ursachen. Zum einen stehen Autor*innen vor einer schwierigeren Aufgabe: Das Publikum ist nicht nur in einem Shop, sondern in vielen (wenigstens in den drei großen: Thalia, Weltbild, Hugendubel) vom eigenen Werk zu überzeugen und Sichtbarkeit zu erreichen. Nur wenn das gelingt, ist ein ähnlich hoher Verkaufserfolg wie bei Amazon zu erwarten.

Die Käuferschaft setzt sich bei den Tolino-Shops zudem ein bisschen anders zusammen als bei Amazon – und das ändert sich auch noch von Laden zu Laden. Die Interessen unterscheiden sich, die Gewohnheiten, aber auch die Preis-Sensibilität. Tatsächlich dominieren bei Tolino noch immer die Verlage die Bestsellerlisten – und das ist für den Einstieg gar nicht schlecht, denn so lassen sich höhere Preise als bei Amazon erzielen, wo 2,99- und 3,99-Euro-Titel vorherrschen. Bei Thalia ist es sogar so, dass auch der Umsatz für das Ranking zählt, was höhere Preise ebenfalls begünstigt. Unter all den 8,99-Euro-Titeln der Verlage wirken dann selbst 4,99 Euro noch wie ein Schnäppchen.

Der **größte Pluspunkt von Tolino Media, gerade für Einsteiger*innen, ist jedoch die persönliche Betreuung**. Bei KDP kommunizieren Sie als Einsteiger*in normalerweise per E-Mail mit anonymen Support-Mitarbeiter*innen, die irgendwo in der Welt sitzen und durchaus nicht immer hilfreiche Antworten geben. Eine Telefon-Hotline für Autor*innen gibt es nicht. Bei Tolino Media hingegen sprechen Sie mit dem deutschen Team, das in München sitzt, und dort können Sie sogar anrufen. Das heißt nicht unbedingt, dass Sie schneller Hilfe bekommen, aber sie kommt jedenfalls von der Quelle. Nur wenn sich nun plötzlich zehntausend neue Autor*innen bei Tolino Media anmelden, wird sich auch hier etwas ändern (müssen).

Aber der aktuelle Stand ist: Sie haben jemanden in der Leitung, mit dem Sie über Ihr Projekt sprechen können, und zwar nicht nur zu technischen Aspekten, sondern auch über Hilfe beim Marketing. Tolino Media hat Zugriff auf viele Marketing-Aktionen der angeschlossenen Shops, und wenn Sie sich rechtzeitig melden und ein tolles Buch mitbringen, können Sie damit aus dem Stand heraus Aufmerksamkeit erzeugen.

Wie der optimale Start ins Selfpublishing mit Tolino Media aussieht

Die Veröffentlichung über Tolino Media unterscheidet sich prinzipiell kaum von anderen Wegen.

1. **Schreiben Sie ein großartiges Buch**. Lassen Sie es lektorieren. Geben Sie ihm ein professionelles Cover. Ohne ein ausgereiftes Buch, das keinen Vergleich mit Verlagstiteln scheuen muss, haben Sie nirgends eine Chance!

Dienstleister finden Sie im Selfpublishing-Markt.de.

2. Sprechen Sie mit dem Team von Tolino Media. Rechtzeitig, das heißt am besten schon Monate vor der Veröffentlichung. Schildern Sie Ihre Pläne, als würden Sie mit einem Verlag sprechen. Sie sollten etwas zum Vorzeigen haben: ein tolles Cover, Klappentext, Manuskript. Ihr Ziel: eine Marketing-Aktion zum Start des Buches.
3. Erstellen Sie ein E-Book im ePub-Format (oder lassen Sie es erstellen), das Sie bei Tolino Media hochladen. Bei der Preis-Festlegung können Sie großzügiger vorgehen als bei KDP – auch Einsteiger*innen können es durchaus mit 3,99 Euro probieren.
4. Denken Sie auch an ein gedrucktes Buch, das Sie über Tolino Media oder einen Anbieter wie BoD oder ePubli im ganzen Buchhandel platzieren. Falls Ihr E-Book ein Erfolg wird, zieht es auch das gedruckte Buch mit. Wenn dieses dann nur bei Amazon erhältlich wäre, hätten Sie eine Chance verpasst.
5. Rund um den Erstverkaufstag: Unterstützen Sie die Marketing-Aktion von Tolino Media mit Ihrem eigenen Marketing. Machen Sie eigene Marketing-Aktionen über die einschlägigen Portale, suchen Sie Rezensent*innen über eine Leserunde…

Und was ist mit Amazons Kindle Direct Publishing? Tolino Media fordert keine Exklusivität (bei manchen Marketing-Aktionen in einzelnen Shops könnten exklusive Deals allerdings interessant sein). Sie können also auch dort Ihr Glück versuchen. Immerhin kauft dort fast die Hälfte Ihrer potenziellen Leser*innen. Mit einem höheren Preis werden Sie es allerdings schwerer haben, zumal Ihnen KindleUnlimited als Mittel, mehr Sichtbarkeit zu erlangen, verschlossen bleibt.

Was auf jeden Fall eine gute Idee ist: Beliefern Sie auch die anderen Shops. Apple, Kobo, Amazon, Google Play u.v.a. werden von Tolino Media zwar mit abgedeckt. Amazon, Apple und Kobo haben aber auch eigene Selfpublishing-Programme, über die Sie dann einen höheren Umsatzanteil erreichen.

Die sieben wichtigsten Fragen und Antworten zum Tolino-Selfpublishing

TOLINO MEDIA IST mit seinem eigenen Selfpublishing-Portal gestartet – was heißt das für Sie, und was müssen Sie beachten? Hier die sieben wichtigsten Fragen und Antworten zum Thema.

1. Wo werden meine Bücher verkauft?

In den E-Book-Stores u.a. von

- Thalia
- Weltbild
- Hugendubel
- Buch.de
- Buecher.de
- Osiander
- eBook.de
- und vielen Libri-Buchhandlungen

Insgesamt hat Tolino auf dem deutschen E-Book-Markt nach GfK-Angaben einen Anteil etwa auf Amazon-Höhe, also etwas über **40 Prozent**.

2. Wie hoch ist das Honorar?

Autor*innen erhalten bei einem Verkaufspreis ab 2,99 Euro **70 Prozent des Nettopreises, das sind rund 58,8 Prozent des Preises, den der Käufer bezahlt**, und damit etwas mehr als bei Amazon – denn dort werden noch Übertragungskosten abgezogen, die von der Dateigröße abhängen. Unter 2,99 Euro Verkaufspreis gibt es 40 Prozent.

3. Welche Anforderungen an das Cover gibt es?

Das Cover im Jpeg-Format (Hochformat) muss mindestens **1600 Pixel breit** sein. Andere Bildformate sind nicht erlaubt.

4. Wie muss das E-Book formatiert sein?

Wenn Sie ein fertiges ePub hochladen, haben Sie die meiste Kontrolle über Ihr Buch. Sie können aber auch Worddateien (DOC/DOCX) hochladen und dann online bearbeiten.

5. Kann ich meine Bücher auch noch anderswo verkaufen?

Sie müssen sich bei Tolino nicht exklusiv binden, können Ihr E-Book also auch auf jeder anderen Plattform verkaufen. Dasselbe gilt für gedruckte Bücher, die Sie etwa bei BoD oder KDP beauftragen können – oder bei Tolino Media selbst, wo auch für Print keine Exklusivität gefordert wird.

6. Was muss ich tun, wenn ich bisher über einen Distributor veröffentlicht habe?

Wenn Sie über Tolino Media veröffentlichen wollen, müssen Sie Ihren Vertrag mit ihrem bisherigen Distributor kündigen. Das ist bei manchen kurzfristig möglich, bei anderen nicht. Prüfen Sie die Verträge! Ihr E-Book erhält bei Tolino Media eine neue ISBN.

Dadurch werden Rezensionen nicht in allen angeschlossenen Shops automatisch übernommen. Sollten Sie bereits viele Rezensionen gesammelt haben, verspricht der Tolino-Support, Ihnen beim Übergang zu helfen.

Tolino Media setzt selbst nur eine kurze Kündigungsfrist an. Wenn Sie mit den Ergebnissen unzufrieden sind, können Sie dadurch auch schnell wieder zurückwechseln.

Mit einer Veröffentlichung im KDP-Select-Programm ist Tolino Media nicht kompatibel. Sie müssen Ihre Titel also auch aus KindleUnlimited abziehen, wenn Sie bei Tolino verkaufen wollen.

7. Wie funktionieren Werbeaktionen bei Tolino Media?

Sie können Verschenkaktionen oder Preisaktionen direkt über Ihren Tolino-Media-Account planen. Diese sollen binnen höchstens 24 Stunden in allen angeschlossenen Shops umgesetzt sein.

Vorbestellungen funktionieren nicht wie bei iTunes, sondern wie bei Amazon: Sie zählen sofort für das Ranking.

Die Ergebnisse der Werbeaktionen können Sie zeitnah in den Tolino-Statistiken verfolgen.

8. Setzt Tolino Media einen Kopierschutz (DRM) ein?

Nein, die ausgelieferten Titel bleiben DRM-frei. Und das ist gut so.

Wie Sie am besten und einfachsten Hilfe bekommen

Es gibt für Selfpublisher*innen viele Orte, an denen sie sich mit mehr oder weniger erfahrenen Kolleg*innen austauschen können. Ob nun in der Selfpublishing-Gruppe auf Facebook oder in der Frage-Rubrik der Selfpublisherbibel oder ganz woanders – ich beobachte, dass manche sehr viele hilfreiche Antworten bekommen, andere jedoch erhalten keinerlei Reaktion. Woran liegt das?

Richtig fragen

Der Hauptgrund, dass Ihnen niemand antwortet, ist: Sie haben viel zu unspezifisch gefragt. Beispiel: »Habt ihr Tipps zum Selfpublishing?« oder »Habt ihr Erfahrungen mit Firma X?«

Wer Ihnen fundiert antworten will (und die meisten wollen das), müsste ein Buch schreiben. Aber dafür fehlt die Zeit. Also bekommen Sie keine oder höchstens eine schnippische Antwort. Fragen Sie also immer möglichst konkret, nachdem Sie sich in ein Thema grundlegend eingearbeitet haben, unter anderem auch unter Nutzung von Google und der Suchfunktion des jeweiligen Forums.

Es gibt aber auch noch ein paar andere Regeln, deren

Beachtung Ihnen sinnvollere und hilfreichere Antworten beschert.

- **Hintergründe** nicht vergessen: Gerade bei Technikfragen sollten Sie das Problem mit allen Nebenaspekten schildern. Also nicht nur, was Ihnen am Ergebnis nicht gefällt, sondern auch Aspekte wie Betriebssystem, Software usw. und welche bisherigen Schritte Sie unternommen haben. Es ist auch oft hilfreich zu wissen, warum Ihnen an einer Antwort gelegen ist.
- **Eitelkeit** vergessen: Wenn Sie um Meinungen bitten, etwa zu einem Cover oder einem Text, werden Sie auch Meinungen bekommen – die nicht immer begeistert sein werden. Jetzt beleidigt zu sein, ist extrem kontraproduktiv. Der Mensch hat sich immerhin die Mühe gemacht, Ihnen zu antworten, und auch wenn Ihnen die Antwort nicht gefällt, ist sie es wert, sich zu bedanken.
- **Standard**-Fragen vorher prüfen: Manche Fragen werden immer wieder gestellt und sind schon ausführlich beantwortet werden. Machen Sie sich die Mühe, die Suchfunktion zu benutzen – das kostet Sie 30 Sekunden und erspart vielen anderen Arbeit.
- Es gibt keine **dummen** Fragen: Scheuen Sie sich nicht, Fragen zu stellen, die Ihnen »dumm« erscheinen. Wenn diese noch nie gestellt wurden (Suchfunktion), kann es auch daran liegen, dass sich bisher einfach noch niemand getraut hat. Insgeheim werden Ihnen dann andere danken.
- Kein Fragen-**Recycling**: Ihr Kollege hat eine Frage zur Covergestaltung bei BoD gestellt. Sie sind bei ePubli, hängen sich aber gleich an seine Frage dran. Das ist keine gute Idee! Sie missbrauchen den Thread des Kollegen und machen es gleichzeitig anderen Autoren (später)

schwerer, relevante Antworten zu finden. Neue Frage – neuer Thread.

- Fragen nicht **mischen**: Sie haben Fragen zur Covergestaltung und zum Impressum? Dann stellen Sie sie separat. Antwortende finden Ihre Frage leichter, und auch für nachfolgende Leser wird es leichter, relevante Antworten zu finden.
- **Höflichkeit**: Tatsächlich reagieren Menschen auf höflich gestellte Fragen eher als auf einen dahingerotzten Satz.
- Verkappte **Werbung**? Falls Ihre Frage gar keine Frage ist, sondern eher einen werbenden Effekt haben soll – vergessen Sie's, das funktioniert nicht.
- **Trolle** ignorieren: Manchmal verirrt sich ein Netz-Troll in ihre Frage. Die gibt es auch in Autor*innen-Gruppen. Unbedingt ignorieren! Trollhaftes Verhalten ist leicht an Ton und Inhalt erkennbar.
- Frage **auflösen**: Falls Sie an einem Punkt so weit sind, dass die Lösung gefunden wurde, dann hilft es nachfolgenden Lesenden enorm, wenn Sie zum Schluss diese Lösung noch einmal kurz zusammenfassen. Auf Facebook schließen Sie dann am besten auch die Kommentare.

Richtig antworten

Seufz. Ja, auch Antwortende machen manchmal Fehler. Vergeben Sie ihnen, wenn Sie eine Frage gestellt haben. Falls Sie selbst Antworten geben möchten – hier ein paar Tipps.

- **Frage** beantworten: Beantworten Sie einfach die gestellte Frage – und beginnen Sie nicht mit einer Diskussion, ob die Fragestellung überhaupt sinnvoll ist.
- Vorherige **Antworten lesen**: Womöglich ist die

Frage längst beantwortet? Dann helfen Sie doch dem Nächsten.

- Nicht nach **Hörensagen** antworten: Es hilft niemandem, wenn Sie bei Ihrer Antwort nicht sicher sind. Vermeiden Sie es, Gerüchte und Halbwissen zu verbreiten.

Wie Sie den passenden Lektor, die perfekte Lektorin finden

SOWOHL ZEITLICH ALS AUCH FINANZIELL BRAUCHT DAS Lektorat neben dem Verfassen eines Buches den wohl größten Aufwand. Es ist die Grundvoraussetzung, ein professionell wirkendes Buch an den Start zu bringen. Auch wenn Sie selbst Germanistik studiert haben, brauchen Sie den Blick von außen auf Ihren Text, den nur erfahrene Lektor*innen bieten.

Rechnen Sie mit 4 bis 7 Euro pro Normseite (1500 Zeichen). Angebote im niedrigen dreistelligen Bereich für einen ganzen Roman können eigentlich nur unseriös sein oder enthalten gar kein echtes Lektorat, sondern nur ein Korrektorat (meist 1 bis 2 Euro pro Normseite), bei dem Rechtschreibung und Grammatik geprüft werden. Bei einem Roman sind also 1500 Euro für das Lektorat ein normaler Mittelwert. Erschrecken Sie nicht: Lektor*innen können meist kaum mehr als zwei Manuskripte pro Monat bearbeiten. Nun können Sie selbst nachrechnen, dass dieser Berufsstand zu den schlechter bezahlten gehört.

Die richtige Wahl

Bei der Auswahl sollten Sie sich jedoch nicht zuallererst am Preis orientieren. Die Lektorin oder der Lektor müssen zu

Ihnen und auch zu Ihrem Text passen. Lassen Sie sich am besten von anderen Autor*innen Text-Profis empfehlen, die bereits im gleichen Genre gearbeitet haben. Andererseits können wirklich gute Lektor*innen sich auch in neue Genres einarbeiten und sind dann vielleicht weniger betriebsblind.

Danach telefonieren Sie – und wenn Sie einen guten persönlichen Eindruck gewonnen haben, schicken Sie der Person, die für Sie in Frage kommt, mindestens einen Teil Ihres Manuskripts. Erst danach wird ein seriöser Partner Ihnen einen Kostenvoranschlag unterbreiten können – es muss schließlich zuerst der Input, Ihre Textqualität, beurteilt werden. Im Anschluss wird Ihnen dann auch mitgeteilt, wie viele Durchläufe veranschlagt sind (mit einmaligem Durchlesen ist es nie getan) und wann es mit der Arbeit losgeht.

Gerade die begehrten Profis können durchaus mal ausgelastet sein und haben vielleicht erst in drei Wochen oder drei Monaten Zeit für Sie. Beginnen Sie mit der Terminvereinbarung also nicht erst kurz vor dem geplanten Veröffentlichungstermin!

Was erwarten Sie?

Diskutieren Sie dann ausführlich, was Sie vom Lektorat erwarten – ein Profi wird diese Fragen auch von selbst aufwerfen. Wollen Sie jede kleine Änderung genehmigen? Wie **erfolgt die Zusammenarbeit technisch**, zum Beispiel über die Änderungs-Funktion von Word? Sollen auch Tatsachen geprüft werden, die Sie in Ihrem Buch als gegeben voraussetzen, oder geht es Ihnen nur um die Sprache? Möchten Sie Ihre Fehler auf den Kopf zugesagt bekommen – oder wünschen Sie sich einen zarteren Umgang? Die Eitelkeit von Autor*innen kann schnell Schaden nehmen. Ein echter Profi wird seine Kritik dann in möglichst nette Worte kleiden, aber trotzdem keine Abstriche machen. Eine Lektorin ist nicht Ihre Freundin, ein Lektor nicht Ihr Kumpel, und das ist genau das, was Sie als Autorin oder Autor brauchen.

Nicht zu unterschätzen ist auch der Lerneffekt, der sich

bei guter Zusammenarbeit fast automatisch einstellt: Bei Ihrem nächsten Buch werden Sie viele der Fehler des aktuellen Titels nicht wiederholen (aber keine Bange, es gibt nach meiner Erfahrung auch genügend neue Fehler zu machen, sodass Sie weiterhin ein Lektorat benötigen). Insofern ist der Rechnungsbetrag auch eine Investition in Sie selbst als Autor*in.

Gute Textarbeiter*innen sind immer eine lohnende Investition – die falsche Person kann Ihnen aber auch den **Spaß am Schreiben verderben**. Das muss gar nicht an der fachlichen Qualität liegen. Nicht alle Menschen können miteinander eine so intime Beziehung aufbauen, wie ein Lektorat sie erfordert. Lektorinnen sind schließlich oft die ersten Mensch, die die Arbeit eines Autors zu sehen bekommen. Wenn Sie zwischendurch feststellen, dass die Zusammenarbeit nicht funktioniert, scheuen Sie sich nicht, den Prozess abzubrechen. Erledigte Arbeit müssen Sie allerdings zahlen.

Deshalb kann es auch nicht schaden, mit einer Ihnen noch unbekannten Kollegin zunächst ein Probelektorat zu vereinbaren, vielleicht zwei Seiten, damit Sie den Arbeitsstil der Lektorin kennenlernen. Inwieweit dafür Kosten anfallen, ist Verhandlungssache.

Sie sehen keinerlei Möglichkeit, den nicht unerheblichen Betrag für ein Lektorat aufzutreiben? Es gibt Autor*innen, die mit dem Konzept des Testlesens gute Erfahrungen gemacht haben. Sie lassen eine kleinere Anzahl von Fans ihre Bücher probelesen – alles, was denen auffällt, wird geändert. Zwanzig Augen entdecken eine ganze Menge Fehler. Die Testleser*innen können Sie zum Beispiel über Ihre Facebook-Seite rekrutieren.

Wo anfangen?

Viele Kandidat*innen finden Sie beim VFLL, dem Verband der freien Lektorinnen und Lektoren. Hilfreiche Tipps zu Lektor*innen finden Sie aber auch in der Rubrik »Lektorat« des Selfpublishingmarkt.de.

Zwölf Gründe, warum ein gedrucktes Buch sich fast immer lohnt

Während in den Kindle-E-Book-Top 100 Selfpublisher inzwischen deutlich in der Mehrheit sind, sieht es im Bereich der gedruckten Bücher anders aus. Indie-Autor*innen können im Printbereich zum einen preislich oft nicht mit den Verlagen mithalten. Zum anderen sind Online-Besteller gedruckter Bücher eine andere Zielgruppe als Besitzer*innen von E-Readern. Gedruckte Bücher lässt man sich von Amazon zum Beispiel auch schicken, um sie zu verschenken.

So kommt in der Regel auf zehn verkaufte E-Books nur ein Print-Buch (Ausnahmen bestätigen die Regel). Zwar sind die Kosten für Print höher, wenn man nicht selbst ein ordentliches Drucklayout zustande bringt. Trotzdem kann es sich lohnen, ein gedrucktes Buch einzustellen, etwa über KDP-Print oder auch über ePubli oder Tolino Media beziehungsweise BoD. Diese zwölf Argumente sprechen dafür:

1. **Psychologie**. Bei E-Book only sehen Leser*innen 3,99 Euro – und finden das teuer! Ist darunter jedoch eine Taschenbuch-Ausgabe verlinkt, denken sie: »3,99 Euro sind ja weniger als die Hälfte von 9,99 Euro! Das ist also ein echtes Schnäppchen! Kauf ich!«
2. **Professionalität**. Oberstes Ziel aller

Selfpublisher*innen sollte es sein, dass das Buch nicht von einem Verlagstitel unterscheidbar ist. Und die meisten Verlagsbücher gibt es nun einmal gedruckt.

3. **Rezensionsexemplare**. Die Welt ist seltsam. Gerade Blogger*innen, im Netz zuhause, bestehen ungewöhnlich oft darauf, zur Rezension ein gedrucktes Buch in der Hand zu halten. Spricht man hingegen mit Journalist*innen, hört man oft: »Bitte Fahnen als PDF schicken, mein Regal ist schon voll.«
4. **Auffindbarkeit**. Ein interessanter Punkt. Grundsätzlich lassen sich für jede Ausgabe unterschiedliche Keywords vergeben. Das führt in der Praxis dazu, dass ein Titel von potenziellen Käufer*innen besser gefunden wird, denn unterschiedliche Ausgaben lassen sich ja verknüpfen.
5. **Verschenkbarkeit**. Wie oben schon erwähnt, eignen sich E-Books bisher eher nicht zum Verschenken.
6. **Vorzeigbarkeit**. Vielleicht sind Sie ja unterwegs und wollen Ihr Buch jemandem zeigen? Das funktioniert deutlich besser mit einer Druckversion.
7. Mehr **Blick ins Buch**. Beim Taschenbuch kann der potenzielle Kunde nicht nur die ersten zehn Prozent des Buches betrachten, sondern mit der Funktion »Ich möchte überrascht werden« auch an andere Stellen springen. Das gibt einen besseren Eindruck vom Buch – und weniger Produktenttäuschung und damit bessere Rezensionen.
8. Mehr **Kategorien**. Gedruckte Bücher können in Kategorien erscheinen, die es für E-Books (noch) gar nicht gibt. Das Kategorie-System bei Amazon sieht für Print tatsächlich mehr Unterkategorien

vor als für E-Books. Es ist zudem auch möglich, das gedruckte Buch in anderen Kategorien einzuordnen als das E-Book. Durch die Verknüpfung finden Leser*innen dann trotzdem beide.

9. **Zusätzlicher Umsatz**. Nicht alle Leser*innen besitzen einen E-Book-Reader. Auch wenn Sie wirklich auf zehn E-Books nur ein gedrucktes Buch verkaufen, sind elf nun einmal zehn Prozent mehr als zehn verkaufte Exemplare. Außerdem gibt es Genres, bei denen das Verhältnis Print zu E-Book anders aussieht.
10. **Präsenz im Buchhandel trotz KDP Select**. Wenn Sie die gedruckte Ausgabe über PoD-Dienste wie BoD, Tolino Media oder ePubli verbreiten, können Sie den Buchhandel beliefern und trotzdem Ihr E-Book exklusiv bei Amazon haben. Falls sich Ihr Buch dann gut verkauft, erkennen Sie, ob sich eventuell ein breites Anbieten auch beim E-Book lohnt.
11. Einfacheres **Marketing**. Gedruckte Bücher sind wertiger als E-Books. Wenn Sie eine Leserunde veranstalten oder ein Preisausschreiben, dann werden Sie immer mehr Interesse für Print finden als für reine E-Books.
12. Präsenz auf **Buchmessen**. Haben Sie schon einmal probiert, Ihr E-Book auf einer Messe auszustellen? Immer mehr Autorinnen und Autoren schließen sich mit anderen zusammen, um auf Messen neue Leser zu finden. Mit einem reinen E-Book ist das schwer.

Welche Möglichkeiten Sie haben, in den Buchhandel zu kommen

Selfpublishing ist derzeit vor allem ein E-Book-Phänomen. Das liegt daran, dass E-Books vergleichsweise einfach in den Handel zu bekommen sind: über einen der Distributoren oder direkt hochladen – fertig. 98 Prozent aller E-Books werden online gekauft, im Buchhandel vor Ort spielen sie praktisch keine Rolle.

Das ist beim gedruckten Buch anders. Online-Shops spielen hier zwar auch eine wichtige Rolle – derzeit haben sie einen Anteil von gut 40 Prozent, davon geht fast die Hälfte an Amazon. Doch das heißt auch: Die Mehrzahl der Bücher wird immer noch beim örtlichen Buchhändler verkauft. Ob nun bei den großen Ketten oder beim kleinen Händler, es ist überall schwer, ausgerechnet Ihr Buch dort ins Regal zu stellen. Verlage lassen zweimal im Jahr Vertreter durch die Republik fahren, das kommt für die wenigsten unabhängigen Autoren in Frage. Doch welche Optionen haben Sie überhaupt, Ihr Buch für den Händler verfügbar zu machen?

1. Print on Demand

Am einfachsten ist zweifellos der Weg über die verschiedenen Print-on-Demand-Anbieter. Diese drucken Ihr Buch, wenn es vom Kunden bestellt wird. Digitaldruck in schwarz/weiß ist heute durchaus günstig und erlaubt konkurrenzfähige Preise. Beim Farbdruck sieht es jedoch anders aus.

Vier große Anbieter streiten hier um Ihre Gunst: BoD, KDP Print, Tolino Media und ePubli. Dazu kommen weitere wie Tredition oder Meinbestseller, die Sie sich durchaus ebenfalls mal ansehen sollten. Alle drucken Ihr Buch nicht nur, sie schicken es auch an dieKund*innen oder den bestellenden Buchhändler. Sie brauchen bloß noch Ihr Honorar einzustreichen. Dessen Höhe hängt vor allem davon ab, wie umfangreich Ihr Buch ist und wieviele Farbseiten es hat.

Wie Sie sehen, wird Farbdruck sehr schnell unerschwinglich teuer – außer bei BoD, weil Sie dort (anders als bei KDP Print) auch einzelne Seiten in Farbe drucken lassen können.

Eine Besonderheit ist bei KDP Print zu beachten: Dort gedruckte Bücher sind nur bei Amazon erhältlich, und kein Buchhändler wird freiwillig dort bestellen. Falls Sie Ihr E-Book exklusiv bei Amazon verkaufen, ist das vermutlich kein Problem – doch wenn Sie auch Tolino & Co. bedienen, werden sich Ihre Leser*innen wundern, wenn das gedruckte Buch dort nicht erhältlich ist.

BoD besteht auf Exklusivität, das heißt, Sie dürfen Ihr Buch nicht anderswo drucken lassen. Hier fallen auch Einrichtungskosten von 19 Euro an. Bei ePubli ist die Veröffentlichung an sich kostenlos. Sie erhalten also vom ersten verkauften Exemplar an Geld.

2. Auflagendruck

Inzwischen bieten große Digitaldruckereien ihre Dienste auch einzelnen Autor*innen an. Besonders bekannt ist da sicher Booksfactory, doch auch Bookpress.eu und CPI Direct bemühen sich um Einzelkunden. Die **Druckpreise liegen hier deutlich unter denen der PoD-Anbieter, zumindest, wenn Sie eine kleine Auflage bestellen**. Das kann zum Beispiel für Lesungen o. Ä. sinnvoll sein oder für Vorab-Leserunden. Zum Vergleich: Bei einer 100er-Auflage eines Taschenbuchs mit 300 Seiten, davon 50 in Farbe, zahlen Sie bei Bookpress.eu etwa knapp 5 Euro netto pro Stück. Ein Hardcover in bester Ausstattung (90-Gramm-Papier, runder Rücken, Fadenheftung, Schutzumschlag und Lese-Bändchen) kostet mit 250 SW- und 50 Farbseiten bei 100 Stück Auflage bei Booksfactory 11,84 Euro netto, komplett in Farbe auch nur 13,03 Euro. Autoren-Exemplare wären bei jedem PoD-Anbieter mindestens doppelt so teuer.

Wenn Sie hier Angebote vergleichen, sollten Sie aber auf Faktoren wie Papierstärken und Cover-Beschichtungen achten und auch die Versandkosten in die Rechnung einbeziehen. Außerdem ist der Vertrieb hier komplett Ihre Sache: Sie bekommen eine Palette mit Ihren Büchern zugeschickt und müssen dann zusehen, wie Sie die an die Leser bekommen.

3. Vertrieb

Der Vertrieb ist ein Problem, das Nutzer der PoD-Anbieter natürlich nicht haben. Am scheinbar einfachsten ist es, wenn Sie Bücher über Ihre eigene Website verkaufen. Scheinbar, denn auch dabei gibt es jede Menge Fallen, die Sie beachten müssen. Oder wussten Sie, dass eine Lizenz braucht, wer Produkte in Verpackungen an private Käufer*innen schickt? Eine ISBN brauchen Sie für den reinen Eigenvertrieb allerdings nicht, das ist immerhin ein Vorteil.

Sobald es in Richtung Buchhandel geht, stehen Sie vor jeder Menge Entscheidungen. Sie haben diese Optionen (vermutlich habe ich noch einige vergessen):

- **Barsortiment** wie Umbreit, Libri oder KNV überzeugen und Vertrag schließen – Kosten: ca. 53 Prozent vom Netto-Verkaufspreis, Buchhändler-Rabatt schon inklusive
- Bücher **direkt** an Buchhändler vertreiben – Kosten: 25-40 Prozent vom Netto-Verkaufspreis plus eigene ISBN und VLB-Eintrag (insg. ca. 150 Euro / Titel).

- Bücher via **Seller Central** auf Amazon vertreiben – Kosten: ca. 50 Prozent vom Netto-Verkaufspreis plus Monatskosten plus Lagerkosten plus ISBN-Kosten
- Vertrag mit **Verlagsauslieferung** schließen – das sind Firmen (etwa NovaMD oder Schaltungsdienst Lange), die die Logistik und Abrechnung für Sie übernehmen und dafür prozentuale oder pauschale Gebühren kassieren. Kosten: je nach Modell.

Diese Modelle lassen sich oft miteinander kombinieren. Grundsätzlich gilt: Je bequemer es für Sie abläuft, desto teurer ist der Service. Außerdem sind die Firmen meist unterschiedlich offen für Selfpublisher. Barsortimenter sind z. B. schwerer zu überzeugen als kleinere Verlagsauslieferungen.

Das Problem, dass der Buchhändler von Ihrem Buch erfahren muss, ist damit natürlich noch nicht gelöst – aber das ist dann schon Marketing, ein anderes Thema.

Aus der Reihe? Was Sie bei einem Sammelband beachten müssen

Wer Reihen oder Serien schreibt, stößt über kurz oder lang auf das Thema »Sammelband«. Was gibt es dabei zu beachten, und wie stellen Sie so einen Band praktisch her?

Sammelband oder Bundle?

Ein Bundle ist eine Zusammenstellung mehrerer Bücher, wobei diese einzeln gebunden bleiben. Manchmal kommt noch ein Schuber aus Pappe drumherum. Über KDP oder Distributoren lassen sich Bundles nicht anlegen, da müssen Sie schon selbst aktiv werden via VLB und Großhandel und eine Druckerei. Ein Sammelband hingegen ist ein einzelnes Buch oder eine E-Book-Datei, die Sie über Ihren Dienstleister als separates Produkt anlegen müssen.

Welche Vor- und Nachteile hat ein Sammelband?

Wenn jemand den Sammelband kauft, müssen Sie ihn oder sie nicht mehr vom Kauf der Einzelbände überzeugen. Pro Sammelband kommen Sie auch auf deutlich mehr gelesene Seiten, zumal Leser*innen oft erst Band 1 kaufen oder leihen und dann den Sammelband, der natürlich Teil 1 ebenfalls enthält. Da Sammelbände meist relativ teuer sind, werden sie auch über Kindle Unlimited öfter ausgeliehen.

Nachteile: Der Sammelband raubt den Einzelbänden Sichtbarkeit, weil sich die Käufe und Leihen aufteilen. Zudem sollten Sie einen gewissen Rabatt geben, damit sich der Kauf auch lohnt. Ebenfalls ein Nachteil: Ein gedruckter Sammelband kann höchstens um die 800 Seiten dick sein.

Preisbildung beim Sammelband

Meist kosten Sammelbände etwas weniger als die Summe der Preise der Teile 2 bis Schluss einer Reihe. Wenn Sie also vier Einzelbände à 3,99 € haben, sollte der Sammelband demnach weniger als 3 x 3,99 € (= 12,97 €) kosten. Beachten Sie jedoch, dass Amazon via KDP ab Preisen von über 9,99 € nur noch 35 Prozent Honorar zahlt. Ein Sammelband für 12,97 € lohnt also weniger als einer für 9,99 €.

Gegen die Buchpreisbindung verstoßen Sammelbände übrigens nicht, da es sich um eigene Produkte handelt. Bundles hingegen dürfen nicht unter der Summe der Einzelpreise angeboten werden.

3D-Cover oder Neugestaltung?

Hier scheiden sich die Geister. Manche schwören auf eine 3D-Darstellung der Einzelbände, andere bevorzugen ein separat gestaltetes, flaches Cover. Beim gedruckten Sammelband kommt sowieso nur Letzteres in Frage. Ich habe beides schon versucht und kann keine großen Unterschiede bei den Verkaufszahlen feststellen.

Sammelband erstellen

Hier gehen Sie genauso vor, wie Sie es von den Einzelbänden gewöhnt sind. Am bequemsten ist es mit dem Mac-Programm Vellum, wo Sie die Einzelbände einfach mit der Maus in das neue Projekt ziehen. Die Einzelbände sollten in der logischen

Reihenfolge enthalten sein. Verzichten Sie auf größere Mengen von »Bonus-Content«, der exklusiv im Sammelband enthalten ist. Dies kann von Amazon abgelehnt werden. Auf dem Cover, im Untertitel und im Klappentext sollte die Bezeichnung »Sammelband« auf jeden Fall auftauchen. Bei gedruckten Sammelbänden haben Sie das Problem der maximalen Seitenzahl, die vom Dienstleister und der Ausstattung (cream vs. weiß) abhängt. Eventuell müssen Sie dann das Format vergrößern oder die Schriftarten schrumpfen.

Sammelband und Exklusivität

In Amazons Kindle Unlimited (KU) dürfen Sie einen Sammelband nur anmelden, wenn auch alle Einzelbände exklusiv bei Amazon erhältlich sind. Wie bei KU generell üblich, dürfen maximal 10 Prozent der Inhalte anderswo erhältlich sein. Andersherum gilt ebenso: Solange auch nur einer der Einzelbände in KU ist, dürfen Sie den Sammelband NICHT anderswo verkaufen. Vermeiden müssen Sie auf jeden Fall, dass Inhalte zu oft in einem KU-Titel auftauchen. Nicht möglich sind deshalb meist »Sammel-Sammelbände« oder ausufernde Sammelband-Kombinationen wie Teil 1+2 in Sammelband A, Teil 1+2+3 in Sammelband B, Teil 1+2+3+4 in Sammelband C usw. Eine genaue Zahl, wie oft Sie Inhalte verwenden dürfen, nennt KDP nicht.

Reihendarstellung bei Amazon

Sammelbände dürfen nicht als Teil der Reihe eingestellt werden. Manchmal wird empfohlen, den Sammelband als allerletzten Teil der Serie zu deklarieren. Ich rate von solchen Tricks ab, auch wenn sie beim Support manchmal durchgehen.

Wie Druckkostenzuschussverlage mit Hoffnungen Reibach machen

Ab und zu sehe ich bei Facebook Einträge, in denen sich eine Neuautorin oder ein hoffnungsvoller Autor sehr darüber freuen, endlich einen Verlag gefunden zu haben. Wenn man dann nachsieht oder -fragt, wie das Unternehmen denn heiße oder welche Konditionen es biete, folgt dann doch die ein oder andere Enttäuschung: Der »Verlag« möchte zum Beispiel als Gegenleistung dafür, ein Manuskript im Buchhandel zu platzieren, eine mehr oder weniger große Summe. Oder er möchte vom Autor wenigstens 1000 Exemplare zum Sonderpreis abgekauft haben. Es tut mir leid, muss ich dann sagen, und es tut mir wirklich leid: Du bist einem Abzocker auf den Leim gegangen.

Angesichts der Zuwächse im Selfpublishing könnte man meinen, dass eines der übelsten Phänomene der Verlagswelt inzwischen am Aussterben ist: der Druckkostenzuschussverlag (DKZV). Doch dieser Typ Firma floriert, und zwar sogar noch besser als früher, wie man immer wieder auf den Buchmessen sieht. Das liegt wohl darin, dass Veröffentlichen ohne Verlag dank KDP, BoD oder Tolino Media heute nicht mehr als anrüchig gilt.

»Vanity Press», die englische Bezeichnung dieser Schwarzen Schafe der Branche, zeigt, womit die DKZV ihre Brötchen verdienen: mit der Eitelkeit der Autor*innen und mit ihrer Hoffnung, den Wert des eigenen Schreibens durch eine Verlagsveröffentlichung bestätigt zu bekommen. Tatsächlich aber geht es nur um Geld – die Versprechungen, die solche »Verlage« abgeben, haben weniger Wert als das Papier, auf dem sie gedruckt sind. Doch Sie werden nicht nur abgezockt: Wenn Sie einer solchen Firma tatsächlich auf den Leim gehen, ist Ihr Buch für eine richtige Veröffentlichung verbrannt (anders als im Selfpublishing). Diese »Verlage« sind branchenintern bekannt, und ihr schlechter Ruf fällt auch auf ihre Autor*innen zurück.

Woran Sie einen Zuschussverlag erkennen

Natürlich versuchen diese Anbieter, ihre echten Motive zu verstecken. Es gibt aber einige Kriterien, die mit großer Sicherheit auf ihr wahres Wesen hindeuten.

1. Kosten für Dienstleistungen und Druck: Ein seriöser Verlag finanziert sowohl das Lektorat als auch den Druck des Buches selbst. Schreibende erhalten sogar meist einen Vorschuss, genauer gesagt ein Garantiehonorar (bei Kleinverlagen kann das sehr niedrig sein). Unseriöse Unternehmen wälzen die Kosten ab. Manchmal passiert das versteckt: Sie erhalten alle Leistungen angeblich kostenlos, wenn Sie bloß eine große Startauflage zum besonders günstigen Preis abkaufen. Dieser Preis ist dann in Wirklichkeit überteuert und trägt zum Gewinn des »Verlegers« bei.
2. »Verlag sucht Autoren«: Webseiten, die Autor*innen ausdrücklich zur Bewerbung auffordern, sind anrüchig. Echte Verlage arbeiten in der Regel mit Agenturen. Direktbewerbungen sind zwar möglich, aber dass der Verlag explizit darum bittet, ist äußerst

unwahrscheinlich (allenfalls bei Kleinverlagen oder Neugründungen).

3. »Wir bringen Sie in den Buchhandel«: Das Unternehmen verspricht, Ihr Buch in den Handel zu bringen, und listet dabei Dienstleistungen auf, die Laien beeindrucken: »Versand von Pressemitteilungen« (die keiner liest), »Eintrag ins VLB« (eine Datenbank, kein Verkaufsinstrument), »Druck von Flyern« (die niemand liest, 1000 Stück kosten keine 50 Euro), »Vorstellung auf der Verlagshomepage« (die keiner kennt). Kein einziger Buchhändler wird sich Ihr Buch dadurch in den Laden stellen.

Achtung: Es gibt absolut seriöse Firmen, die einen oder zwei Punkte von dieser Liste erfüllen. Sie nennen sich allerdings in der Regel nicht »Verlag«, sondern treten als Dienstleister auf. Sie versprechen nichts, was unmöglich zu halten ist, zeichnen all ihre Dienstleistungen mit einem klaren Preis aus und wecken keine unrealistischen Hoffnungen. Es gibt zudem auch unter eigentlich seriösen Unternehmen die Unsitte, dass sich Selfpublishing-Dienstleister verwirrenderweise »Selfpublishing-Verlag« nennen, was die Grenzen meines Erachtens nur unnötig verwischt und den unseriösen Anbietern in die Hände spielt. Wenn Sie sich unsicher sind, fragen Sie! Zu den meisten Abzock-Verlagen gibt es auch schon umfangreiche Threads im Netz. Österreichische und Schweizer Autor*innen können ihren Vertrag vom Aktionsbündnis Fairlag kostenlos prüfen lassen.

Die Alternativen zum Zuschussverlag

Ich hoffe, dieser Artikel erreicht sie noch rechtzeitig, denn es gibt nicht nur eine, sondern sogar zwei Alternativen zu einer rufschädigenden Veröffentlichung in einem DKZV.

1. Suchen Sie einen richtigen Verlag. Ja, das braucht

Zeit, rechnen Sie mit ein bis zwei Jahren und vielen Absagen. Starten Sie, indem Sie ein Exposé schreiben und damit einen Agenten suchen, der Sie dann bei den Verlagen vertritt.
2. Veröffentlichen Sie Ihr Buch im Selfpublishing. Auf dem Cover wird dann kein Verlagsname prangen, und im Buchladen um die Ecke wird Ihr Buch auch nicht stehen. Aber Sie werden etwas finden, das wichtiger ist als ein Verlagslogo: Leser!

Sieben Versprechungen, bei denen Sie hellhörig werden sollten

»Es gibt immer sone und solche«, hat meine Großmutter gern gesagt. Es gibt in der Buchbranche zahlreiche Menschen und Unternehmen, die Selfpublisher*innen auf die eine oder andere Weise bei der Arbeit helfen, als Dienstleister*in, Berater*in und so weiter. Natürlich wollen sie für ihre Arbeit bezahlt werden, so wie Sie als Autorin oder Autor ja auch gern möglichst viele Leser*innen dazu bringen möchten, für Ihre Bücher zu bezahlen.

Aber es gibt auch ein paar – wenige –, denen es nur um Ihr Bestes geht, um Ihr Geld, und die dabei mit unrealistischen und überzogenen Versprechungen arbeiten. Woran erkennen Sie diese Menschen oder Firmen, bevor es zu spät ist und Sie ihnen viel Geld gezahlt haben? An eben diesen Versprechen.

1. Wir bringen Ihr Buch garantiert in den Buchhandel

Das versprechen vor allem Druckkostenzuschuss-»Verlage« gern. Es ist aber ein unhaltbares Versprechen. Selbst die größten Verlage können das nicht garantieren. Sie schicken zweimal im Jahr zahlreiche Vertreter durch die Bundesrepublik, die Buchhändlern die Werke schmackhaft machen sollen. Und selbst denen gelingt das nur manchmal – bei 80.000 Neuerscheinungen allein aus Verlagen pro Jahr vielleicht auch kein Wunder.

Was ist ein realistisches Versprechen? »Wir machen Ihr Buch im Buchhandel bestellbar.«

2. Wir machen Ihr Buch zum Bestseller

Es gibt keinen sicheren Weg, ein Buch zum Bestseller zu machen. Gäbe es einen, wären alle Bücher Bestseller – und das ist mathematisch unmöglich. Fragen Sie doch Menschen oder Firmen, die Ihnen so etwas versprechen, wo ihre eigenen Bestseller sind – und warum sie nicht lieber weiter neue Bestseller schreiben, statt ein System zu verkaufen, das angeblich Bestseller produziert.

Was ist ein realistisches Versprechen? »Wir geben Ihrem Buch die Chance, ein Bestseller zu werden.«

3. Wir machen Ihr Buch fehlerfrei

Menschen machen Fehler, das ist normal. Jedes Buch im Buchhandel enthält Fehler. Manche sieht man sofort und fragt sich, wie das passieren konnte. Andere bemerkt man nur, wenn man sich mit dem Thema sehr genau auskennt. Wer Ihnen Fehlerfreiheit verspricht, handelt unseriös. Andererseits sollten Sie allerdings auch von ihren Dienstleistern nichts Unmögliches verlangen.

Was ist ein realistisches Versprechen? »Wir minimieren die Fehlerzahl in Ihrem Buch.«

4. Wir verraten Ihnen die Geheimnisse des Amazon-Algorithmus

Niemand weiß genau, wie Amazons Algorithmen funktionieren – und ich wette, dass es selbst Amazon nicht genau sagen kann. Die Software, die dahintersteht, ist inzwischen ausreichend komplex, dass die einzelnen Faktoren nicht mehr genau vorhersehbar sind. Zu behaupten, den Amazon-Algorithmus komplett zu verstehen, ist etwa so seriös wie einen Wetterbericht für das kommende Jahr abzugeben.

Was ist ein realistisches Versprechen? »Wir geben Hinweise, wie der Algorithmus funktionieren könnte.«

5. Wir verschaffen Ihnen ein dauerhaftes Einkommen als Autor*in

Man kann vom Schreiben leben, auch vom Selfpublishing. Etwa 250 Autorinnen und Autoren gelingt Letzteres in Deutschland gerade. Noch einmal 1000 mehr versuchen es. Nicht alle werden es schaffen – dafür ist der Markt schlichtweg zu klein. Selbst wenn der Anteil des Selfpublishing am deutschen Buchmarkt von derzeit 5 auf 30 Prozent steigen und sich das zusätzliche Einkommen gleichmäßig verteilen würde (in der Realität verdienen meist wenige viel und viele wenig), könnten in Zukunft höchstens 1500 Schreibende vom Selfpublishing leben. Für viele wird deshalb ein gesunder Mix wichtig sein: Bücher, Lesungen, Vorträge, Artikel…

Was ist ein realistisches Versprechen? »Wir erklären Ihnen die Voraussetzungen, vom Schreiben zu leben.«

6. Wir zeigen Ihnen die ultimative / die perfekte Strategie, dies und jenes zu tun

Jeder Jeck ist anders, sagen die Kölner. Das gilt auch für den Buchmarkt. Die eine, die ultimative, die perfekte Strategie kann es nicht geben, egal wofür. Was bei der einen funktioniert, klappt beim anderen nicht. Was heute gilt, hat sich morgen verändert. Gerade im Selfpublishing ist es wichtig, aus Fehlern zu lernen, aus eigenen und aus fremden, und dafür muss man Dinge ausprobieren, Dinge, die noch niemand versucht hat, Dinge, die schon oft funktioniert haben, und sogar Dinge, die noch bei niemand anderem erfolgreich waren.

Was ist ein realistisches Versprechen? »Wir zeigen Ihnen eine Strategie, die bei uns gestern funktioniert hat.«

7. Wir zeigen Ihnen, wie Sie mit Büchern und E-Books passives Einkommen erzielen

Ein wachsendes Bankkonto, ohne dafür einen Finger zu rühren? Wer würde das Angebot nicht annehmen. Tatsächlich jedoch ist kaum eine Branche von passiver Tätigkeit so weit entfernt wie die Buchbranche. Bücher schreiben und verkaufen sich nicht von selbst, und sie verkaufen sich auch nicht ewig. Sachbücher veralten, Belletristik verschwindet in der Unsichtbarkeit, weil dauernd neue Titel auf den Markt kommen, 80.000 im Jahr allein von den Verlagen. Die typische Verkaufskurve flacht nach 30 und dann noch einmal nach 90 Tagen deutlich ab, und wenn Sie bis dahin nicht heftig aktiv waren, war es das auch mit dem Einkommen.

Was ist ein realistisches Versprechen? »Wir zeigen Ihnen, wie sie in Zukunft mit weniger Stress veröffentlichen.«

Die sieben wichtigsten Fragen und Antworten zum Selfpublishing

VOR NUN ELF Jahren ist mit dem Start von KDP in Deutschland Selfpublishing ernsthaft hier angekommen – doch trotzdem kursieren noch einige Halb- und Unwahrheiten. Die zehn häufigsten sammelt dieser Artikel.

1. Wenn ich Amazons Kindle Direct Publishing (KDP) nutze, muss ich mein E-Book exklusiv auf Amazon verkaufen.

Falsch. Amazon beansprucht keine Exklusivrechte an Ihrem E-Book. Sie können allerdings das KDP-Select-Programm nutzen, das verschiedene Marketing-Vorteile bietet. Dann (und nur dann) binden Sie das betreffende Buch für drei Monate exklusiv an Amazon.

2. Ein Lektorat kann ich mir sparen, ich hatte eine 1 im Deutsch-Abitur.

Falsch. Zum einen umfasst ein echtes Lektorat deutlich mehr als nur die Korrektur von Rechtschreibfehlern. Auch Handlung, Figuren, Logik und Ausdruck kommen unter die Lupe. Zum anderen fehlt Ihnen als Autorin oder Autor der objektive Blick – selbst professionelle Lektor*innen würden ihre eigenen Bücher deshalb nicht selbst bearbeiten. Lesende jedoch sind sehr aufmerksam, unlektorierte Texte haben deshalb kaum Erfolgschancen.

3. Bei Amazon/Tolino gekaufte E-Books lassen sich nur auf dem Kindle / auf dem Tolino lesen.

In der Regel **falsch**. Technisch unterscheiden sich die E-Book-Formate kaum. Sie lassen sich deshalb leicht ineinander umwandeln. Das funktioniert nur dann nicht, wenn Autor*in oder Verlag einen Kopierschutz (DRM) verwendet haben. Glücklicherweise ist das immer seltener der Fall.

4. Amazon bezahlt nach gelesenen Seiten.

Falsch (auch wenn es so oft genug durch die Medien geistert). E-Book-Verkäufe werden von Amazon (wie auch von jedem Verlag) nach Stückzahlen abgerechnet. Wenn Sie allerdings an der Leihbibliothek von KindleUnlimited teilnehmen (freiwillig), erhalten Sie als Honorar einen Betrag, der von der Anzahl in Ihrem Buch gelesener Seiten abhängt. Die genaue Höhe dieses Betrags wechselt von Monat zu Monat und lag zuletzt bei rund 0,27 Cent.

5. Ein im Selfpublishing veröffentlichtes Buch ist für Verlage verbrannt.

Im **Gegenteil** – Verlage sind dauernd auf der Suche nach erfolgreichen Titeln von Selfpublisher*innen, um sie als Bücher in den Handel zu bringen. Eine gute Platzierung ist der beste Beweis, dass das Buch Verkaufspotenzial hat. Wenn Ihr Buch allerdings nicht läuft, sinken die Chancen, dass es dann noch von einem Verlag angenommen wird.

6. Selfpublisher*innen haben es nicht zu einem Verlag geschafft.

Falsch. Tatsächlich versuchen es heute viele unabhängige Autorinnen und Autoren gar nicht mehr bei einem Verlag. Sie warten lieber, bis der Verlag von selbst anklopft. Aber natürlich gibt es auch Selfpublisher*innen, die von Verlagen früher abgelehnte Manuskripte nun auf eigene Faust in den Handel bringen.

7. Mein Buch ist so gut, das verkauft sich auch ganz ohne Marketing.

Leider falsch. Vielleicht haben Sie wirklich ein hervorragendes Buch geschrieben. Aber woher sollen Lesende davon erfahren, wenn nicht durch geschicktes Buch-Marketing? Jedes Jahr kommen 120.000 Titel von Verlagen und Indies heraus – ein einzelnes Buch, so gut es auch ist, kann da nicht von selbst auffallen.

8. Ein E-Book, das wenig kostet, ist auch wenig wert.

Das ist eine häufige **Verwechslung** – »Preis« ist nicht dasselbe wie »Wert«. Ein Produkt kann trotz eines niedrigen Preises einen hohen Wert für seine Käufer*innen haben. Ein Buch liefert zum Beispiel für einige Tage Unterhaltung, aber auch neue Ideen, Gedanken und Sichtweisen – oder auch die Lösung eines konkreten Problems. Je höher der Wert und je niedriger der Preis, desto eher entscheiden sich Interessent*innen für dieses Produkt (und nicht für das nebenan). Bei gedruckten Büchern verhindern die Kosten für Herstellung und Vertrieb, dass der Preis zu sehr sinken kann. Beim E-Book jedoch liegen die Hürden deutlich niedriger, deshalb ist da auch eine ganz andere Preiskalkulation möglich.

9. E-Book-Preisaktionen sind schädlich, weil meine Fans dann nicht mehr bereit sind, höhere Preise zu zahlen.

Das stimmt so nicht. Es gibt – wie bei jedem Produkt – auch beim E-Book unterschiedliche Zielgruppen. Eine Preisaktion spricht eine ganz bestimmte Gruppe an, die der Schnäppchenjäger*innen. Diese Gruppe ist eine Minderheit, sie kauft alles, was nur günstig ist, mit dem Hintergedanken, das Buch irgendwann mal lesen zu wollen. Solche Käufer*innen würden kein Buch zum Normalpreis kaufen. Der Mehrheit hingegen geht es um den Produktnutzen. Sie kaufen das Produkt (das Buch) dann, wenn es sich für sie lohnt, wenn sie sich also versprechen, dass es ihren Geschmack trifft. Der Preis spielt dabei also auch eine Rolle, aber nicht die entscheidende. Mit einer Preisaktion sprechen Sie also die kleinere Gruppe an, damit anschließend die größere Gruppe das Buch sehen und kaufen kann.

10. Mein Buch sollte einen Kopierschutz besitzen, damit es nicht raubkopiert wird.

Falsch. Kein Kopierschutz kann vom Buchklau abhalten. Das einzige, was Sie damit bewirken: Sie schaden Ihren ehrlichen Leser*innen. Die sind nämlich dadurch an ein System gebunden und können bei Amazon gekaufte E-Books nicht auf Tolino-Geräten lesen – und umgekehrt.

Die sieben häufigsten Irrtümer von Selfpublishern

Nachdem ich zuletzt hier die häufigsten Irrtümer über das Selfpublishing generell ausgebreitet habe, soll es heute um ein paar Fehlurteile gehen, die ich immer wieder **von** Selfpublisher*innen höre. Die Liste ist kürzer ausgefallen – wer sich mit einem Thema täglich befasst, irrt sich eben nicht mehr gar so häufig.

1. Selfpublisher*innen verdienen mehr als Verlagsautor*innen

Falsch. Tatsächlich verdienen die erfolgreichsten Selfpublisher*innen zwar deutlich mehr als einige als erfolgreich geltende Verlagsautor*innen. Allerdings muss man aufpassen, nicht Äpfel und Birnen zu vergleichen. »Im Selfpublishing erhalte ich 70 Prozent, vom Verlag nur 10 Prozent«, höre ich da manchmal. Tatsache ist: Beim E-Book bekomme ich als Selfpublisher bis zu 70 Prozent vom Nettopreis ausgezahlt (in vielen Shops aber auch weniger).

Übliche Verlagskonditionen liegen beim E-Book (!) aber nicht bei 10, sondern bei 20 oder 25 Prozent. Und zwar von einem deutlich höheren Preis: 9,99 oder 11,99 Euro sind bei Verlags-E-Books nicht unüblich (ich spreche jetzt nicht von den E-Book-only-Imprints, die sind ein anderer Fall). Verlagsautor*innen erhalten ihr Honorar zudem ab dem ersten verkauften Buch. Selfpublisher*innen müssen erst ihre Kosten (in der Belletristik mindestens 1500 Euro pro Werk) erwirtschaften, bevor sie überhaupt etwas verdienen.

Hinzu kommt: Beim gedruckten Buch entgehen dem Selfpublisher 80 Prozent des Marktes. Auch wenn die Verlagsautorin dann nur 6 oder 7 Prozent vom Druckbuch erhält – das Potenzial für einen Bestseller ist ungleich höher.

2. Als Selfpublisher*in muss ich Liebesromane oder Krimis schreiben

Falsch. Selfpublishing ist ein E-Book-Phänomen (aus Gründen, die hier nichts zur Sache tun), und E-Book-Leser*innen sind Vielleser*innen, die sich vor allem auf die üblichen Genres stürzen. Deshalb werden die E-Book-Charts von diesen Genres dominiert. Doch in welche andere Rubrik man auch schaut, überall gibt es unabhängig publizierte Werke. Selbst auf Platz 1000 verkauft man noch über 10 E-Books am Tag – mit mehreren Titeln kann man davon durchaus leben.

3. Als Selfpublisher*in darf ich nicht an Literaturpreis-Ausschreibungen teilnehmen

Falsch. Der Anteil der Literaturpreise, die eine Verlags-Veröffentlichung voraussetzen, ist gering. Oft ist gar keine Veröffentlichung nötig (dann erfolgt die Bewerbung mit dem Manuskript) – oder aber es ist keine Bewerbung möglich, dann erfolgt eine Einladung, wenn Autor*innen der Jury aufgefallen sind.

4. Als Selfpublisher*in kann ich keine Leserunden bei Lovelybooks abhalten

Falsch. Wer keine Verlags-Veröffentlichung nachweisen kann, erhält die Autorennadel nicht. Das ist aber nur ein Icon am

Profilbild. Vielleicht ist es schlecht für's Ego, aber Leserunden kann bei Lovelybooks jedes Mitglied starten.

5. Als Selfpublisher*in bin ich völlig unabhängig

Falsch. Ich kann zwar frei entscheiden, wie ich mein Buch fertig stelle. Aber ich bin doch auf viele Menschen und Firmen angewiesen, die unterschiedlich zuverlässig arbeiten, mit denen ich Verträge schließen muss und die ihre Konditionen zu meinen Ungunsten ändern können.

6. Beim Start eines Buches kommt es darauf an, am ersten Tag möglichst viel zu verkaufen

Falsch. Tatsächlich gehen alle Verkäufe für das Bestseller-Ranking verloren, die passieren, so lange das Buch noch kein Ranking hat. Und auch dann möchte der Amazon-Algorithmus eine Dynamik sehen. Über Zwischenstationen gelangt ein Buch definitiv besser in die Top 100 als von 0 aus.

7. Nur eine Titelschutzanzeige schützt meinen Titel

Falsch. Eine Veröffentlichung des Buches schützt seinen Titel perfekt. Diese Veröffentlichung muss, der Begriff sagt es, »öffentlich« sein, also nicht in einem privaten Forum. Es muss sich aber nicht um eine kommerzielle Veröffentlichung handeln. Eine Titelschutzanzeige brauchen Sie, wenn Sie den Titel vor der Veröffentlichung sichern wollen.

Fallen Ihnen weitere Irrtümer ein? Dann gern ergänzen…

Die acht besten Wege, das eigene E-Book zu vermarkten

»Herzlichen Glückwunsch! Ihr Buch wurde im Kindle-Shop veröffentlicht…« Wenn diese E-Mail von Amazon eintrifft (oder eine entsprechende Erfolgsmeldung des Distributors) ist die Aufgabe der Autorin oder des Autors abgeschlossen. Die Arbeit des Self-Publishers beginnt jetzt aber erst.

Gut, genau genommen wäre es sinnvoll und richtig gewesen, sich schon vor dem Schreiben der ersten Zeilen Gedanken über die spätere Vermarktung des eigenes Werkes zu machen. Manche Strategien brauchen Zeit, um zu wirken. Aber zu spät ist es trotzdem nie. Was können Sie also jetzt noch für Ihr Buch tun?

Welche Marketingaktionen sinnvoll sind, lässt sich kaum pauschal beantworten. Ich kann aber ein paar Maßnahmen auflisten, die bei anderen Erfolg hatten. Probieren Sie selbst, was bei Ihrem Buch funktioniert!

1. Die Verschenkaktion

Wenn Sie Ihr E-Book beim Amazon-Programm KDP Select anmelden, können Sie es für **fünf Tage im Quartal kostenlos** anbieten. Wenn es oft heruntergeladen wird, steigt es im Beliebtheitsranking und wird später von mehr Käufern gesehen. 2012 war das Verschenken noch die beliebteste Marketing-Maßnahme, heute ist es nicht mehr so populär.

Damit es funktioniert, müssen Sie auf entsprechenden Websites dafür werben. Eine Nebenwirkung der Verschenkaktion können schlechte Rezensionen sein: Auch Leser, die gar nicht zur Zielgruppe gehören, laden das Buch (kostet ja nichts) und sind dann unzufrieden.

Wenn das Buch nur eine kleine Zielgruppe hat, bringt dass Verschenken nichts.

Während der Aktion sollten Sie einige tausend Downloads anstreben, damit es überhaupt Auswirkungen auf das Beliebtheits-Ranking gibt.

Ziel: Beliebtheits-Ranking bei Amazon
Kosten: keine (außer für Bewerbung)
Nutzen: begrenzt

2. Die Preisaktion

Beliebter als das Verschenken ist heute die Preisaktion. Das Buch wird dabei für gewisse Zeit auf einen **niedrigen Preis (meist 99 Cent) gesetzt**. Dadurch steigt es direkt im Amazon-Ranking und wird besser gesehen und gekauft.

Auch die Preisaktion funktioniert nur mit Werbung – Angebote, die sich darauf spezialisiert haben, gibt es etliche. Keine Angst, eine Preisaktion verstößt nicht gegen die Buchpreisbindung, solange Sie sie in allen E-Book-Läden durchführen, die Ihr Buch anbieten.

Jeder Kauf verbessert unabhängig vom Preis das Bestseller-Ranking.

Ziel: Verkaufs-Ranking bei Amazon
Kosten: für die Werbung, ca. 200-500 Euro
Nutzen: hoch

3. Das Gewinnspiel

Gewinnspiele lassen sich besonders gut auf der eigenen Website oder der Facebook-Seite starten (Facebook-Bestimmungen beachten!), sind aber auch auf gut frequentierten Drittseiten sinnvoll. Es lockt Besucher*innen auf die Seite und macht auf Ihr Buch neugierig, verkauft aber nicht direkt Bücher. Ein Gewinnspiel sorgt dafür, dass andere über Ihr Buch sprechen und es auf diese Weise bekannter wird.

Auch hier gilt: Damit es sich lohnt, müssen die Leser*innen davon wissen, etwa über Gewinnspielseiten im Netz. Der Preis muss nicht teuer sein, darf aber gern originell sein.

Ziel: Bekanntheit steigern
Kosten: für den Preis (100 Euro?)
Nutzen: indirekt

4. Leserunden

Bei Leserunden (am beliebtesten ist Lovelybooks, aber auch Goodreads und Whatchareadin kommen in Frage) lesen Sie als Autor*in zusammen mit einem kleinen Kreis Ihr eigenes Buch. Dafür müssen Sie wenigstens zehn kostenlose Exemplare Ihres Werkes zur Verfügung stellen und etwas Zeit investieren.

Das **Ergebnis sind Rezensionen**, auch bei Amazon. Wenn diese Besprechungen gut ausfallen, befördern sie den Verkauf Ihres Buches.

Ziel: Rezensionen
Kosten: für 10-20 Bücher
Nutzen: indirekt

5. Werbung bei Facebook oder Google

Als Autor*in sollten Sie bei Facebook zu finden sein. Das dient der Leser*innenbindung, verkauft aber direkt kein einziges Buch. Bezahlte Anzeigen bei Google lohnen sich fast nie, wenn es darum geht, Bücher zu verkaufen: Sie müssen mit mehr als fünf Euro Kosten pro auf diese Weise verkauftem Buch rechnen. Facebook hingegen kann lohnen, wenn Sie Ihre Zielgruppe gut treffen.

Was sich ebenfalls nicht lohnt: in allen möglichen Facebook-Gruppen für das eigene Werk zu trommeln. Lassen Sie es! Zu viel Werbung nervt potenzielle Käufer nur.

Ziel: Bekanntheit steigern

Kosten: keine (für Facebook-Seite) bzw. mittel bis hoch (für Anzeigen)

Nutzen: indirekt, gering

6. Die eigene Website

Die meisten Nutzer*innen suchen in E-Book-Shops nach neuem Lesestoff. Wenn Ihr Name den Leser*innen aber irgendwann bekannt ist (oder wenn Sie ein Buch zu einem Problem geschrieben haben, das den Lesenden so bewegt, dass er danach googelt), dann lohnt sich die eigene Website. Nicht unbedingt, um direkt darüber Bücher zu verkaufen (da gibt es recht viele rechtliche Fallen, in die Sie tappen können). Eher geht es darum, Leser*innen zum richtigen Online-Shop zu verweisen. Eine Website können Sie schon mit recht geringem Aufwand aufbauen. Ich bevorzuge dabei eine mit WordPress realisierte Buch-Website. Vergessen Sie aber auch Ihre Seite bei Authorcentral nicht.

Ziel: Gefunden werden

Kosten: gering

Nutzen: indirekt

7. Der E-Mail-Newsletter

Ein Newsletter, in den sich Ihre Leser eintragen können, gehört zu den wichtigsten, aber auch den am meisten unterschätzten Marketing-Instrumenten. Natürlich funktioniert er beim ersten Buch noch nicht so gut. Es sei denn, Sie haben frühzeitig mit dem Aufbau angefangen, also lange bevor Ihr Buch fertig war.

Damit sich Leser*innen eintragen, müssen Sie Argumente liefern. Erfahren die Abonnent*innen etwas eher als andere? Bekommen sie etwas geschenkt? Natürlich dürfen Sie Ihre

Newsletter-Abonnent*innen nicht mit irrelevanten Nachrichten zuspammen. Und rechnen Sie nicht damit, dass jede Ihrer Newsletter-Nachrichten gelesen wird.

Ziel: Leserbindung, Verkäufe
Kosten: keine
Nutzen: hoch

8. Das nächste Buch

Die beste Werbung für Ihre alten Bücher ist immer ein neues. Sie werden es sehen, die neue Veröffentlichung zieht auch die Vorgängertitel mit nach oben. Neue Titel finden zusätzliche Sichtbarkeit in der Neuheiten-Rubrik (60 Tage). Es muss nicht das gleiche Genre sein, aber als Werbung für ältere Bücher funktioniert es nur, wenn das neue Buch auch die alten Leser anspricht.

Ziel: Verkäufe
Kosten: Arbeitszeit für das Schreiben
Nutzen: sehr hoch

KU, KDP, ISBN, dpi: Die wichtigsten Abkürzungen für Selfpublisher

Von zu vielen Abkürzungen verwirrt? Hier eine kleine Liste der häufigsten Begriffe.

- ACX: Audiobook Creation EXchange
- AMS: Amazon Marketing Services
- BoD: Books on Demand
- BoeV: Börsenverein
- BSR: Bestsellerrang
- CMS: Content Management System
- CMYK: Cyan, Magenta, Yellow, Key – ein Farbraum
- DKZV: Druckkostenzuschuss-Verlag
- DNB: Deutsche Nationalbibliothek
- dpi: dots per inch (Punkte pro Zoll)
- DRM: Digital Rights Management
- FBM: Frankfurter Buchmesse
- HC: Hardcover
- ISBN: International Standard Book Number
- KDP: Kindle Direct Publishing
- KENPC: Kindle Edition Normalized Page Count
- KKA: Kunden kauften auch
- KOLL: Kindle Owners Lending Library
- KT: Klappentext

- KU: KindleUnlimited
- LBM: Leipziger Buchmesse
- MWSt: Mehrwertsteuer
- NL: Newsletter
- PDF: Portable Document Format
- PoD: Print on Demand
- Rezi: Rezension
- RGB: Rot, Grün, Blau – ein Farbraum
- RuB: Regal ungelesener Bücher
- SP: Selfpublishing
- SuB: Stapel ungelesener Bücher
- TB: Taschenbuch
- USt: Umsatzsteuer
- VAT: Value Added Tax, englisch für Umsatzsteuer
- VLB: Verzeichnis lieferbarer Bücher
- VÖ: Veröffentlichung

Und wenn nun ...? Sieben unbegründete Ängste von Selfpublisher*innen

Und wenn nun mein Manuskript gestohlen wird? Werden die Leser*innen mein Buch ohne DRM nicht alle klauen? Was, wenn der Lektor oder die Lektorin mir einfach alles umschreibt? Wenn etwas neu ist, ist es oft mit Ängsten verbunden. Das gilt auch speziell für das Selfpublishing. Deshalb an dieser Stelle einmal eine Liste der wichtigsten unbegründeten Ängste von Selfpublisher*innen.

1. Die Angst um das Manuskript

Irgendwann muss jede Autorin, jeder Autor das Geschriebene herausrücken: an Lektor*innen, an Vorab-Leser*innen … Und wenn die nun das Manuskript als ihr eigenes ausgeben? Sollte ich nicht versuchen, meine Urheberschaft beweisen zu können?

Ganz ehrlich? Nein. Es gab in den letzten fünfzig Jahren keinen Fall, wo es auf diese Weise zu einem Verlust gekommen ist. Ja, es gab Plagiate, aber die wurden bei schon im Handel erhältlichen Büchern abgeschrieben. Es gibt ja genug davon, jedes Jahr 80.000 neue von Verlagen plus ca. 40.000 von Selfpublisher*innen, und das allein in Deutsch.

2. Die Angst um die Hoheit

Diese Angst funktioniert so: »Wenn ich mein Manuskript einer Lektorin gebe, schreibt sie es bestimmt um, sodass ich es gar nicht wiedererkenne.« Ist diese Angst real?

Nein. Lektorinnen und Lektoren machen Vorschläge. Die Autorin, der Autor, entscheiden, ob sie diese Vorschläge übernehmen. Das ist selbst in Verlagen in der Regel so. Wobei gute Lektor*innen hartnäckig sind und Ihnen die Änderung im zweiten Durchgang sicher noch einmal schmackhaft machen werden. Aber auch dann können Sie nein sagen (Tipp: sagen sie ja, es lohnt sich).

3. Die Angst vor Dieben

Viele Selfpublishing-Anbieter lassen Ihnen die Wahl, Ihr E-Book mit Kopierschutz (DRM) auszustatten oder darauf zu verzichten. Aus Angst, ein leichtes Opfer von Dieben zu werden, verwenden manche Selfpublisher ein DRM.

Ist das sinnvoll? Auf keinen Fall. Mit dem DRM hindern Sie Ihre ehrlichen Käufer*innen daran, das E-Book so zu verwenden, wie sie es möchten (es z. B. auf einem Tolino-E-Reader zu lesen). Leser und Leserinnen sind ehrlich. Aber Diebe hindern Sie damit an gar nichts. Jedes E-Book lässt sich per Mausklick vom Kopierschutz befreien, und Diebe wissen genau, wie das geht.

4. Die Angst vor Betrug durch den Geschäftspartner

Ob Amazon wirklich alle Verkäufe abrechnet? Mein Distributor schickt die Abrechnung so spät, will er mich über den Tisch ziehen?

Nun, wenn Sie einen seriösen Selfpublishing-Anbieter gewählt haben, und dazu zähle ich Amazon, Bookrix, ePubli, Feiyr, Neobooks, Tolino Media, Tredition, TwentySix und noch einige andere, dann sind Sie sicher. Die Bücher (und damit meine ich die Abrechnungen) dieser Firmen werden von Buchhaltung, Steuerberater und Finanzamt so geprüft, dass eine falsche Abrechnung viel zu viel Arbeit macht, als dass es sich lohnen würde, so etwas bewusst einzufädeln. Temporäre Probleme gibt es, aber es gab in den letzten zehn Jahren keinen Fall, wo jemand sein Geld am Ende nicht bekommen hat.

5. Die Angst vor dem falschen Tag

Wenn ich an Tag X veröffentliche, kauft niemand mein Buch, weil … Solche Argumente lassen sich für jeden Veröffentlichungs-Termin finden. Wenn Sie dieser Angst nachgeben, wird Ihr Buch nie erscheinen.

Ist die Angst real? Nein. Den besten Veröffentlichungstermin gibt es nicht. Entweder, viele kaufen an einem Tag Lesestoff. Dann findet Ihr Buch viele Leser, wird aber nicht so sichtbar. Oder wenige kaufen. Dann können Sie auch mit weniger Käufern sichtbarer werden.

6. Die Angst vor den Leser*innen

In Deutschland gilt Impressumspflicht. Selfpublisher*innen haben keinen Verlag, der ihnen eine Postadresse bereitstellt, also müssten sie eigentlich ihre Privatadresse veröffentlichen. Und wenn mich dort nun Leser*innen belästigen?

Ist das begründet? Nun, es mag Fälle geben, wo man seine Adresse deshalb nicht verraten mag, weil sonst das geschlossene Pseudonym auffliegt. Eine Lehrerin, die heiße Liebesgeschichten schreibt, wird ihre Postadresse kaum angeben wollen. Dann hilft ein Impressumsdienst. Aber in den meisten Fällen ist die Angst unbegründet und schafft nur einen Graben zwischen Autor*in und Leser*in, der nicht sein muss.

7. Die Angst vor dem Ideenklau

Sie haben ein Sachbuch-Thema gefunden, über das noch nie geschrieben wurde. Ihnen ist ein Plot eingefallen, der total neu ist. Und nun? Besser niemandem davon erzählen? Weder einem potenziellen Verlag noch den künftigen Lesern?

Keine Angst. Leider ist eine Idee noch lange kein Buch. Das werden Sie spätestens beim Schreiben merken. Ideen sind billig. Verlage und andere Autor*innen haben selbst genug davon. Niemand wird Ihnen Ihre Idee wegnehmen. Verlage können es sich auch gar nicht leisten, Ihre Idee zu stehlen – niemand würde mehr mit ihnen arbeiten, und ohne Autoren gibt es keine Verlage. Die Umsetzung ist es, die zählt. Schreiben Sie los.

Fallen Ihnen noch unbegründete Ängste ein? Natürlich gibt es auch Tatsachen, vor denen man durchaus ein wenig Respekt haben darf. Angst wäre übertrieben, aber Respekt – klar, 100.000 Wörter zu schreiben, das ist eine Leistung, und Scheitern ist möglich und überhaupt keine Schande. Das Scheitern als reale Möglichkeit ins Auge zu fassen, kann hier auch entlastend wirken.

Fünf Gründe, warum Sie noch nicht erfolgreich sind

Sie haben es wirklich probiert: Haben ein, zwei, drei Bücher geschrieben, viel Geld für ein Lektorat ausgegeben, eine Website und eine Facebook-Seite aufgemacht, Sie sind in Lesergruppen auf Facebook unterwegs, posten Fotos bei Instagram, machen Leserunden bei Lovelybooks und twittern ab und zu. Aber trotzdem klappt es nicht mit der Autor*innen-Karriere. Ihre Bücher verkaufen sich nicht, jedenfalls nicht so gut, wie es Ihr Konto gern hätte. Was ist da los? Was läuft schief?

So allgemein lässt sich das zwar nicht in jedem Fall beantworten, aber es gibt ein paar Trends, die ich in solchen Fällen immer wieder beobachte. Wenn Sie die folgenden Punkte lesen, sagen Sie vielleicht als erstes: Oh, das betrifft mich gar nicht. Oder: Nein, das stimmt nicht, ich bin anderer Meinung. Das ist okay. Vielleicht schauen Sie noch einmal ganz genau nach, ob nicht doch ein wahrer Kern darin steckt, den die jedem Kreativen innewohnende Eitelkeit gern ignorieren würde. Das wäre zutiefst menschlich.

Welche Gründe könnte es also geben, warum Sie noch nicht erfolgreich sind?

1. Das Produkt stimmt nicht

Sie können sich bei der Vermarktung abstrampeln, wie Sie wollen, Sie können das durchschlagendste Cover überhaupt haben – wenn das Buch seine Leser nicht überzeugt, dann wird es sich nicht verkaufen. Nach den Rezensionen Ihrer Freunde und Ihrer Familie, die gar nicht anders können, als Ihr Schreiben zu lieben, kommen unweigerlich die ersten Leser-Besprechungen und ziehen den Bewertungsschnitt Ihres Buches nach unten.

Die gute Nachricht: Diese Ursache für Erfolglosigkeit kommt überraschend selten vor – zumindest bei Autorinnen und Autoren, die ernsthaft an kommerziellem Erfolg interessiert sind und ihr Buch deshalb zuvor ins Lektorat geschickt haben. Einzige, seltene Ausnahme: Das Lektorat wurde nicht gut gemacht – auch in dieser Branche gibt es natürlich schwarze Schafe.

2. Die Verpackung stimmt nicht

Meist liegt eine Gemengelage von Ursachen aus diesem Bereich vor. Bevor jemand Ihr großartiges Buch kauft, muss ihn oder sie die Verpackung davon überzeugt haben. Die besteht zuallererst aus dem Cover – aber nicht nur. Vergleichen Sie ganz selbstkritisch: Wie macht sich Ihr Buch zwischen den Bestsellern seiner Kategorie? Passt es hinein? Es darf auf keinen Fall selbstgemacht aussehen. Auf dem Weihnachtsmarkt verkaufen sich selbstgemachte Dinge, im Buchmarkt nicht. Vielleicht hat Ihr Grafiker Sie schlecht beraten, oder Sie haben zu enge Vorgaben gemacht? Hören Sie nicht auf Ratschläge von Freunden oder Kolleginnen à la »Ich finde dein Cover okay«. Und glauben Sie nicht der Behauptung »Cover sind Geschmacksfrage«. Ob ein Cover einen professionellen Eindruck macht, ist definitiv keine Geschmacksfrage. Ob es zum Genre und zu den Käufererwartungen passt ebensowenig.

Doch nicht nur das Cover spielt eine Rolle: Der Klappentext sollte Ihr bestes Stück Text sein, das Sie in den vergangenen zehn Jahren geschrieben haben. Wenn Sie unsicher sind: Fragen Sie, z. B. Ihre Lektorin. Nicht jeder gut Schreibende kann auch verkaufsfördernde Klappentexte schreiben – es ist keine Schande, sich die Schwäche einzugestehen und um Hilfe zu bitten.

3. Der Preis stimmt nicht

»Ich habe ein Jahr daran gesessen, da kann ich es doch nicht für … verschleudern«: Diese Aussage gehört zu den sieben häufigsten Einsteiger-Fehlern im Selfpublishing. Den Käuferinnen und Käufern ist das völlig egal! Sie zahlen den Preis, den sie für angemessen halten. Und das können bei einem völlig unbekannten Autor auch schon mal 99 Cent sein. Generell sollten Sie nicht über 3,99 € gehen, es sei denn, Sie schreiben Sachbücher in einer sehr engen Nische. Die gute Nachricht: Sie verdienen dann pro Exemplar ja immer noch mehr als Ihnen ein Verlag bei einem 8,99-€-Titel zahlen würde! Am Ende kommt es doch darauf an, dass die Summe stimmt, die Ihnen der Buchhändler überweist.

4. Die Strategie stimmt nicht

Letztes Jahr haben Sie einen Krimi geschrieben. Der lief ganz okay. Danach haben Sie es mit einem Liebesroman probiert, weil da der Markt größer ist. Und jetzt haben Sie Lust auf Fantasy. Das Problem dabei: Sie müssen mit jedem Buch ganz von vorn anfangen. Die Leser*innen, die Ihren Krimi gut fanden, werden kaum romantische Stories lesen wollen. Nun können Sie natürlich gern schreiben, wozu Sie Lust haben – aber dann dürfen Sie sich nicht darüber beschweren, dass Ihr Name auch nach dem dritten Buch noch unbekannt ist!

Wenn Sie wirklich vom Schreiben leben wollen, müssen Sie einigermaßen systematisch vorgehen. Das Grundprinzip besteht darin, aus Käufern, die Ihr Buch gut fanden, Fans zu machen. Fans tragen sich in Ihren Newsletter ein (am besten), abonnieren Ihre Facebook-Seite (hilft weniger, da Facebook hier die Hoheit hat) und folgen Ihnen bei Amazon (sehr effizient, aber auch hier hat jemand anders die Finger auf den Daten). Der Newsletter ist der Grundstein Ihrer Autorenlaufbahn, aber er wächst nur, wenn Sie nach dem ersten Krimi einen zweiten und dritten schreiben. Experimentieren können Sie später, wenn der wirtschaftliche Erfolg eingetreten ist. Oder Sie scheren sich eben nicht um den wirtschaftlichen Erfolg – aber dann lassen Sie bitte auch das Wehklagen (wobei das natürlich zum Frustabbau hilfreich sein kann, also klagen Sie ruhig).

5. Die Erwartungen stimmen nicht

Erfolg ist relativ. Manche Autor*innen sind stolz, wenn zehn Menschen ihr Buch gelesen haben. Das ist eine schöne Zahl! Falls Sie sich einen Bestseller versprochen, aber ein »Geht so«-Buch bekommen haben, liegt das vielleicht an zu hohen Erwartungen. Genre-Mischungen verkaufen sich zum Beispiel eher nicht so gut. Und manche Nischen sind eben nicht so groß, dass Sie da 100 Bücher am Tag verkaufen könnten. Hier hilft ein bisschen Vorab-Recherche. Aber werfen Sie nicht zu früh die Flinte ins Korn, sondern bleiben Sie geduldig: Auch fünf sich mittelprächtig verkaufende E-Books ergeben in der Summe einen Bestseller!

Kooperation - wo sie hilft und wo sie aufhören sollte

JEDES JAHR ERSCHEINEN in Deutschland 80.000 neue Bücher – allein aus Verlagen, und es kommen vielleicht noch einmal halb so viele von Selfpublisher*innen hinzu. Da könnte man ja glauben, dass der Markt gesättigt und jedes neue Buch der Feind jedes alten ist. Aber Bücher sind keine Fernseher und keine Autos. Die ca. 80 Millionen Bewohner*innen Deutschlands kaufen im Schnitt alle fünf Jahre einen Fernseher (früher waren die Abstände doppelt so groß, aber die Technik entwickelt sich schneller weiter) und noch seltener ein neues Auto. Bücher jedoch kaufen sie mehrmals im Jahr. Bei 80 Millionen sind doch 80.000 verschiedene Titel gar nicht mehr so viel.

Noch besser wird das Verhältnis, wenn man sich die besten Kundinnen der Autorinnen ansieht: die Vielleserinnen (Männer sind immer mitgemeint, aber Frauen sind in allen drei Gruppen in der Mehrheit). Deshalb haben schlaue Schreibende längst erkannt, dass die Autorin von nebenan keine Konkurrentin ist – und dass man gemeinsam viel weiter kommt. Wo bietet sich nun für Selfpublisher*innen eine Zusammenarbeit an? Und gibt es – wir denken an das Kartellrecht für Firmen – Bereiche, wo man besser nicht zusammenarbeitet?

Gemeinsam Schreiben

Zusammen mit anderen ist schon der erste Schritt leichter: Wenn Sie zu zweit 75.000 Wörter schreiben wollen, sind das für jede Person nur noch 37.500. Manche Autorenpaare schreiben immer gemeinsam (Rose Snow, BC Schiller…), andere finden sich zu längerfristigen Projekten zusammen (etwa einer gemeinsamen Reihe oder Serie) und manche wollen einfach nur mal ausprobieren, wie das Schreiben als Duo funktioniert. Gemeinsame Veröffentlichungen haben viele Vorteile:

- Ansprechen einer größeren Fanbasis
- Weniger Arbeit für die einzelne Person
- Schnellere Erscheinungsweise (in manchen Genres sehr wichtig)
- Nutzung unterschiedlicher Fertigkeiten (der eine schreibt gern Klappentexte, die andere hat eine Dialog-Begabung)

Wer nicht gleich gemeinsam schreiben will, könnte auch mit gegenseitigem Testlesen starten – für einen fremden Text hat man oft einen besseren Blick als für den eigenen.

Gemeinsam Vermarkten

Die Vermarktung ist die zweite große Aufgabe für Selfpublisher*innen. Auch hier bieten sich Kooperationen an. Manchmal laufen diese informell (man lernt sich mal irgendwo kennen und empfiehlt sich dann weiter), manchmal bilden sich feste Gruppen (Lieblingsautoren oder Autorensofa bis hin zum Selfpublisher-Verband). Was kann man alles teilen:

- Wissen, Erfahrungen und Meinungen (»welches Cover ist am besten?«)
- Buchempfehlungen in den sozialen Medien

- Newsletter-Platzierungen (sehr effizient, wenn es thematisch passt)
- Lesungen
- Messe-Auftritte
- Gewinnspiele

Vielleicht ist eine Anregung für Sie dabei?

Bloß nicht: Rezensions-, Kauf- und Seitenlesetausch

Die Aufforderung liest man ab und zu in Büchergruppen bei Facebook: »Schreib mir eine Rezension, dann schreibe ich dir eine.« Bei anderen Motiven soll man im Austausch das Buch des »Kooperationspartners« per KindleUnlimited lesen, es kostenlos herunterladen oder kaufen.

All das widerspricht den Amazon-Bedingungen. Rezensionen dürfen nicht von Bedingungen abhängig gemacht werden. Eine Gegen-Rezension ist nichts anderes als eine Bezahlung. Beide Autoren bringen sich mit solchen Deals in Teufels Küche! Ähnliches gilt für die Manipulation der Charts oder der gelesenen Seiten durch irgendeine Art von Deal. In den USA verklagt Amazon gerade Autoren, die das in großem Stil gemacht haben, auf Schadenersatz.

Ethisches Verhalten im Selfpublishing

Im Buchmarkt sind Unternehmen unterwegs, die versuchen, andere über den Tisch zu ziehen. Aber ein solches Verhalten ist nichts, was sich nur Firmen vorwerfen lassen müssen. Auch Autorinnen und Autoren sind immer wieder bereit, die Grundsätze der Fairness über Bord zu werfen – zugunsten des eigenen Vorteils. Es wird plagiiert, Ideen werden geklaut, manche rezensieren die Bücher ihrer Kolleg*innen schlecht oder betrügen mit Sprungmarkentricks bei Kindle Unlimited. Das Unrechtsempfinden ist dabei unterschiedlich ausgeprägt. Wo beginnt unethisches Verhalten?

Ist es schon unfair, im Klappentext bei Amazon auf eine Preisaktion hinzuweisen und dabei den niedrigeren Preis zu nennen? Amazon verbietet das, trotzdem sieht man es häufig. Ist es unethisch, die Shopsuche zu beeinflussen, indem man dem Buchtitel Stichworte wie »Thriller«, »Vegan« oder ähnliches hinzufügt? Auch das verbietet Amazon – aber es wird oft trotzdem durchgewunken. Im Vergleich zu KDP-Nutzern, die sich an die Regeln halten, hat ein Buchtitel mit Keyword-Stuffing eindeutig Vorteile.

Der amerikanische Selfpublisher-Verband, die Alliance of Independent Author, hat sich dazu sehr lesenswerte Statuten erarbeitet, den »Ethical Author Code«. Er besteht aus neun Punkten, die sich in aller Kürze so beschreiben lassen:

1. Höflichkeit und Respekt – gegenüber Leser*innen, anderen Autor*innen und Branchenvertreter*innen. Bei Streit bleibe ich sachlich und vermeide persönliche Angriffe.
2. Decknamen – ich verstecke mich nicht unter Decknamen, um die Reputation anderer zu beschädigen oder meine Verkäufe zu verbessern.
3. Bewertungen – ich gebe nur ehrliche Bewertungen ab und gebe transparent an, welche Beziehung ich zum Autor des Buches habe. Ich vermeide alles, was Betrug an Leserinnen darstellt.
4. Reaktionen auf Bewertungen – ich reagiere grundsätzlich professionell auf Bewertungen, auch auf persönliche Angriffe auf mich.
5. Buchwerbung – ich werbe nie mit falschen Behauptungen über mich, mein Buch und andere.
6. Manipulation – ich versuche nicht, Bewertungen, Downloads oder Verkäufe zu manipulieren und benutze keine Drittanbieter, die illegal und unethisch arbeiten.
7. Plagiate – ich plagiiere nicht.
8. Finanzethik – ich bin in finanziellen Angelegenheiten stets pünktlich und genau.
9. Verantwortung – wenn ich sehe, dass jemand gegen diesen Ethik-Code verstößt, mache ich ihn oder sie darauf aufmerksam.

Was tun, wenn ein Verlag anklopft?

Wie sehr sich die Position erfolgreicher Autor*innen durch das Selfpublishing geändert hat, zeigt die Tatsache, dass inzwischen bei allen erfolgreichen **Indie-Autor*innen die Verlage anklopfen** und höflich um einen Vertrag bitten. Doch es gibt dabei erstens nicht nur seriöse Anbieter – und zweitens setzen auch die namhaften Verlage in ihren Vertragsvorschlägen gern Klauseln ein, die für Autor*innen nicht unbedingt vorteilhaft sind.

Unerfahrener Selfpublisher*innen, vielleicht ein bisschen geschmeichelt durch den berühmten Namen auf dem Briefpapier, vergessen dann schnell, dass das **seitens des Verlags natürlich nur ein Angebot ist**. Es ist wie auf dem Basar: Der Verlag rechnet damit, dass die Autorin oder der Autor nun einen Gegenvorschläge macht – und am Ende einigt man sich auf ein Paket, das allen Wünschen gerecht wird.

Was sollten Sie bei den Vertragsverhandlungen beachten, worauf sollten Sie auf keinen Fall eingehen?

Ein faires Honorar

Im Vertrag sind normalerweise eine Tantieme, also ein prozentualer Anteil am Erlös, und eine feste Summe vorgesehen, ein Garantiehonorar. Die Tantieme wird in Prozent angegeben. Hier **lauert aber die erste Falle**: Achten Sie darauf, ob das Honorar vom Netto-Verkaufspreis des Buches (Preis minus 7 % Mehrwertsteuer) oder vom Netto-Verlagsabgabepreis (Preis minus Mehrwertsteuer minus Buchhandelsrabatt von 40-50 %) berechnet wird. 10 Prozent vom Netto-Verlagsabgabepreis sind weniger als 8 Prozent vom Nettopreis. Üblich sind beim Taschenbuch 5-8 % vom Nettopreis, beim Hardcover 8-12 %.

Mit dem Prozentsatz kennen Sie aber Ihren Erlös noch nicht. Eine wichtige Frage ist also: **Zu welchem Preis bietet der Verlag das Buch an**? Das sollten Sie vorab klären. Zum einen, weil das natürlich Ihr Honorar betrifft, zum anderen aber auch, weil Ihr Buch nicht konkurrenzfähig ist, wenn es zu teuer angeboten wird. Ein Taschenbuch sollte idealerweise 9,99 Euro kosten. Alles über 14 Euro ist hier garantiert zu teuer.

Beim E-Book sieht es ähnlich aus. Hier dürfen Sie aber höhere Prozentsätze verlangen. Das **absolute Minimum sind 20 Prozent**, sehr oft sind aber 25 Prozent üblich – und wenn Sie bereits erfolgreich sind, können Sie durchaus auch mal mit 30 Prozent pokern.

Können Sie die **Taschenbuchrechte auch unabhängig vom E-Book verkaufen**? Darauf lassen sich Verlage ungern ein, da das Risiko beim gedruckten Buch deutlich höher ist. Aber Versuch macht kluch... Wenn Sie mit eigenen Erfolgen argumentieren können, hilft das natürlich. Neulinge haben dabei allerdings schlechtere Karten.

Schließlich bleibt das **Garantiehonorar, der Vorschuss**. Diese Summe erhalten Sie garantiert, auch wenn sich Ihr Buch schlechter als geplant verkauft. An ihrer Höhe sehen Sie, welches Vertrauen der Vertrag in das Buch setzt (Pauschalregel, Pi mal Daumen: geplante Auflage mal 0,5 bis 1 Euro). Ihre Honorare werden normalerweise später darauf angerechnet. Das heißt, Sie erhalten erst wieder Geld, wenn die Einnahmen das Garantiehonorar überschreiten. Wenn es um eine nachträgliche Veröffentlichung Ihres bereits als E-Book erschienenen Titels geht, verzichten beide Seiten auch mal auf das Garantiehonorar. Insbesondere dann, wenn Sie vielleicht sogar die E-Book-Rechte behalten dürfen.

Faire Bedingungen

Auch im Kleingedruckten warten manchmal Fallen. Darauf sollten Sie achten:

- **Konkurrenzausschluss**: Manchmal finden sich Klauseln, die Ihnen untersagen, ein Werk im gleichen Genre anderswo herauszubringen. Unbedingt streichen lassen.
- **Vorkaufsrecht**: Der Verlag bittet sich aus, ein neues Werk zuerst ihm anzubieten. Das ist akzeptabel, solange dann frei verhandelt werden kann. Sie dürfen dann den Verlag wechseln, wenn Ihnen die Bedingungen nicht zusagen.
- **Laufzeit des Vertrags**: Nach wie vielen Jahren fallen die Rechte an Sie zurück? Bei Belletristik sind zehn Jahre nicht unfair.
- **Nebenrechte**: Oft sichern sich die Verlage auch alle möglichen anderen Rechte, etwa für die Hörbuchfassung, die Verfilmung und so weiter. Überlegen Sie, was Ihnen persönlich wichtig ist. Filmrechte am eigenen Buch selbst zu verkaufen, ist nicht immer unbedingt Sache von Autor*innen. Aber wenn Sie Ambitionen haben, selbst Drehbücher zu schreiben, könnte das vielleicht ein Grund sein, die Klausel zu streichen.
- **Leistungen des Verlags**: Was darf (oder muss) der Verlag für Ihr Buch tun? Bei einer Neuveröffentlichung sollten Lektorat, Covergestaltung und Layout selbstverständlich vom Verlag übernommen werden. Ist Ihr Buch bereits etwa als E-Book erfolgreich, können Sie

das Lektorat auch streichen. Die gesparten Kosten könnten dann ein höheres Honorar rechtfertigen… Hier ist aber auch interessant, welche Marketingmaßnahmen der Verlag plant.

- **Rechte des Verlags und der Autor*innen**: Wer darf den Namen des Buches bestimmen, wer entscheidet über das Cover? Wie viel kreative Kontrolle bleibt Ihnen? Wer legt den E-Book-Preis fest? Auch das kann im Vertrag festgehalten werden. Wenn es noch keine derartige Klausel gibt – fügen Sie sie ein: »Der Buchtitel wird vom Autor festgelegt«. Punkt.

Damit dürften die wichtigsten Punkte abgearbeitet sein (bei konkreten Fragen berate ich aber gern!) Natürlich kann es auch noch »weichere« Gesichtspunkte geben, die bei Ihrer Entscheidung für oder gegen den Verlag eine Rolle spielen. **Was ist mit dem Verlagsnamen in Ihrer Biografie**? Kann der vielleicht bei künftigen Büchern helfen, auch wenn die Konditionen für dieses Werk vielleicht nicht so prickelnd sind? Welche besonderen Leistungen könnte Ihnen dieser spezielle Verlag bieten – und gleicht das die Einschränkungen aus, die eine Veröffentlichung dort mit sich bringt? Manche Autor*innen gehen mit solchen Fragen gern auch zu Profis, zu Agent*innen (die natürlich auch wieder eigene Motive mitbringen). Aber das ist Thema für einen anderen Artikel…

Mein erster Verlags-Vertrag – drei Fragen, die Sie unbedingt klären sollten

Gerade derzeit kommen sie wieder, die freundlichen E-Mails: »Ihre Bücher würden sehr gut in das Programm von … passen. Deshalb wollte ich Sie fragen, ob Sie sich eine Zusammenarbeit vorstellen könnten…« Die meisten Publikumsverlage, aber auch Amazon Publishing, gehen inzwischen von sich aus aktiv auf erfolgreiche Selfpublisher*innen zu – eine Nummer-1-Position ist dazu längst nicht mehr nötig, solange das veröffentlichte Buch offenkundig von professionellem Anspruch zeugt.

So eine Anfrage ist also auf jeden Fall Grund zu Freude, ganz egal, wie Sie zum Abschluss eines Verlagsvertrages stehen, denn sie signalisiert ein absolut ernst gemeintes Kompliment. Wie Sie dann weiter vorgehen, das sollten Sie allerdings von den Antworten auf drei wichtige Fragen abhängig machen, die Sie dringend klären müssen. Als da wären:

Was will der Verlag?

Mal davon abgesehen, dass der Verlag natürlich wie jedes Wirtschaftsunternehmen Geld verdienen will – was will der Verlag konkret von Ihnen? In jedem Fall Nutzungsrechte (denn das Urheberrecht können Sie ja nicht verkaufen). Sie müssen klären, welche Rechte Sie dem Verlag überlassen sollen. Im Normvertrag des VS können Sie nachsehen, was alles möglich ist.

Der Vertrag, den Ihnen der Verlag dann irgendwann zuschickt, ist **zunächst aber nur als Angebot zu verstehen**. Alle Paragraphen lassen sich anpassen. Sie wollen die Auslandsrechte lieber einer Agentur übergeben? Dann streichen Sie §2, Absatz 1, Punkt d. Audible hat längst wegen der Hörbuchrechte angefragt? Dann lassen Sie §2, Absatz 1, Punkt g weg (jeweils auf den Normvertrag bezogen).

Manchmal gehen die Verlage aber auch vorsichtiger zu Werke und wollen zunächst nur Ihre E-Book-Nutzungsrechte übernehmen. Dann müssen Sie klären, was mit den anderen Rechten passiert. Dürfen Sie das Taschenbuch selbst veröffentlichen – oder behält sich der Verlag diese Option offen, falls sich Ihr E-Book gut verkauft? Für jedes Recht, das Ihnen der Verlag blockiert, sollte er an anderer Stelle (etwa beim Honorar) entgegenkommen. Ein paar Punkte aus dem Kleingedruckten, die Sie sich ansehen sollten:

- **Konkurrenzausschluss**: Manchmal finden sich Klauseln, die Ihnen untersagen, ein Werk im gleichen Genre anderswo herauszubringen. Unbedingt streichen lassen.
- **Vorkaufsrecht**: Der Verlag bittet sich aus, ein neues Werk zuerst ihm anzubieten. Das ist akzeptabel, solange dann frei verhandelt werden kann. Sie dürfen dann den Verlag wechseln, wenn Ihnen die Bedingungen nicht zusagen.
- **Laufzeit des Vertrags**: Nach wie vielen Jahren fallen die Rechte an Sie zurück? Bei Belletristik sind zehn Jahre nicht unfair, sieben Jahre wären besser.
- **Nebenrechte**: Oft sichern sich die Verlage auch alle möglichen anderen Rechte, etwa für die Hörbuchfassung, die Verfilmung und so weiter. Überlegen Sie, was Ihnen persönlich wichtig ist.

Filmrechte am eigenen Buch selbst zu verkaufen, ist nicht immer unbedingt Sache von Autor*innen. Aber wenn Sie Ambitionen haben, selbst Drehbücher zu schreiben, könnte das vielleicht ein Grund sein, die Klausel zu streichen.

- **Leistungen des Verlags**: Was darf (oder muss) der Verlag für Ihr Buch tun? Bei einer Neuveröffentlichung sollten Lektorat, Covergestaltung und Layout selbstverständlich vom Verlag übernommen werden. Ist Ihr Buch bereits etwa als E-Book erfolgreich, können Sie das Lektorat auch streichen. Die gesparten Kosten könnten dann ein höheres Honorar rechtfertigen. Hier ist aber auch interessant, welche Marketingmaßnahmen der Verlag plant.
- **Rechte des Verlags und der Autor*innen**: Wer darf den Namen des Buches bestimmen, wer entscheidet über das Cover? Wie viel kreative Kontrolle bleibt Ihnen? Wer legt den E-Book-Preis fest? Auch das kann im Vertrag festgehalten werden. Wenn es noch keine derartige Klausel gibt – fügen Sie sie ein: »Der Buchtitel wird von … festgelegt«.

Was zahlt der Verlag?

Das Honorar kommt im Normvertrag relativ spät zur Sprache. Was gut für Sie ist, ist pauschal schwer zu sagen. Dazu müssen Sie wissen, dass sich das Honorar normalerweise aus einem prozentualen Anteil am Buchverkauf und einer Garantiesumme (nicht rückzahlbarer Vorschuss) zusammensetzt. Je höher der Vorschuss, desto höher ist das Risiko, das der Verlag übernimmt, denn selbst wenn nur ein Exemplar Ihres Buches verkauft wird, erhalten Sie den vereinbarten Betrag. Will ein Verlag gar keinen Vorschuss zahlen, heißt das im Umkehrschluss, dass er kein Risiko übernehmen will. Falls Sie aber sowieso das Risiko selbst tragen sollen, warum dann nicht gleich selbst veröffentlichen?

Aus dem Vorschuss und dem prozentualen Anteil können Sie errechnen, welche Verkäufe der Verlag mindestens erwartet. Bei 5000 Euro Vorschuss, zehn Prozent vom Netto-Verkaufspreis und zehn Euro Buchpreis muss der **Buchhandel mindestens 5400 Exemplare absetzen**, damit der Verlag Ihren Vorschuss hereinbekommt. Erst wenn mehr verkauft wird, erhalten Sie weitere Zahlungen.

Der Verlag hat bei dieser verkauften Auflage aber noch nichts verdient, denn er muss ja auch noch seine Gemeinkosten, Druck, Produktion und Lektorat bezahlen. Falls Sie einen sehr hohen Vorschuss durchgesetzt haben, am Ende aber zu wenig verkauft wird, wird der Verlag dann kaum ein weiteres Buch von Ihnen haben wollen.

Übliche Honorare sind (jeweils auf den Nettoverkaufspreis bezogen):

- 5 bis 8 Prozent beim Taschenbuch (evtl. auflagenabhängig)
- 8 bis 12 Prozent beim Hardcover
- 25 bis 35 Prozent beim E-Book
- 30 bis 50 Prozent beim E-Book bei reiner E-Book-Veröffentlichung

Achtung, manchmal wird das Honorar in Prozent vom Buchhandelsabgabepreis angegeben, das wären 30 Prozent weniger als der Netto-Verkaufspreis. 10 Prozent vom Buchhandelsabgabepreis entsprechen 7 Prozent vom Nettoverkaufspreis!

Eine weitere wichtige Frage wird gleich im ersten Satz von Paragraph 2 des Mustervertrags geklärt: Wie lange soll er gelten? Der Vorschlag lautet hier »für die Dauer des gesetzlichen Urheberrechts« – das wären 70 Jahre nach Ihrem Tod. Hier können Sie durchaus einen kürzeren Zeitraum wählen – etwa zehn oder sieben Jahre. Ein Roman wird ja nicht so schnell schlecht – auch wenn er sich zwei Jahre nach

Erscheinen im Buchhandel meist kaum noch verkauft. Von der vereinbarten Frist unabhängig können Sie gewährte Rechte übrigens nach mindestens zwei Jahren zurückfordern, wenn diese vom Verlag nicht genutzt werden.

Was bietet der Verlag?

Das ist nicht dasselbe wie Frage 2 – es ist das Wesen eines Verlags, dass er mehr bietet als ein Selfpublishing-Dienstleister. Immer inklusive (und selbstverständlich) sollte ein Lektorat sein. Manche E-Book-Label großer Verlage verzichten neuerdings auf das Lektorat und bieten nur noch ein Korrektorat an – m. E. ein Schritt in die falsche Richtung, zumal dort dann auch meist kein Vorschuss gezahlt wird. Wenn der Verlag so wenig Risiko zu tragen bereit ist, können Sie im Grunde beim Selfpublishing bleiben.

Interessant wird es beim Marketing. **Was tut der Verlag für Ihr Buch?** Standard ist, dass Sie in die Vorschau aufgenommen werden und dass sich die Presseabteilung um Sie kümmert. Aber wie sieht es mit Werbung für Ihr Buch aus? Als Verlags-Neuling werden Sie selten ein riesiges Werbebudget bekommen. Aber eine Social-Media-Kampagne? Eine Buchung bei Vorablesen.de? Oder auch eine Lesereise (falls das wieder möglich ist)? So etwas sollte möglich sein. Die meisten Verlage freuen sich, wenn Sie dazu eigene Ideen mitbringen!

Der (leider nicht häufig zu findende) Idealfall wäre, dass der Verlag ein **längerfristiges Interesse an Ihnen als Autor*in mitbringt**. Dass er Sie aufbaut, Sie in Ihrer Karriere unterstützt. Ob das der Fall ist, erfahren Sie nur im persönlichen Gespräch mit dem Lektorat, noch besser: mit dem Verleger oder der Verlegerin. Hat man auch an Ihren künftigen Projekten Interesse? In Verträgen lässt sich ein solches Engagement kaum niederlegen – da werden Sie nach Gefühl entscheiden müssen.

Zehn Selfpublishing-Fragen, die niemand beantworten kann

Eine meiner festen Überzeugungen ist: Es gibt keine dummen Fragen. Wer mir eine E-Mail schreibt oder hier im Menü »Fragen« fragt, bekommt fast immer eine Antwort. Telefonischen Support kann ich leider nicht leisten, da bitte ich um Verständnis – selbst wenn das auf den ersten Blick schneller gehen könnte: Bei E-Mails kann ich wählen, wann ich antworte, und damit meine leider knappe Zeit effizient nutzen. Aber es gibt ein paar Fragen, da muss ich passen. Auf diese Fragen gibt es entweder keine allgemein gültige Antwort – oder gar keine. Welche Fragen sind das zum Beispiel?

1. Soll ich bei Amazon exklusiv veröffentlichen oder auf allen Kanälen?

Tja, die einen haben mit diesem Modell Erfolg, die anderen mit dem Gegenteil. Was für Sie passt, finden Sie nur durch Ausprobieren heraus.

2. Welcher Selfpublishing-Anbieter ist der beste?

Den besten Anbieter gibt es ebenso wenig wie das beste Auto. Es gibt Firmen, vor denen man warnen muss, das sind insbesondere Druckkostenzuschuss-Verlage, die sich neuerdings auch gern das Mäntelchen des Selfpublishing umhängen. Aber unter den seriösen Selfpublishing-Anbietern gibt es keine Nummer 1, jeder hat seine Vor- und Nachteile.

3. Warum ist mein E-Book auf Platz X?

»Gestern hatte mein Buch X Verkäufe und war auf Platz Y, während Kollegin … mit derselben Verkaufszahl weit vor mir lag.« Ja, das war gestern so, mehr kann man dazu nicht sagen. Die Amazon-Ranking-Algorithmen sind undurchsichtig, und selbst wenn sie das nicht wären, sind seriöse Aussagen völlig unmöglich, weil niemand die Zahl der Leihen kennt. Und die ist ein wichtiger Faktor für das Ranking; in manchen Genres macht sie über 50 Prozent aus.

4. Wann ist der beste Zeitpunkt, ein Buch zu veröffentlichen?

Wenn ich darauf »morgen« antworte, meine ich das ernst. Einen besseren Zeitpunkt gibt es nicht.

5. Darf ich diesen Buchtitel benutzen?

In Deutschland gilt Titelschutz – bestehende Buchtitel dürfen Sie nicht ohne Genehmigung nutzen. Nun kann man natürlich trefflich hin- und herdiskutieren, ob ein Titel überhaupt unterscheidungskräftig ist, ob ein zusätzlicher Untertitel genügt etc. pp. Nur ist die komplette Diskussion irrelevant: Wir leben in einem Rechtsstaat. Das bedeutet auch, dass der, der meint, dass Sie seine Rechte verletzen, immer die Möglichkeit hat, Sie vor Gericht zu zerren. Selbst wenn Sie am Ende Recht bekommen, kostet Sie das eine Stange Geld.

6. Wann soll ich nach einer Preisaktion den Preis meines E-Books wieder hochsetzen?

Wann sollte man Aktien kaufen oder verkaufen? Schlauer ist man immer erst hinterher. Das gilt auch, wenn es um den richtigen Zeitpunkt bei Preisaktionen geht. Ja, wenn Sie zu früh reagieren, erreicht Ihr Buch nicht die bestmögliche Position. Und wenn Sie zu spät sind, verdienen Sie weniger. Immerhin können Sie sich mit einer Tatsache trösten: Niemand wird je erfahren, ob sie klug oder unklug gehandelt haben, nicht einmal Sie selbst.

7. Warum wurde meine Amazon-Rezension gelöscht?

Ob Rezensionen echt oder gefälscht sind, entscheidet bei Amazon ein Algorithmus. Wie der vorgeht, dazu gibt es allenfalls Vermutungen. Klare Auskünfte kann Ihnen niemand geben.

8. Welcher dieser beiden Cover-Vorschläge ist besser?

Ich gebe zu, auch ich frage manchmal Kolleg*innen, was sie von den Vorschlägen meiner Cover-Designer halten. Am Ende entscheide ich mich für den Entwurf, der mir am besten zusagt. Ich könnte es also auch gleich lassen, diese Frage zu stellen. Wenn Sie eine klare Antwort wollen: Fragen Sie Ihren Bauch – oder die Leser*innen, indem Sie die Cover von Bestsellern Ihres Genres vergleichen.

9. Was ist besser, Selfpublishing oder Verlag?

Die einen sagen so, die anderen so. Eine für jede Autorin, jeden Autor (und auch jeden Verlag!) gültige Antwort gibt es nicht.

10. Was ist das beste Schreibprogramm?

Papyrus Autor, Scrivener, Word, OpenOffice – das »beste« Programm gibt es nicht. Probieren Sie alle aus und nutzen Sie das, das besser zu Ihnen und Ihren Bedürfnissen passt. Abraten kann ich von keinem.

11. Warum hat Amazon ... (hier beliebige Frage einsetzen)

Warum sind die »Kunden kauften auch« weg oder wieder da? Warum habe ich gerade viele / wenige / keine KU-Seiten? Warum dauert die Freischaltung so lange / ging sie so schnell? Okay, es gäbe jemanden, der diese Frage beantworten kann. Aber niemand anders kann es. Also am besten den Support fragen.

Marketing

Warum verkauft sich mein Buch nicht so, wie ich es erwartet habe?

DIESE FRAGE DÜRFTEN sich die meisten Autorinnen und Autoren schon einmal gestellt haben. Darunter garantiert auch die, die bereits mehrfach Erfolg hatten. Nicht immer lässt sich ein Grund dafür finden. Aber schon die Frage ist wichtig, denn sie ermöglicht es, das eigene Werk noch einmal mit anderen Augen anzusehen. Mit denen des Nicht-Käufers nämlich. Warum hat die Leserin diesmal nicht zugegriffen? Wer ehrlich zu sich selbst ist, findet oft auch Gründe. Das heißt allerdings nicht, dass diese auch immer zu beseitigen wären. Vielleicht ist die Zielgruppe einfach zu klein. Statt ein Buch immer wieder umzuschreiben, kann es sich durchaus lohnen, einfach ein neues zu verfassen.

Hier mal ein paar Gründe, warum ein Buch sich womöglich nicht verkauft. Betrachten Sie Ihr Buch ehrlich zu sich selbst unter diesen Aspekten. Manchmal treffen auch mehrere Ursachen zu.

- Es ist schlecht oder nicht gut genug geschrieben (Was sagt Ihr Lektor?).
- Es ist zu teuer (Was kosten ähnliche Titel?).
- Das Cover wirkt laienhaft (Grafikerin fragen!).
- Das Cover passt nicht zum Genre (Wie sehen ähnliche Titel aus?).

- Der Klappentext verkauft das Buch nicht gut oder an die falsche Zielgruppe.
- Es gibt keine Rezensionen (Leserunde veranstalten!).
- Niemand weiß davon, es ist unsichtbar (Marketing-Aktion ausprobieren!)
- Die Zielgruppe ist zu klein (insb. bei Genre-Mischungen oft der Fall).
- Die Zielgruppe ist unklar (ein Problem von Cover und Klappentext), das heißt, die potenziellen Käufer*innen erkennen nicht, dass sie das Buch mögen würden.
- Sie treffen die Zielgruppe nicht (ein Fantasy-Buch, das wie ein Kinderbuch wirkt).
- Die Zielgruppe wird gerade mit ähnlichen Titeln überversorgt (etwa mit Weihnachtsromanen zu Weihnachten).
- Ihre Erwartungen sind zu hoch (Wie verkaufen sich ähnliche Bücher?).
- Sie haben nicht genug Geduld mit dem Buch (Serien etwa ziehen oft erst mit dem dritten Teil an).

Sie haben noch immer keine Idee oder wollen einmal eine professionelle Meinung hören? Dann zeigen Sie mir Ihr Buch (Belletristik oder Sachbuch). Sie erhalten dafür meine ehrliche Meinung über die Probleme, die Ihr Buch hat oder nicht hat, und darüber, welches Potenzial der Titel hat oder haben könnte.

Zehn einfache Marketing-Tricks, die Ihnen beim Buchverkauf helfen

Wenn ein Buch veröffentlicht ist, ist erst die Hälfte der Arbeit getan, zumindest beim Erstling. Das klingt ein bisschen wie eine Drohung, aber es ist eigentlich gar nicht so schlimm. Anders als das Schreiben ist das Vermarkten kein Fulltime-Job, und vieles von dem, was Sie als Autorin oder Autor sowieso jeden Tag vorhaben, ist im Grunde schon Marketing. Auf genau diese Alltags-Tätigkeiten konzentrieren sich die hier gesammelten Tipps. Denn es geht nicht darum, mehr zu tun, sondern darum, den vorhandenen Arbeitseinsatz effizienter zu gestalten. Damit Ihnen möglichst viel Zeit zum Schreiben Ihres nächsten Buchs bleibt.

Tipp 1: Nie ohne Link posten

Vielleicht schreiben Sie auf Ihrer Facebook-Seite oder Ihrer Website ab und zu darüber, wie Ihr neues Buch wächst und gedeiht. Sie zeigen sein Cover, verraten, wann es erscheint. Das ist gut und schön, aber wenn Sie den Leser*innen keinen Kauf-Link geben können, ist es eine verschwendete Gelegenheit. Richten Sie deshalb so früh wie möglich eine Vorbestellung ein (12 Monate sind bei KDP möglich, bei Distributoren teils noch mehr).

Tipp 2: Ersatz-Link verwenden

Ihr Buch braucht aber noch länger als drei Monate, bis es reif ist? Dann geben Sie den Leserinnen trotzdem einen Link – den Anmeldelink zu Ihrem Newsletter.

Tipp 3: Viele Fragen stellen

Ob jemand Ihr Facebook-Posting angezeigt bekommt, hängt davon ab, wie oft Nutzer*innen damit interagieren, also kommentieren, teilen oder liken. Wenn Sie eine offene Frage stellen, erhöhen Sie diese Interaktionsrate. Aber stellen Sie sinnvolle, gute Fragen. Leser*innen merken, wenn Sie nur um des Algorithmus willen neugierig sind. Die Fragen sind gleichzeitig eine gute Gelegenheit, mehr über Ihre Käufer zu erfahren. Das gilt übrigens auch für Ihren Newsletter. Wenn Empfänger direkt darauf antworten, verrät das den Spam-Algorithmen der E-Mail-Provider, dass Ihre Nachricht wohl keine Werbebotschaft dargestellt hat. In Zukunft verringert sich das Risiko, dass Ihre Newsletter im Spam landen.

Tipp 4: Nicht zu viel fragen

Dieser Tipp gilt für Ihre Newsletter-Anmeldung. Es mag ja nett sein, das Geburtsdatum Ihrer Leserinnen und Leser zu kennen, aber je mehr Daten Sie abfragen, desto weniger Anmeldungen werden Sie bekommen. Beschränken Sie sich am besten auf die E-Mail-Adresse (das ist auch DSGVO-konform).

Tipp 5: Vertrauen!

Ich bin in einer Kleinstadt aufgewachsen. Wenn ich ein Brötchen kaufen wollte und kein Geld dabei hatte, habe ich das Brötchen trotzdem bekommen. Kleine Händler*innen haben mir vertraut, und natürlich habe ich das Geld am nächsten Tag gebracht. Im Supermarkt hätte das nicht funktioniert.

Als Selfpublisher sind Sie ein kleiner Händler. Nutzen Sie das, vertrauen Sie Ihren Lesern! Jemand möchte ein ePub Ihres Kindle-E-Books? Schicken Sie es ihm oder ihr – ohne zuvor einen Kaufnachweis zu verlangen. Jemand ohne Amazon-Account will Ihr Buch kaufen? Senden Sie es ab, ohne auf Vorkasse zu bestehen. Es wird einen gewissen, sehr niedrig einstelligen Ausfall geben. Aber das wird von der Freude über das entgegengebrachte Vertrauen bei weitem aufgewogen.

Tipp 6: Unterhalten, nicht verkaufen

Marketing bedeutet nicht, sich marktschreierisch auf den Stadtplatz zu stellen. Führen Sie eine Unterhaltung mit Ihren Lesern. Natürlich kann auch in einem Gespräch irgendwann der Hinweis fallen, dass Ihr neues Buch da ist. Aber dreimal am Tag die URL zu Ihrem neuen Buch zu twittern, führt bloß dazu, dass Ihnen niemand mehr folgen will.

Tipp 7: Bitten Sie Ihre Leser*innen um Hilfe

Dieser Tipp scheint Tipp 6 zu widersprechen, aber das stimmt nicht, er ergänzt ihn nur. Ab und zu können und sollten Sie Ihre Fans auch um Hilfe bitten. Jemandem helfen zu können, sorgt für ein gutes Gefühl. Das gilt auch für Ihre Fans. Natürlich sollten Sie sich diese Möglichkeit für den richtigen Moment aufheben. Der könnte z. B. kommen, wenn Ihr Rezensionsschnitt unter 3,8 gefallen ist (vielleicht hat Sie ja ein Hater auf dem Kieker). Erklären Sie dann die Situation und bitten Sie um Abhilfe in Form neuer Rezensionen. Ihre Leser möchten, dass sich das Buch, das ihnen gefallen hat, auch weiterhin gut verkauft.

Aber Achtung: Vermeiden Sie es, Ihre Leser*innen in einen Shitstorm zu verwickeln, der nur Verlierer hinterlässt. Engagieren Sie sich für etwas, nicht gegen etwas (oder jemanden). Es mag ein gutes Gefühl sein, sich mal öffentlich Luft zu verschaffen, aber davon kann ich nur dringend abraten.

Wenn irgendwo Schmutz herumfliegt, bleibt niemand sauber, weder Ihre Leser noch Sie selbst.

Tipp 8: Kooperieren Sie!

Ihre Fans lesen fast immer schneller, als Sie schreiben können. Also können Sie ihnen doch zwischendurch auch passende Bücher Ihrer Kollegen empfehlen! Wichtig: Empfehlen Sie weiter, was Ihnen Spaß macht und Ihnen gefällt. Es geht nicht um einen »Deal« (»wenn ich ihn empfehle, muss er mich auch empfehlen«) – so sollten Sie nicht denken. Seien Sie einfach nett und vertrauen Sie dem Karma, das genügt.

Tipp 9: Saubere Links

Wenn Sie verlinken, sollten die Links möglichst einfach sein. Der kürzestmögliche Amazon-Link lautet www.amazon.-de/dp/ASIN. Mit Linkverkürzern lässt er sich noch weiter eindampfen. Ich selbst nutze Readerlinks; damit kann ich Kurzlinks der Form www.hardsf.de/links/123456 verwenden. Immer, wenn jemand den Link sieht, prägt er sich meine Website ein.

Tipp 10: Nicht zu viel Ursachen-Forschung

Es kann passieren, dass sich ein Buch mal nicht so gut verkauft. Dann ist eine Manöverkritik fällig. Was können Sie beim nächsten Mal besser machen? Dazu können Sie auch Ihre Fans fragen. Aber halten Sie sich nicht zu lange damit auf. Investieren Sie Ihre Energie lieber in ein neues Projekt.

Jenseits der Preisaktion – zehn Marketing-Ideen für Ihr Buch

Preis- und Verschenkaktionen sind als unentbehrliche Marketing-Helfer den meisten Autoren bekannt. Doch eine Preisaktion sollte immer nur ein Teil Ihres Buch-Marketing-Plans sein. Nicht nur, weil Sie sonst vielleicht Ihre Fans langweilen: Tatsächlich kurbeln temporäre Preissenkungen den Verkauf Ihres Buches umso besser an, je höher seine Position in den einschlägigen Rankings vorher war. Wie erreichen Sie im Vorfeld eine möglichst gute Platzierung? Zehn Tipps dazu – die Reihenfolge ist keine Wertung; was am besten funktioniert, hängt auch vom Genre und vom Wettbewerb ab.

1. Blogtour veranstalten

Ziehen Sie mit Ihrem Buch um die Welt – zumindest um die virtuelle Welt der einschlägigen Buch-Blogs. Das funktioniert besonders gut ein, zwei Wochen vor dem Start, um auf den großen Termin aufmerksam zu machen. Und es bedarf guter Vorbereitung: Sie müssen passende Buchblogger(innen) ins Boot holen. Die wollen vermutlich Ihr Buch vorher lesen, also muss es rechtzeitig in ansehnlichem Zustand sein. Dann müssen Sie sich Stationen überlegen, um die Leser nicht zu langweilen – es sollte auf jedem teilnehmenden Blog etwas anderes passieren. Ein Zeitplan muss her, und natürlich müssen Sie die Aktion auch rechtzeitig ankündigen.

2. Gewinnspiel ausschreiben

Sie brauchen nur einmal auf eine Cornflakes-Packung zu schauen: Menschen mögen die Chance, etwas zu gewinnen. Das gilt auch für Leser. Ein Gewinnspiel erhöht die Aufmerksamkeit für Ihr Buch. Es hat aber auch die Chance, auf speziellen **Gewinnspielseiten geteilt zu werden**, die sich sonst nicht für Ihre Bücher interessieren. Der Preis sollte dazu einen gewissen Wert besitzen (über 100 Euro), und die Aufgabe darf nicht zu schwer sein. Achtung, Gewinnspiele, die an den Kauf des Buches oder an eine Besprechung bei Amazon geknüpft sind, sind nicht erlaubt. Sie könnten aber durchaus etwa nach dem Namen der Hauptperson fragen, sodass der Teilnehmer sich zumindest ein wenig mit Ihrem Buch beschäftigen muss. Rechnen Sie trotzdem nicht damit, dass alle Teilnehmer sich wirklich für Ihr Buch interessieren. Mit Gewinnspiel-Tools können Sie sich bei der Verlosung helfen lassen: http://www.selfpublisherbibel.de/autoren-tipp-sieben-nuetzliche-helfer-fuer-ihre-gewinnspiele-oder-verlosungen/

3. Online-Lesung

Lesungen haben generell den Vorteil, dass sie einen persönlichen Kontakt zwischen Autor und Leser herstellen. Wenn Ihre Fans Sie persönlich kennengelernt haben, werden sie Ihre Bücher noch deutlich lieber kaufen, weil Sie eben keine anonyme Autorin mehr für sie sind. Mit einer Online-Lesung etwa über YouTube erreichen Sie ohne große Reisekosten und physische Organisation Leserinnen und Leser in aller Welt. Wichtig ist natürlich, dass Sie die Lesung rechtzeitig ankündigen. Einen Mitschnitt können Sie später auf Ihrer Website und auf YouTube veröffentlichen.

4. Wohnzimmer-Lesung

Die Wohnzimmer-Lesung ist das genaue Gegenteil zur Online-Lesung. Sie laden Ihre Fans in ein Wohnzimmer ein. Das muss nicht Ihr eigenes sein, aber wenn doch – umso besser. Derart mit einem Autor auf Tuchfühlung gehen zu können, kann aus normalen Fans »Super-Fans« machen, die jedes Ihrer Bücher kaufen und auch vielen anderen davon zu erzählen. Es ist auf jeden Fall ein Erlebnis auch für Sie. Wenn Ihnen das zu intim wird, können Sie sich auch in ein Fan-Wohnzimmer einladen lassen – und dies vielleicht vorher als Event verlosen.

5. Bücher signieren

Wenn es eine gedruckte Version Ihres Buches gibt (und es gibt viele Gründe dafür) – bieten Sie Ihren Lesern eine signierte Ausgabe an. Dazu lassen Sie entweder eine kleine Auflage drucken (günstigste Variante), kaufen Autorenexemplare bei Createspace oder einem anderen PoD-Anbieter oder lassen sich vom Leser das gekaufte Buch schicken (am umständlichsten). Ein signiertes Buch wird immer seinen besonderen Platz im Buchregal der Leserin haben.

6. Über Buchthemen schreiben

Vor allem für Sachbuch-Autoren interessant: Es gibt zu jedem erdenklichen Thema Blogs und andere Websites, die regelmäßig dazu Beiträge veröffentlichen. Bieten Sie einen Gastbeitrag an! Gegen kostenlose Inhalte haben die wenigsten Betreiber etwas. Ihr Artikel muss einzigartig sein, darf also nicht anderswo veröffentlicht worden sein. Es kann sich aber durchaus um ein Kapitel aus Ihrem Buch handeln. Ihr Lohn ist dann ein Link zu Ihrem Buch. Darüber freuen sich Google und Ihre Umsätze.

7. Auf einer Buchmesse ausstellen

Buchmessen sind (vor allem am Wochenende) chaotisch, laut und teuer – aber sie sind auch eine großartige Gelegenheit, neue Leser zu finden und vorhandene kennenzulernen. Einen eigenen Stand werden Sie sich als Autor kaum leisten können. Aber es hat sich, mit den Lieblingsautoren beginnend, als erfolgreiche Strategie herausgestellt, sich zusammenzutun. Für **20 Autorinnen und Autoren kostet ein repräsentativer Stand dann nur noch 200 oder 300 Euro pro Person**. Die von den Messen angebotenen Einzeltitel-Ausstellungen (meist um die 100 Euro) lohnen sich hingegen selten. Auch Mitglieder des Selfpublisher-Verbands können Ihre Bücher übrigens am Stand des Verbandes in Frankfurt und Leipzig präsentieren.

8. Die richtige Kategorien wählen

Diesen Punkt vergessen Autoren im Eifer der Veröffentlichung gern. Wenn ein Leser ein Buch zu einem bestimmten Thema der Genre sucht, klickt er sich meist über den Kategorienbaum durch. Dann sollte Ihr Buch in der passenden Kategorie möglichst weit oben erscheinen. Gerade am Anfang ist das in den beliebten Kategorien schwer, deshalb sollten Sie mit einer weniger umkämpften Kategorie starten. Sortieren Sie Ihr Buch aber nicht bewusst falsch ein: Damit handeln Sie sich Enttäuschung der Leser und am Ende schlechte Bewertungen ein.

9. Den Klappentext optimieren

Der Klappentext ist Ihr wichtigstes Verkaufsinstrument. Ihm sollten Sie doppelt so viel Aufmerksamkeit widmen wie allen anderen Texten, die Sie formulieren. Wenn ein Leser den Klappentext liest, ist er nur noch einen Klick vom Kauf entfernt. Erleichtern Sie diesen Schritt, so gut Sie können. Das Wichtigste sollte dabei immer am Anfang stehen.

Verraten Sie nicht zu viel von der Story, aber gerade so viel, dass der Leser mehr erfahren möchte. Beweihräuchern Sie sich nicht selbst, stellen Sie aber durchaus die Vorteile Ihres Buches und Ihre eigene Kompetenz heraus.

10. Mit den richtigen Menschen sprechen

Sie sind als Autor nicht der einzige, der Interesse am Erfolg Ihres Buches hat: Auch der Online-Buchladen, der es verkauft, ist ja am Erfolg finanziell beteiligt, und falls Sie einen Distributor nutzen, dann bekommt auch dieser seine Prozente. Im Gegenzug sind die Beteiligten oft gern bereit, sich mit Aktionen für Ihr Buch einzusetzen. Sprechen Sie mit ihnen! Stellen Sie Ihr Buch vor, erklären Sie, warum es ein ganz besonderes Buch ist. Das Hauptproblem besteht hier darin, die entsprechenden Kontakte zu erhalten. Denn die Ansprechpartner sind in der Regel für Tausende Autoren zuständig und veröffentlichen ihre Adresse nicht so einfach. Deshalb ist es hier wichtig, sich mit anderen Autoren zu vernetzen. Wenn der Erfolg da ist, kommen die Store-Manager dann oft von sich aus auf Sie zu, aber bis dahin müssen Sie selbst aktiv werden.

Der richtige Preis – Angebot und Nachfrage

SIND **99** CENT ZU BILLIG, wie manche Autoren meinen? Liegt die Preisgrenze für E-Books bei 9,99 Euro, wie Amazon es sieht? Zur Preisfindung bei E-Books muss der Autor erst einmal grundsätzlich bereit sein, sein Buch als Wirtschaftsgut zu sehen. Das ist es automatisch, wenn Sie damit Geld verdienen wollen – und es Ihnen nicht primär darum geht, möglichst viele Leser zu erreichen oder einen Beitrag zur Weltkultur zu leisten. Letzteres ist natürlich eine noble Angelegenheit, bei der der Preis beliebig hoch sein darf. Möglichst viele Leser finden Sie, wenn der Preis so niedrig wie möglich liegt, beim E-Book also bei Null.

Die Argumentation beginnt dann (wir sind jetzt beim Ziel »Geldverdienen«) mit der **Angebots-Nachfrage-Kurve**. Je teurer ein Produkt ist, desto weniger Käufer finden sich. Je billiger es ist, desto mehr Käufer*innen werden Sie finden, aber desto geringer ist auch Ihr Gewinn. Ihr Ziel muss es deshalb sein, das Produkt aus Verkaufspreis und Käuferzahl zu maximieren – also Ihren Gesamtgewinn aus dem Verkauf dieses Buches. Das Problem besteht nur darin, dass Sie den wahren Verlauf der Angebots-Nachfrage-Kurve gar nicht kennen. Sie wissen nicht, wie sich das Kaufverhalten ändert, wenn Sie den Preis halbieren oder verdoppeln. Selbst wenn die Leser beim letzten Mal auf bestimmte Art reagiert haben, kann es diesmal ganz anders sein. Sie können sich also lediglich mit Versuch und Irrtum auf der Kurve vor- oder zurücktasten: Sie beginnen knapp über Null (oder bei 100 Euro) und erhöhen (oder verringern) in mehreren Schritten so lange den Preis, bis das Produkt Preis*Verkaufszahl wieder abnimmt. Kurz vor dieser Stelle muss dann das Optimum liegen.

In der Praxis kann das aber problematisch sein. Wenn Sie mit einem zu niedrigen Preis starten, haben vielleicht schon alle potenziellen Käufer*innen zugriffen, bevor Sie den optimalen Preis erreichen. **Was wäre also ein guter Startpreis?**

In einer idealen Welt sollte der Preis Ihres Buches dem Wert entsprechen, den die Käufer*innen daraus ziehen. Erika Mustermann zahlt 9 Euro für ein Kinoticket, das ihr zwei Stunden Unterhaltung verschafft. Mit Ihrem Buch kann sie sich zehnmal so lange unterhalten. Also sollte es ihr 90 Euro wert sein. Logisch? Ja. Aber Menschen aus Fleisch und Blut handeln oft gerade nicht logisch. Sie legen nicht den objektiven Wertmaßstab an, sondern einen sehr subjektiven. Sie fragen sich: Was ist mir dieses Buch wert?

Dieser empfundene Wert hängt durchaus auch vom tatsächlichen Wert Ihres Buches ab. Aber diesen »wahren« Wert können Käufer*innen oft nur schwer einschätzen, sie haben das Buch ja noch nicht gelesen. Deshalb versucht die Person, sich anderweitig einen Eindruck zu verschaffen, zum Beispiel anhand der Bewertungen anderer Leser*innen. Die gute Nachricht: Sie als Autor*in können die subjektive Preisempfindung von Käufer*innen verändern, ohne auch nur eine Zeile am Text des Buches auszutauschen! Diese Aufgabe nennt sich Marketing. Besitzt Ihr Buch ein professionelles Cover, und lockt der Klappentext? Wie viele Rezensionen hat es bereits? Haben Kund*innen Ihren Namen schon einmal gehört (idealerweise in positivem Zusammenhang)? Diese Merkmale können Sie verändern und damit Ihrem Werk zu einem höheren subjektiven Wert verhelfen. Die schlechte Nachricht: Sie und die Käufer*innen sind nicht allein auf der Welt. Auch die anderen Autor*innen betreiben Marketing.

Der scheinbare Wert ergibt sich deshalb immer auch aus dem Konkurrenzumfeld, das in der Kategorie herrscht, in der Ihr Buch erscheint.

Auch das digitale Preisetikett, das Sie Ihrem Buch ankleben, spielt dabei eine Rolle. Wenn Sie Ihr E-Book gleich für 99 Cent auf den Marktplatz stellen, geben Sie damit ein bestimmtes Signal: Es ist billig (sagen die einen) – es ist preiswert (sagen die anderen). Es gibt Käufer*innen, die überhaupt nur 99-Cent-Titel kaufen, und es gibt andere, die alles ablehnen, was weniger als 3 Euro kostet. Andererseits ist Ihnen auch nicht damit geholfen, gleich mit 99,99 Euro zu starten. Damit Käufer*innen einen derart hohen Preis akzeptieren, müssen sie vom subjektiven Wert überzeugt sein. Kennt man Ihren Autorennamen jedoch nicht, wird das nicht der Fall sein. Und selbst wenn man Ihren Namen schon kennt, wird man sich die Bücher ansehen, die im digitalen Regal neben dem ihren stehen.

Wenn Sie sich all das überlegt haben, kommt der entscheidende Moment. Das ist der Augenblick, in dem sie sich von ihrer eigenen Eitelkeit verabschieden müssen. Nein, Sie verschleudern Ihre Arbeit nicht, wenn Sie sie für 2,99 Euro statt für 8,99 Euro anbieten oder gar für 99 Cent. Ganz im Gegenteil: Wenn Sie mit einem zu hohen – oder besser: von Käufer*innen als zu hoch empfundenen – Preis dafür sorgen, dass Ihr E-Book nicht gelesen wird, dann und nur dann verschleudern Sie Ihre Arbeit.

Gibt es also eine eindeutige Antwort auf die Frage nach dem richtigen Preis für Ihr Buch? **Leider nicht.**

Preiselastizität – oder wann sich Rabattaktionen wirklich lohnen

DIE RABATTAKTION HAT sich für viele E-Book-Autor*innen beim Marketing zum Mittel der Wahl entwickelt: Durch eine deutliche Preissenkung, hoffen sie, könnte sich die **Sichtbarkeit eines Titels so verbessern, dass sich die Verkäufe danach deutlich verbessern**. Vermutlich haben die meisten Leser*innen dieses Artikels schon einmal eine Preisaktion geplant und durchgeführt – aber haben Sie auch schon einmal durchgerechnet, ob sich die Preissenkung für Ihre Geldbörse wirklich lohnt? Das ist nämlich deutlich seltener der Fall, als es viele vermuten.

Der Einfachheit halber führe ich diese Diskussion am Beispiel von Amazon. Sie gilt aber ähnlich (wenn auch mit anderen Faktoren) bei anderen Anbietern. Wobei Sie bei den anderen Anbietern prüfen müssen, ob höhere Verkäufe tatsächlich eine höhere Sichtbarkeit (in Rankings etc.) bringen, wie es bei Amazon der Fall ist. Anderenfalls verpufft die Aktion komplett.

Beginnen wir mit den Kosten. Das **Eintragen eines neuen Preises kostet nichts**. Gut. Aber eine Preisaktion, von der niemand erfährt, bringt wenig. Also informieren Sie die üblichen Websites für preisreduzierte E-Books (was Arbeitszeit kostet, sagen wir mal ganz bescheiden: 30 Euro) und schalten vielleicht sogar Werbung auf Seiten wie XTME oder Lesen.net. Mit 150 Euro erreichen Sie schon eine Menge Nutzer*innen.

War's das schon? Nein! Sie **büßen ja auch an Einnahmen für Ihr E-Book ein**. Wenn Sie etwa von 2,99 Euro auf 99 Cent herunter gehen, kassieren Sie pro Verkauf statt bisher 1,75 Euro nur noch 30 Cent (Amazon zahlt da ja auch nur noch 35 Prozent aus). Sie müssen also sechsmal mehr Bücher verkaufen, um zum niedrigeren Preis das gleiche Honorar zu erhalten.

Wie realistisch ist das? Das hängt von Ihren Käufer*innen ab, von Ihrer Zielgruppe. Expert*innen sprechen hier von der Preiselastizität. Die Preiselastizität lässt sich berechnen – aber nur, wenn man die so genannte Nachfragekurve kennt, also weiß, zu welchem Preis wie viele E-Books gekauft werden. Diese Information haben wir nicht. Wir können sie nachträglich ermitteln, aber das hilft uns bei der nächsten Preisaktion nicht, denn die Funktion ist unter anderem auch von der Konkurrenz abhängig. Das ist leicht nachvollziehbar: Wenn etwa gerade hohe Nachfrage nach dem Liebesroman der Autorin X herrscht, sinkt die Nachfrage nach Ihrem Liebesroman.

Trotzdem wollen wir zur Veranschaulichung mal einen Überschlag durchführen. Es scheint nicht unrealistisch, dass ein **halbierter Preis die Nachfrage verdoppelt**. Mathematisch wird das durch diese Formel umgesetzt (ich rechne mit glatten 3 Euro statt mit 2,99 und mit einer Start-Nachfrage von 10, was bei Amazon etwa Rang 1000 entspricht:

$N(P)=(3/P)*10$

(N = Nachfrage, P = aktueller Preis; die Formel gilt natürlich nur, wenn der Preis über 0 liegt, aber ein Preis von 0 wäre dann ja auch eine Verschenkaktion)

Sie können an dieser Stelle nun Ihre eigenen **aktuellen, täglichen Verkäufe einsetzen** (statt der 10) und Ihren **eigenen Preis** (statt des P). Das Ergebnis zeigt Ihnen, was Sie nach der Preissenkung erwarten können. Bei 99 Cent käme bei obiger Formel zum Beispiel (ungefähr) 30 heraus. Das heißt, statt bisher 10 E-Books am Tag verkaufen Sie nun

30. Da Ihnen aber jedes E-Book nur noch ein Sechstel des Honorars einbringt, verlieren Sie an jedem Tag der Preisaktion 8,50 Euro.

Über fünf Tage und mit Werbung und Arbeitszeit kommen wir damit auf **Kosten von 30 + 150 + (5*8,50) = 224 Euro**. Natürlich können Sie die Kosten senken (keine Werbung machen?), aber dann bemerkt niemand Ihre Preisaktion… Außerdem könnte es natürlich sein, dass ein halbierter Preis die Nachfrage nicht nur verdoppelt, sondern vervierfacht. Dann sieht die Rechnung sicher anders aus.

Kosten sind aber nur die eine Seite. Wie steht es um den Nutzen? Eine **erhöhte Nachfrage (also mehr Verkäufe) bewirkt bei Amazon, dass ein Buch im Ranking steigt** und den Kund*innen öfter angezeigt wird. Wenn Sie nun von 10 auf 30 Verkäufe pro Tag erhöhen können, landen Sie damit circa auf Rang 250 statt bisher 1000. Bei manchen Kategorien erreichen Sie so auch die Kategorien-Charts und damit ein weiteres Regal. Die Hoffnung: Falls Sie es schaffen, auch nach der Preisaktion auf diesem Platz zu bleiben, nehmen Sie in Zukunft dreimal so viel Honorar ein wie vor der Aktion. In unserem Beispiel wären das 35 Euro pro Tag zusätzlich. Um Ihre Kosten einzuspielen, muss Ihr Buch nun **wenigstens sieben Tage zum höheren Preis auf Rang 250 bleiben**, sonst war die ganze Aktion ein finanzieller Fehlschlag. Ob das realistisch ist – Ihre Entscheidung!

Damit das Exempel noch nützlicher wird, wollen wir zum Schluss noch einen weiteren Fall durchrechnen. Sie sind mit Ihrem 2,99-Euro-Titel bereits auf Rang 250 angekommen, verkaufen also 30 Stück pro Tag. Bei identischer Nachfragefunktion werden Sie durch die Preisaktion 90 Stück pro Tag verkaufen. Ihre Kosten belaufen sich auf **30 + 150 + (5*25,50) = 307,50 Euro**. Nach Abschluss der Aktion verdienen Sie nun aber 105 Euro pro Tag zusätzlich, während Amazon Ihr Buch vermutlich kurz unter Platz 100 einordnet (tagesabhängig). Sie brauchen nur drei Tage zum vollen Preis dort auszuharren, damit sich die Aktion rentiert hat.

Was heißt das praktisch? Die wirkliche Gestalt der Nachfragefunktion können wir nur erraten. Aber ganz egal, wie sie aussieht: Wenn Sie **von ganz unten kommen, ist die Wahrscheinlichkeit geringer, dass sich die Aktion lohnt**, als wenn Sie von weiter oben starten. Das gilt übrigens auch für alle anderen Formen von Deals, etwa Kindle-Deals, nur dass dort die Nachfragefunktion anders aussieht und die Kosten geringer sind (weil Amazon die Werbung übernimmt). Sie sollten also stets überlegen: Wie realistisch ist es, dass Sie ein besseres Ranking erreichen, und was bringt Ihnen dieses neue Ranking konkret? Im Zweifel könnte das auch bedeuten: Belassen Sie Ihr Buch lieber für 4,99 Euro auf Platz 5000, statt es für 99 Cent auf Rang 1000 zu schieben.

Wie sich die Genres im Selfpublishing unterscheiden

ERFOLG KANN man im Selfpublishing längst in fast allen Genres haben – doch von Genre zu Genre zeigen sich durchaus Unterschiede, die sich an den Amazon-Top-100 ablesen lassen. Zwar dominieren Liebesromane und Krimis die Charts, doch auch die anderen Kategorien haben ihre Fans und lassen längst zu, damit den eigenen Lebensunterhalt zu verdienen.

Im folgenden ein paar Beobachtungen über typische Phänomene in den einzelnen Genres. Wie immer gilt: Ausnahmen bestätigen die Regel. Wenn ich also sage, dass Liebesromane relativ schnell wieder aus den Charts verschwinden, dann heißt das nicht, dass es nicht Gegenbeispiele gäbe.

Schwierig sind auch Genre-Mischungen. Man könnte ja annehmen, dass sie das Beste aus den gemischten Genres vereinen, tatsächlich ist aber das Gegenteil der Fall. Deshalb verkaufen sich Mischungen meist schlechter als reine Genre-Titel. Aber auch hier gibt es natürlich Ausnahmen; »Romantasy« als Mischform hat z. B. inzwischen mehr Leserinnen als reine, klassische (High) Fantasy.

Liebesromane

- Relativ kurze Verweildauer in den Charts

- Schnell nach oben, schnell nach unten
- Treue, sehr engagierte Fans
- Sehr stark bei der Leihe
- Niedrige Preise
- Harter Wettbewerb
- Vor allem jüngere Leserinnen

Erotik

- Sehr harter Wettbewerb, da nur in eigener Unterrubrik sichtbar
- Stark bei der Leihe
- Weibliche und männliche Zielgruppe, aber selten beides in einem Buch
- Mittlere Preise
- Fans bleiben eher anonym als in anderen Genres
- Sonderfall »Einhandliteratur«, die in schneller Folge produziert wird

Krimi / Thriller

- Im Mittel etwas ältere Leserinnen und Leser
- Entspanntere Fans
- Leihe nicht ganz so wichtig
- Etwas höhere Preise
- Längere Verweildauer in den Charts
- Brauchen nach Start länger in die Charts
- Harter Wettbewerb

Fantasy

- Eher jüngere Leser*innen (teils bis in den Jugendbuchbereich)
- Engagierte Fans
- Etwas höhere Preise
- Autor*innen bleiben länger in Erinnerung
- Längere Verweildauer in den Charts

- Leihe sehr wichtig

Historische Romane

- Etwas ältere Leser*innen
- Weibliche und männliche Leser
- Seltener in den Charts
- KindleUnlimited weniger wichtig
- Annehmbarer, nicht zu harter Wettbewerb
- Etwas höhere Preise

Science Fiction

- Relativ hohe Preise
- KindleUnlimited weniger wichtig
- Eher ältere Leser (Mehrzahl) und Leserinnen
- Feste, treue Zielgruppe
- Längere Verweildauer in den Charts
- Seltener in den Charts
- Entspannter Wettbewerb

Kinderbuch

- Relativ hohe Preise
- Breite Erhältlichkeit wichtig (auch Print)
- Käufer*innen sind Eltern und Großeltern
- Richtige Altersgruppenwahl wichtig
- KindleUnlimited weniger wichtig (schon wegen geringerem Umfang)
- Fast nie in den Charts
- Gedruckt im Selfpublishing schwierig, da Farbdruck teuer

Jugendbuch

- Niedrige Preise (Taschengeld)
- Altersgerechte Geschichte wichtig (Protagonist*in

i. d. R. zwei Jahre älter als Leser*in)
- Deutlich mehr Leserinnen als Leser
- KindleUnlimited wichtig
- Häufige Mischung mit Hauptgenres Liebe und Fantasy

Sachbuch

- Zielgruppe: Lesende, die ein Problem lösen wollen
- Suchmaschinenoptimierung sehr wichtig
- Höhere bis hohe Preise
- Kaum Fans
- Kaum in den Charts
- KindleUnlimited weniger wichtig (schon wegen geringerem Umfang)
- Breite Erhältlichkeit wichtig (auch Print)
- Mit Bebilderung hohe Dateigrößen beim E-Book

Zehn Fragen und Antworten zu Amazons Kindle-Deals

Amazon forscht regelmäßig in breiterem Umfang per E-Mail unter KDP-Autor*innen nach Kandidaten für »Kindle-Deals«. Was Autorinnen und Autoren dazu wissen sollten, verraten Ihnen die folgenden zehn Fragen und Antworten.

1. Wie wird mein E-Book zum Kindle-Deal?

»*Don't call us, we will call you*». Amazon sucht sich aus dem eigenen Angebot Titel heraus, die die Voraussetzungen erfüllen, und fragt dann bei den Rechteinhabern (Verlage beziehungsweise Self-Publisher), ob diese damit **einverstanden** sind. Ohne Ihr Einverständnis (das über ein Online-Formular gegeben werden muss) wird keines Ihrer E-Books rabattiert. Ist der Zeitpunkt gekommen, ändert Amazon den Preis Ihres Buches für die entsprechende Zeit, Sie müssen (und sollten) nicht selbst tätig werden. Neuerdings lassen sich im Bereich »Marketing« des KDP-Dashboards auch zwei Titel für einen Deal vorschlagen.

2. Welche Voraussetzungen muss mein E-Book erfüllen, um als Kindle-Deal in Frage zu kommen?

Selbst publizierte Titel müssen meist **exklusiv bei Amazon** erhältlich und im Select-Programm angemeldet sein. Ausnahmen sind möglich, aber nicht häufig. Sie müssen eine bestimmte Mindestqualität aufweisen (meist 3,5 oder 4 Sterne). Sie sollten drei Monate zuvor nicht schon einmal reduziert worden sein. Wer oft an den Preisen spielt, reduziert damit seine Chancen. Amazon nimmt grundsätzlich sowohl Belletristik als auch Sachbücher auf, Belletristik jedoch häufiger.

3. Kostet die Teilnahme an Kindle-Deals etwas?

Nein, die Teilnahme ist **kostenlos**, Sie erhalten allerdings weniger Honorar, da der Preis ja heruntergesetzt wird.

4. Wie hoch ist mein Honorar?

Kindle-Deals müssen meist um mindestens 50 Prozent herabgesetzt werden. Unabhängig vom Preis erhalten Sie aber trotzdem **70 Prozent Honorar vom Netto-Verkaufspreis**, bei 1,99 Euro Verkaufspreis also zum Beispiel 1,33 Euro (gerechnet mit derzeit 5 % Umsatzsteuer).

5. Welche Kindle-Deals gibt es?

Amazon führt regelmäßige **Monats-, Wochen- und Tagesdeals** mit bis zu 30 Titeln. Hinzu kommen jahreszeitliche Sonder-Deals (etwa zu Weihnachten oder Ostern) sowie englischsprachige Kindle-Deals und einige Sonder-Deals. Jeden Tag dürften damit über 100 Titel allein von Amazon preisreduziert sein.

6. Wo werden Kindle-Deals beworben?

Die Deals haben zum einen eigene Seiten bei Amazon.de, zum anderen gibt es auch eine gemeinsame Deal-Seite. Als Deals werden sie natürlich auch von externen Seiten übernommen. Es kann allerdings nicht schaden, parallel selbst noch Werbeaktionen für eigene Deals zu starten. In der Regel bewirbt Amazon die Deals auch via Newsletter.

7. Was bringt ein Kindle-Deal?

Das hängt wesentlich vom Umfeld ab. Bei Wochen-Deals konzentrieren sich die Verkäufe auf einen kürzeren Zeitraum, also steigen die Bücher im Ranking höher. Die meisten **Wochen-Deals schaffen es oft, aber nicht immer zumindest für ein paar Tage in die Top 100** und sinken dann langsam wieder ab. Die Monats-Deals hingegen erreichen die Top 100 deutlich seltener. Da allerdings immer 70 Prozent Honorar gezahlt werden, passiert es äußerst selten, dass sich so ein Deal finanziell nicht lohnt. Das gilt übrigens sowohl für Belletristik als auch für Sachbücher. Außerdem gibt es oft (aber nicht immer) auch Nebeneffekte – erfolgreiche E-Books ziehen andere Titel desselben Autors mit nach oben.

8. Verstößt die Teilnahme am Kindle-Deal gegen die Preisbindung?

Nein, die Preisbindung sagt nur, dass Ihr Buch bei jedem Händler zu einem bestimmten Zeitpunkt gleich viel kosten muss. Da bei KDP-Nutzern für die Auswahl zum Deal meist gefordert wird, dass das E-Book exklusiv bei Amazon erhältlich ist, brauchen Sie nichts zu tun.

9. Gibt es Kindle-Deals auch bei anderen E-Book-Händlern?

Ja, auch andere E-Book-Händler bieten (natürlich unter anderem Namen) reduzierte E-Books an. Selfpublisher haben **bei Tolino** (persönlichen Kontakt suchen!)**, bei iTunes und bei Kobo** die besten Chancen.

10. Amazon hat mich gefragt, ob ich am Kindle-Deal teilnehmen will. Soll ich?

Ja.

Preisaktionen, Verschenkaktionen, Countdown-Deals – was habe ich davon?

»Soll ich lieber eine Preisaktion durchführen oder mein E-Book verschenken?« Das gehört zu den Fragen, die mir regelmäßig gestellt werden. Deshalb hier eine kleine Zusammenfassung, welche **Vor- und Nachteile die einzelnen Marketing-Maßnahmen** haben.

Die Preisaktion

Die Preisaktion ist heute das Mittel der Wahl und passt in den meisten Fällen. Sie brauchen dazu so gut wie keine Voraussetzungen, und Preisaktionen funktionieren auf allen E-Book-Plattformen. Das einzige Hindernis ist die Preisbindung für E-Books – das Problem ist aber organisatorischer, nicht prinzipieller Art.

Denn damit ein Buch überall gleich viel kostet, müssten die Händler **alle gleich schnell reagieren**. Das ist in den seltensten Fällen so. Vor allem, wenn der Preis danach wieder hochgehen soll, passiert gern folgendes: Sie geben den neuen, höheren Preis bei Amazon, Apple usw. ein. Amazon reagiert am schnellsten, Thalia oder eine andere Firma lässt sich Zeit. Der Amazon-Robot merkt, dass der Preis bei einem anderen Anbieter niedriger ist – und setzt ihn auch bei Amazon wieder herunter. Das ist lästig, aber lösbar.

Wenn Sie nur über Amazon verkaufen, haben Sie das Problem nicht. Hier erfahren Sie, wie Sie eine Preisaktion bei Amazon eingeben.

Wo genau Sie eine Preisaktion bei Ihrem Distributor eingeben müssen, ist von Firma zu Firma unterschiedlich. Die meisten unterstützen diese Art von Marketing.

Eine Preisaktion verpufft, wenn Sie nicht dafür werben – auf Seiten wie z. B. xtme.de. Über diese Seiten kaufen besonders preissensible Nutzer*innen ihr Buch. Das E-Book steigt im Verkaufsrang**, wird dadurch mehr gesehen und mehr gekauft**. Das ist alles.

Nachteil einer Preisaktion könnte sein, dass sich frühere Käufer*innen, die mehr Geld ausgegeben haben, vielleicht veralbert fühlen. Sie sollten also bei einer beabsichtigten Preisaktion besonders Ihre Fans einbeziehen. Die Gefahr, dass Ihnen die Aktion übelgenommen wird, ist aber nicht groß.

Die Verschenkaktion

Bei einer Verschenkaktion bekommen die Käufer*innen das E-Book kostenlos. So weit, so einfach. Aber die Umsetzung ist komplizierter. Wenn Sie nur bei Amazon verkaufen, müssen Sie Ihr Buch bei KDP Select anmelden. Dann dürfen Sie es für **fünf Tage im Quartal verschenken** (nicht länger). Auch einige (wenige) Distributoren erlauben Verschenkaktionen. Da KDP Select aber Exklusivität erfordert, können Sie Amazon dann nicht mehr selbst beliefern.

Auch bei einer Verschenkaktion gilt stets: Sie **bringt nichts, wenn keiner davon erfährt**. Beziehen Sie die einschlägigen Websites für E-Book-Verschenkaktionen in Ihre Werbung ein. Verschenkaktionen beeinflussen das Verkaufsranking negativ – Sie verkaufen ja ein paar Tage nichts. Gleichzeitig verbessern Sie das Beliebtheits-Ranking Ihres E-Books, das die Sortierung beim Stöbern in den Kategorien betrifft. Der Effekt hält für 30 Tage an.

Aber Vorsicht: Es könnte sein, dass bei einer Verschenkaktion Leser*innen Ihr Buch in die Hände bekommen, die gar nicht zur Zielgruppe gehören. Es kostet ja nichts! Und diese Leser*innen sind dann womöglich enttäuscht und **verfassen eine entsprechende Rezension**. Die Hoffnung, durch Verschenken mehr gute Rezensionen zu erhalten, erfüllt sich nur sehr selten.

Gegen die Buchpreisbindung verstoßen Verschenkaktionen übrigens nicht.

Kindle Countdown-Deals

Countdown-Deals, die als Teil des KDP-Select-Programms angeboten werden, funktionieren auf der deutschsprachigen Amazon-Seite noch nicht. Und werden es vermutlich nie, weil dieses Instrument nur schwer mit der deutschen Preisbindung in Einklang zu bringen ist. Die Idee ist, dass der Preis des E-Books schrittweise nach oben geht. Wer sofort zugreift, bekommt das Werk am günstigsten.

Da Sie damit auf amazon.de nicht arbeiten können, sind **Countdown-Deals nur für englischsprachige Titel** sinnvoll. Sie dürfen allerdings 30 Tage zuvor keine Preiserhöhung durchgeführt haben. Bonus: Liegt der Startpreis über 2,68 Euro, bekommen Sie in allen Preisstufen trotzdem 70 Prozent Honorar.

Zehn Fragen und Antworten zu E-Book-Deals bei Tolino Media

E-Book-Deals gibt es inzwischen bei allen Buchhändlern. Auch Tolino Media mischt hier fleißig mit. Was müssen Sie zu den Newslettern und Deals der Tolino-Händler wissen?

1. Wie kommt mein Buch in einen Tolino-Newsletter/-Deal?

Die Titel werden nach thematischem Schwerpunkt ausgewählt. Tolino Media kontaktiert die ausgewählten Autorinnen und Autoren und plant gemeinsam mit ihnen die Aktion. Alternativ können Sie auch selbst Titel vorschlagen, indem Sie Tolino Media kontaktieren. Überlegen Sie sich ein paar gute Argumente, warum Ihr Buch einen Deal bekommen sollte!

2. Ist Exklusivität eine Voraussetzung für die Teilnahme?

Anders als bei Kindle-Deals setzen die Aktionen keine Exklusivität voraus.

3. Kostet die Teilnahme etwas?

Die Teilnahme ist kostenlos.

4. Wie hoch ist mein Honorar?

Das Honorar bleibt auch im günstigen Preissegment unverändert (70 % vom Nettoverkaufspreis – pro Verkauf nehmen Sie damit natürlich weniger ein).

5. Welche Arten von Aktionen gibt es?

Neben Newslettern zu Preisaktionen und saisonalen Themen gibt es auch regionale Aktionen. Wie z. B. »Autor*in des Monats« u. Ä. Die Aktionen laufen dabei nicht zwangsläufig bei allen Tolino-Händlern.

6. Wo werden Indie-Deals beworben?

Jede Aktion wird unterschiedlich beworben. Zum Newsletter gibt es meist auch eine eigene Seite, die über Banner oder/und Reiter im Shop prominent präsentiert und verlinkt wird. Es empfiehlt sich, die Werbeaktion auch in den eigenen Netzwerken zu unterstützen.

7. Was bringt eine Aktion?

Am 1. Januar 2016 verhalf ein Thalia-Newsletter gleich mehreren E-Books, wie Mila Summers »Vom Glück geküsst«, zu einem Platz in den Top 20 der Tolino-Partnershops. Diese Sichtbarkeit hielt auch nach der Preisaktion noch an. Generell sind Erfolgsprognosen unmöglich. Tolino Media wird aber keinen Deal anbieten, wenn Ihr Buch ungeeignet ist.

8. Verstößt die Teilnahme gegen die Preisbindung?

Nein, die Preisbindung sagt nur, dass Ihr Buch bei jedem Händler zu einem bestimmten Zeitpunkt gleich viel kosten muss. Sie müssen also parallel zu Tolino den Preis auch in allen anderen Shops (inkl. Amazon) senken.

9. Gibt es Aktionen auch für höherpreisige oder nicht reduzierte E-Books?

Die unterschiedlichen Newsletter der Tolino-Partnershops bieten auch höherpreisigen oder nicht reduzierten E-Books Werbemöglichkeiten. An der Seite von Verlagstiteln finden Selfpublishing-Titel auch einen festen Platz in regulären Newslettern und weiteren Werbemaßnahmen der Tolino-Allianz.

10. Tolino Media hat mich gefragt, ob ich an einer Aktion teilnehmen will. Soll ich?

Ja.

Was Sie über Amazon Prime Reading wissen müssen

Seit 2017 gibt es auch bei Amazon Deutschland für Prime-Abonnenten in jedem Quartal ca. 500 E-Books kostenlos. Das neue Angebot wirbelt alle drei Monate die Bestsellerliste kräftig durcheinander. Was bedeutet das für die Zukunft? Hat überhaupt noch eine Chance, wer sein Buch nicht verschenken möchte? Im folgenden ein paar Antworten auf wichtige Fragen.

Wer liest mit Prime Reading?

Alle Abonnent*innen von Amazons Prime-Programm können beliebig viele Titel aus Prime Reading herunterladen. Die E-Books stehen für 90 Tage bereit. Angeblich hatte Amazon in Deutschland vergangenes Jahr etwa 17 Millionen Prime-Nutzerinnen und -Nutzer. Wenn nur jede zehnte Person davon dann E-Books über Prime Reading laden würde, wären das 1,7 Millionen neue E-Book-Leser*innen. Es wären allerdings definitiv keine Viellesenden – die haben bereits KindleUnlimited abonniert.

Wie bekomme ich mein E-Book in Prime Reading?

Es gibt einen Bewerbungsprozess: Tragen Sie Ihr Buch in KDP unter »Marketing« dafür ein. Amazon fragt irgendwann über ein per E-Mail zugesandtes Formular. Sie dürfen zustimmen (oder ablehnen). Um in Frage zu kommen, muss Ihr Buch in KDP Select angemeldet sein.

Was zahlt Amazon für Prime-Reading-Titel?

Je nach aktuellem Erfolg eines E-Books zahlt Amazon zwischen 200 und 3000 Euro, in Ausnahmefällen auch mehr. Dabei handelt es sich um eine Pauschale, die für den gesamten Zeitraum gilt. Damit sind alle Lesevorgänge durch Prime-Nutzer abgegolten, die **nicht Kindle-Unlimited-Nutzer sind**.

Ein interessanter Aspekt: KindleUnlimited-Abonnent*innen leihen auch Prime-Titel stets über ihre Leseflatrate aus. Ihre gelesenen Seiten werden dann erfasst und berechnet! Ebenso erhalten Sie Tantiemen für Verkäufe wie immer.

Wie oft wechseln die Titel?

Das Programm wechselt ungefähr alle 90 Tage.

Welche Vorteile hat Prime Reading für den Autor?

Jede Ausleihe im Rahmen des Programms wird für das Bestseller-Ranking als Verkauf gezählt. Die E-Books sind deshalb in ihren Kategorien besser sichtbar.

Was bedeutet Prime Reading für meine Veröffentlichungsstrategie?

Insbesondere, wenn das Programm wechselt, ist es natürlich schwerer, mit einem neuen Titel sichtbar zu werden.

Im Grunde ist es aber egal, wann Sie veröffentlichen. Allerdings wechselt der genaue Zeitraum von Quartal zu Quartal. Ideal wäre es, wenn Sie zum Zeitpunkt X ein Buch in Prime Reading unterbringen und parallel oder kurz danach einen Nachfolgetitel neu starten könnten – dieser würde dann vermutlich profitieren.

Wo sehe ich meine Lesezahlen in Prime Reading?

Nirgends, sie werden Ihnen nicht angezeigt. Sie können sie höchstens anhand des Bestseller-Rangs abschätzen.

Wie wird sich Prime Reading auf meine Verkaufszahlen auswirken?

Wahrscheinlich weniger, als das stetige Ducheinanderwürfeln der Top 100 signalisiert. Das liegt vor allem daran, dass die Auswirkungen des Bestseller-Rankings überschätzt werden. Lesende kaufen primär nach den Empfehlungen aus den »Kunden kauften auch«-Listen und nach dem Beliebtheits-Ranking, für das weder KindleUnlimited noch Prime Reading zählen. Die meisten Autor*innen berichten, dass die Verkäufe und die Leihzahlen für Prime-Reading-Titel stabil blieben, dass sich aber die Verkaufszahlen verwandter Titel erhöht hätten.

Warum eine exklusive Bindung an Amazon gut ist – und warum nicht

GUT DIE HÄLFTE der E-Books in den Amazon-Top-100 kommen von unabhängigen Autoren. Das ist ein echter Erfolg für Selfpublisher. Was auf den ersten Blick nicht so deutlich ist: Einen großen Teil der Top-100-Titel kann man nur bei Amazon kaufen! In den hinteren Rängen sieht es nicht ganz so dramatisch aus: 143 der Top 200; 332 der Top 500, 631 von der Top 1000 oder 1906 der Top 5000 oder 3120 der Top 10.000 sind exklusiv bei diesem Händler im Verkauf.

Warum ist das so – und was bedeutet das für die Autor*innen? Das Zauberwort heißt »KDP Select«, ein Programm von Amazons Selfpublishing-Dienst KDP, bei dem die Autor*innen das eigene Werk exklusiv über Amazon anbieten und dafür einige Vorteile genießen. Diese Vorteile sind offenbar für viele KDP-Nutzer*innen so gewichtig, dass sie diesen Deal eingehen.

Exklusivität ist bei Amazon nur einen Mausklick entfernt. Auf der KDP-Website besitzt jeder E-Book-Eintrag ein Feld »KDP Select«, das man nur ankreuzen muss. Standardmäßig gilt die Anmeldung für **drei Monate**. Sie wird um jeweils weitere drei Monate verlängert, wenn man nicht rechtzeitig das Häkchen herausnimmt. Die Anmeldung bei KDP Select hat für die Autor*innen diese Vorteile:

1. E-Book erscheint in der Flatrate KindleUnlimited
2. E-Book kommt für Kindle-Deals in Frage*
3. E-Book kommt für Prime Reading in Frage*
4. Fünf Gratis-Tage pro Quartal
5. Werbeaktionen auf Amazon.com (Countdown-Deals plus E-Book-Werbung, nicht auf Amazon.de)

Die Punkte 4 und 5 sind ja nett, aber sie würden niemanden von KDP Select überzeugen. Entscheidend ist Punkt 1, und auch Punkt 2 ist für viele Nutzer*innen ein Argument.

Mit der E-Book-Flatrate KindleUnlimited (9,99 Euro / Monat) können Leser*innen so viele E-Books ausleihen und lesen, wie sie schaffen, maximal zehn gleichzeitig. Die Autor*innen erhalten dafür einen **wechselnden Honoraranteil**, der meist um 1,50 Euro pro komplett gelesenem Buch liegt (Standardumfang eines Romans) und nach der Zahl gelesener Seiten berechnet wird. Wie hoch er genau ist, hängt vom Budget ab, das Amazon monateweise festlegt. Dieses Budget wird dann durch die Anzahl der gelesenen Seiten weltweit geteilt. Die Auszahlung liegt also unter dem typischen Honorar für ein 2,99-Euro-Buch, aber über dem eines 99-Cent-Titels. Die 150 Autor*innen, die im Monat auf die meisten gelesenen Seiten kommen, erhalten zusätzlich die sog. AllStar-Boni, zwischen 500 und 7500 Euro.

Diese Auszahlungen sind aber nicht die wirkliche Ursache dafür, dass viele Autor*innen sich für Select entscheiden. Jede Ausleihe (die die Leser*innen ja nichts kostet) zählt für das Ranking wie ein Verkauf. Wer keine Leihen hat, braucht etwa ein Drittel bis die Hälfte mehr Verkäufe (in manchen Genres auch doppelt so viele), um denselben Rang im Ranking und damit dieselbe Sichtbarkeit zu erreichen. Besserer Rang = mehr Verkäufe = besserer Rang = … Diese Gleichung sieht für Select-Verweiger*innen wesentlich schlechter aus.

Zudem ist ein KindleUnlimited-Buch auch dann noch sichtbar, wenn es aus der allgemeinen Top 100 längst herausgefallen ist: Amazon führt nämlich eine separate Top 100 der in der Bücherei erhältlichen Titel. Und dort entfällt dann die Konkurrenz aller nicht exklusiven Titel. Außerdem können Leser*innen E-Books, wenn sie denn gefallen haben, nach dem Leihen auch noch kaufen. Die Autor*innen werden in diesem Fall mehrfach honoriert. Die Leser*innen hingegen fühlen sich nicht mehrfach abgezockt, weil der Leihvorgang **als kostenlos empfunden wird**, obwohl natürlich monatlich dafür bezahlt wird. Ich vermute auch, dass Leser*innen dadurch eher bereit sind zu experimentieren, also unbekannten Autor*innen eine Chance zu geben – schließlich geht man ja kein Risiko ein.

KDP Select lohnt jedoch nicht, wenn es auf **das Ranking nicht ankommt**. Falls ein Titel sowieso nur irgendwo im Mittelfeld platziert ist, durch sein Thema oder sein Genre ohne Chance auf eine Top-Platzierung, aber doch mit der Möglichkeit solider Verkäufe. Ein solcher Titel würde durch eine ebenfalls durch KDP Select mögliche Verschenkaktion seine nicht ganz so riesige Zielgruppe vielleicht sogar weiter als erwünscht ausschöpfen.

Wie weit schränkt die Exklusivität die Umsätze eines Titels ein? Ein E-Book, das bei KDP Select angemeldet ist, darf nirgendwo anders digital angeboten werden. Natürlich begrenzt das die Verbreitung. Wie weit, das hängt davon ab, welchen Zahlen man glaubt. Nach meinen persönlichen Erfahrungen gehe ich von über 50 Prozent Marktanteil für Amazon in Deutschland aus. knapp 50 Prozent der potenziellen Kund*innen bekommen einen KDP-Select-Titel also nicht zu sehen. Zahlen zur KindleUnlimited-Mitgliedschaft in Deutschland gibt es nicht. Ich höre allerdings von vielen Autor*innen, dass die Leihvorgänge bis zur Hälfte der Verkäufe ausmachen – und mehr. Würden die Leiher*innen das Buch auch kaufen, wenn es nicht zu leihen wäre? Niemand kann Ihnen diese Frage beantworten. Ungünstigstenfalls büßt man also beim Ausstieg aus KDP Select mindestens **ein Drittel der Umsätze ein, mit der Hoffnung, 50 Prozent zu gewinnen** (durch den Abstieg im Ranking dürften die nachfolgenden Verluste bei Amazon eventuell sogar größer werden).

Die Frage ist jedoch: **Würden diese 50 Prozent Ihr E-Book zu sehen bekommen**, läge es bei Kobo, Weltbild, Thalia und Co. im digitalen Schaufenster? Rechnen Sie doch mal nach! Tatsächlich sind Indie-Titel bei allen anderen Anbietern deutlich weniger präsent. Thalia etwa berechnet seine Charts nach Umsatz, was den günstigeren Indie-Titeln den Einstieg erschwert. Außerdem müssen Sie es in jedem einzelnen Shop mit Ihrer Werbung ganz nach vorn schaffen, nicht nur bei einem einzigen Händler. Als Kompromiss sind manche Autor*innen deshalb inzwischen dazu übergegangen, ihre E-Books zunächst für ein Quartal bei Amazon exklusiv anzubieten und dann über Tolino Media, Bookrix, Neobooks und Co. in die Breite zu gehen. Denn es gibt auch ein gewichtiges Argument gegen die Exklusivität bei Amazon, das nicht ökonomischer Natur ist: Tendenziell dürfte Amazons Marktanteil abnehmen, und im deutschen Offline-Buchhandel ist das US-Unternehmen gar nicht präsent. Wenn Sie langfristig denken, sollte Ihnen daran gelegen sein, eine Fan-Basis aufzubauen, die sich nicht auf einen Anbieter beschränkt. Es gibt Leser*innen, die auf keinen Fall bei Amazon einkaufen wollen. Können Sie diese Kund*innen auf Dauer ausschließen?

*Man kann auch E-Books, die nicht in Select sind, für Deals und Prime Reading vorschlagen.

Elf Fragen und Antworten zu den Kindle All-Star-Boni

Seit Oktober 2014, also seit der Einführung von KindleUnlimited in Deutschland, zahlt Amazon Autoren zusätzliche Boni aus, wenn sie bestimmte Leihzahlen erreichen. Die wichtigsten Fragen und Antworten zu dem Programm fasst dieser Text zusammen.

1. Was habe ich davon, All Star zu sein?

Der unmittelbare Nutzen liegt in einem Zusatz-Honorar zwischen 500 und 7500 Euro. Belletristische Titel wurden einst außerdem auf einer eigenen Seite gelistet, was allerdings die Verkaufszahlen kaum beeinflusst (und inzwischen nicht mehr der Fall ist).

2. Was wird zur Ermittlung der All-Star-Boni berücksichtigt?

Der All-Star-Bonus für Autor*innen bezieht sich auf die Summe der auf Amazon.de gelesenen Seiten aller in KDP Select vertretenen Titel dieses Autors bzw. dieser Autorin. Bücher mit Co-Autor*innen werden dabei separat gezählt. Der Bonus für einzelne Bücher bezieht sich auf die Summe der gelesenen Seiten dieses Buchs.

3. Wann erfahre ich, ob ich All Star bin?

Amazon ermittelt die All Stars jeweils ab dem 15. eines Monats, wenn die KDP-Abrechnungen bereitstehen. Wie lange das dauert, ist von Monat zu Monat unterschiedlich, zuletzt kamen die Mails am 27. oder 28. des Monats.

4. Wie erfahre ich, dass ich All Star bin?

Sie erhalten eine E-Mail von Amazon, in der die Höhe des Bonus aufgeführt ist.

5. Wie hoch ist der All-Star-Bonus?

Die Höhe der Boni hängt von Ihrem Autorenrang ab. Die Zuordnung von Rang und Summe gibt Amazon auf einer speziellen Seite bekannt; sie kann sich theoretisch von Monat zu Monat ändern, ist aber schon sehr lange konstant.

6. Wann erhalte ich den Bonus ausgezahlt?

Die Überweisung erfolgt parallel zur Zahlung des Honorars für Verkäufe und Leihen im selben Monat, also etwa vier Wochen, nachdem Sie die E-Mail erhalten haben.

7. Welche Zahlen muss ich erreichen, um einen Bonus zu erhalten?

Das ändert sich von Monat zu Monat. Im Mai 2017 brauchten Sie zum Beispiel 500.000 Seiten für einen Autorenbonus und 450.000 für einen Buchbonus. Das ist aber lange her …

8. Erhalte ich für meine Pseudonyme auch einen Bonus?

Tatsächlich können Sie unter Umständen den Autor*innenbonus mehrfach erhalten, wenn Sie unter zwei Pseudonymen schreiben und beide die nötigen Zahlen erreicht haben. Es kann allerdings auch passieren, dass sich Ihre Verkäufe derart auf Ihre Pseudonyme aufteilen, dass Sie keinen Bonus erhalten.

9. Was sollte ich beachten, um den Autor*innenbonus nicht zu verpassen?

Tage, an denen Ihr Buch nicht in Select vertreten war, zählen nicht mit. Sie sollten also am besten am Monatsersten veröffentlichen. Wenn Sie kurz vor Monatsende feststellen, dass Sie knapp vor der Bonusgrenze (des letzten Monats) liegen, können sich Werbeaktionen oder Preissenkungen in letzter Minute lohnen.

10. Wie wird der All-Star-Bonus versteuert?

Laut Auskunft von Amazon erfolgt die Besteuerung exakt wie bei den normalen E-Book-Honoraren. Das heißt, Amazon führt die Umsatzsteuer dafür in Luxemburg ab. Der Autor erhält den Betrag netto und muss keine Umsatzsteuer dafür abführen. In der Umsatzsteuererklärung erscheinen sie als »nicht steuerbare sonstige Leistungen« (Reverse Charge).

11. Ich habe mehr gelesene Seiten als in diesem Monat notwendig, habe aber keinen Bonus bekommen

Jeden Monat nach Versand der Mails finden Sie auf der Selfpublisherbibel eine Liste, wieviele Seiten für einen All-Star-Bonus nötig waren. Mit Hilfe dieser Liste und Ihrer eigenen Abrechnung (die Excel-Datei zählt, nicht das Dashboard!) können Sie sich an den Support wenden. Bei Irrtümern erhalten Sie den Betrag in der Regel nachgezahlt.

Acht Fragen und Antworten zu den "Kunden kauften auch"

DIREKT UNTER DER Beschreibung (beziehungsweise bei Serientiteln unter der Liste der Serientitel) jedes Kindle-E-Books befindet sich eines der wichtigsten Marketing-Hilfsmittel bei Amazon: eine Liste von maximal 99, meist aber nur 91 auf 15 bzw. 13 Seiten verteilten anderen E-Books unter der Überschrift »Kunden, die diesen Artikel gekauft haben, kauften auch«, kurz und liebevoll »KKA« genannt (manchmal auch »Kunden, die dieses Buch gelesen haben, lesen auch«) oder in der englischsprachigen Welt »alsoboughts«.

Was ist das? Stellen Sie sich vor, Sie stehen im Laden vor dem Fantasy-Regal, nehmen ein Buch heraus, es gefällt Ihnen zwar, aber irgendetwas stört Sie. Da kommt der nette Buchhändler oder seine Kollegin, hält Ihnen ein anderes Fantasy-Werk vor die Nase und sagt: »Ist so ähnlich, aber anders«. So funktioniert der KKA-Algorithmus.

Was bringt Ihnen die KKA, wie entstehen sie und was kann schiefgehen? Das soll dieser Artikel klären.

1. Wie die »Kunden kauften auch« entstehen

Der Name verrät es eigentlich schon: Hier werden Bücher gelistet, die Leser*innen, die ein bestimmtes Buch gekauft haben, ebenfalls erworben haben. Aber ganz so einfach ist es dann natürlich doch nicht. Die genauen Kriterien des Algorithmus verrät Amazon natürlich nicht. Grundsätzlich funktioniert die Aufreihung ähnlich wie das Beliebtheitsranking, es werden also die Verkäufe über die letzten 30 Tage berechnet, es wird nur einmal am Tag aktualisiert und Leihen spielen keine Rolle. Zusätzlich spielt auch die Kategorie eine Rolle. Falls zwei Bücher sich also gleich oft mit den Titel zusammen verkauft haben, ist der Titel mit der passenden Kategorie weiter vorn zu finden. Wie kommen Sie also weiter nach vorn? Ganz einfach: Verkaufen Sie mehr Exemplare Ihres E-Books. Dabei hilft es aber nicht, wenn Sie Ihre Familie um Käufe bitten. Diese müsste zuvor noch das Buch kaufen, in dessen KKA Sie erscheinen wollen. Die KKA-Listen sind von allen Algorithmen deshalb auch am schwersten manipulierbar (gut so!).

2. Wann die »Kunden kauften auch« entstehen

Normalerweise dauert es ein paar Tage, bis das Listing sich füllt. Solange ein E-Book nicht genügend Käufe hat, um den Algorithmus zu füttern, steht darunter eine andere Liste: »Kunden, die diesen Artikel angesehen haben, haben auch angesehen«. Solange das bei Ihrem E-Book zu sehen ist, wird Ihr Titel auch nicht bei anderen erscheinen. Je schneller sich das Buch verkauft, desto schneller füllt sich die Liste. Wenn der Algorithmus nicht genügend Kandidaten zum Anzeigen findet, ist sie kürzer als 99 Titel.

3. Was die »Kunden kauften auch« bringen

Die Position auf der ersten Seite der KKA-Liste eines anderen Buchs ist durchaus geeignet, um ein Buch zu verkaufen. Allerdings ist es nicht der einzige und nicht der wichtigste Weg. Viel wichtiger ist, dass Ihr Buch von den Amazon-Algorithmen erfasst wurde und nun anderen Käufern empfohlen wird. Die Aufnahme in die KKA-Liste ist dafür ein sichtbares

Zeichen. Der Selfpublishing-Experte David Gaughran hat das in einem Artikel gut beschrieben: »The connections between books are what is truly valuable, and what Amazon uses to decide what to recommend next. The Also Boughts themselves are just signposts.«

4. Problem Rabattaktion

Falls Sie zum Start Ihres Buches eine Rabattaktion gemacht und diese prominent beworben haben, wird das Ihre KKA-Liste verfälschen. Dann tauchen vor allem Titel darin auf, die gleichzeitig beworben wurden. Das sollte sich später aber wieder ändern.

5. Ist mein Buch bei anderen Titeln in der KKA-Liste?

Gerade am Anfang dürfen Sie nicht erwarten, dass Ihr Buch in den KKA eines Bestsellers auftaucht. Zuallererst sollte es unter Ihren eigenen Titeln zu sehen sein. Falls es dort nicht auftaucht, ist es entweder zu früh (Ihr neues Buch hat sich eben noch nicht genug verkauft) – oder Sie sind Opfer eines Fehlers geworden. Falls Sie noch keine weiteren Titel veröffentlicht haben, schauen Sie sich vergleichbare Titel in der gleichen Kategorie an. Vergleichbar heißt in diesem Zusammenhang: mit ähnlichem Bestseller-Rang.

6. Mein Buch ist nicht bei anderen Titeln in der KKA-Liste!

Ab und an passiert es, dass die Liste bei neuen Titeln gar nicht erscheint. Das ist ärgerlich, weil man es meist erst spät bemerkt. Kurz nach der Veröffentlichung ist es ja normal, dass die Liste noch fehlt. Eine Woche danach sollte sie auf jeden Fall vorhanden sein. Helfen kann Ihnen dann oft der Support, zumindest fühlen Sie sich dann besser. Ob der Support in jedem Fall wirklich hilfreich ist oder ob das Problem ähnlich wie ein Schnupfen irgendwann auch ohne

Arztbesuch verschwindet, ist von außen schwer zu sagen. Ein Versuch kann jedenfalls nicht schaden.

7. Wie schafft es mein Buch sicher in die KKA-Listen?

Mit genügend Zeit! Und Zeit verschaffen Sie sich, wenn Sie die Vorbestell-Funktion von Amazon nutzen. Mit vier Wochen Vorlauf können Sie so gut wie jede Metadaten-Einstellung noch rechtzeitig vor dem Verkaufsstart optimieren.

8. Ich sehe überhaupt keine KKAs!

Amazon experimentiert bei der Aufteilung der Buch-Detailseiten gern. Es kann also sein, dass Sie je nach Browser, Tageszeit, Login-Zustand und weiteren nur Amazon bekannten Variablen überhaupt keine KKA-Liste sehen. Manchmal ist stattdessen eine Liste »Welche anderen Artikel kaufen Kunden, nachdem sie diesen Artikel angesehen haben?« vorhanden. Oder Sie sehen »Verwandte Produkte« (das sind Anzeigen). Oder Amazon blendet Ihnen »Bücher, die Ihnen gefallen könnten« ein – diese Liste basiert auf Ihren eigenen Käufen. Trotzdem sind aber die den KKA zugrundeliegenden Verknüpfungen vorhanden, und die Algorithmen empfehlen Ihr Buch weiter.

Wie Sie ehrliche Rezensionen für Ihr Buch erhalten

Ein gerade neu veröffentlichtes Buch gerät schnell in einen Teufelskreis: Niemand kauft es, weil es noch keine Bewertungen hat. Und niemand kann es rezensieren, weil es ja noch keine Käufer*innen gefunden hat. Wie befreien Sie sich am geschicktesten aus diesem Dilemma?

Der erste Impuls könnte dazu verleiten, ein paar gute Bekannte zu fragen. Geben Sie dem Drang nicht nach. **Gefälligkeits-Rezensionen** sind zumindest für geübte Lesende oft leicht erkennbar, etwa daran, was Rezensierende sonst so besprechen und was im Text steht. Und die Vielleser*innen sind gerade die, die Ihre wichtigste Zielgruppe darstellen. Davon abgesehen sind die Amazon-Algorithmen inzwischen sehr gut darin, Verbindungen zwischen Ihnen und Friends & Family zu erkennen. Solche Rezensionen werden dann gar nicht erst veröffentlicht oder verschwinden schnell wieder.

Aber wie erreichen Sie dann, dass jemand Ihr Werk ernsthaft bespricht, wenn es sich doch nicht verkauft? Dazu haben Sie sowohl kostenlose als auch kostenpflichtige Möglichkeiten.

Kostenlos zur Rezension

Wichtigste Quelle von Rezensionen sind ganz sicher die Leserinnen und Leser Ihres Buches. Im Nachwort sollten Sie deshalb neben dem Hinweis auf Ihren Newsletter auch erklären, wie wichtig Besprechungen für den Buchverkauf sind.

Im zweiten Schritt können Sie Ihr Buch natürlich Buchblogger*innen des passenden Genres anbieten oder auch bei Rezi-Suche.de Rezensenten suchen. Nachteil: das kann dauern; zumindest ist ein hohes persönliches Engagement nötig. Deshalb empfehle ich immer eine **Leserunde**, die Sie bei Plattformen wie Lovelybooks oder auch auf Ihrer Facebook-Seite abhalten können.

Bei einer Leserunde lesen Sie Ihr Buch gemeinsam mit Leser*innen, die sich um die Teilnahme beworben haben. Das ist spannend und ermöglicht direktes Feedback – am Ende steht aber auch meist eine Rezension. Bei 20 Teilnehmenden können Sie mit zehn Rezensionen rechnen. An Aufwand fallen entsprechend 20 gedruckte Exemplare und Ihre private Zeit (etwa eine halbe Stunde täglich über zehn Tage) an.

Gegen Gebühr zur Rezension

An dieser Stelle eine dringende Warnung: Sollte Ihnen jemand anbieten, Rezensionen gegen Bezahlung zu verfassen – vergessen Sie's. Es ist zwar nicht a priori illegal, und in den USA gibt es durchaus renommierte Dienste, die einen solchen Service verkaufen. Kennzeichen eines seriösen Anbieters wäre zum Beispiel, dass die Rezension unabhängig vom Inhalt (gut oder schlecht) immer veröffentlicht wird.

Aber eine solche Besprechung hilft Ihnen nicht, weil sie **nicht bei Amazon veröffentlicht werden darf**. Amazon verbietet in seinen Richtlinien jegliche Art der Belohnung für eine Rezension. Dazu gehören »Bezahlung (in Form von Geld oder Geschenkgutscheinen), Bonus-Inhalte, Ermöglichen der Teilnahme an einem Wettbewerb oder Gewinnspiel, Rabatte für zukünftige Einkäufe, zusätzliche Produkte oder andere Geschenke«. Das einzige, was Sie legal tun dürfen: den Rezensenten das Buch kostenlos zur Verfügung stellen. Das sollte allerdings nicht in Form eines Geschenkgutscheins erfolgen, weil dieser als Bezahlung gilt.

Und doch gibt es völlig legale Möglichkeiten, gegen Bezahlung Rezensionen zu erhalten. Nämlich bei den Firmen Vorablesen.de und Netgalley.de. Beide funktionieren ähnlich, aber mit unterschiedlichen Zielgruppen. Vorablesen vermittelt Ihr Buch an 100 Leser*innen, die dann ihre Meinung dazu formulieren, ähnlich wie bei einer Leserunde, nur dass Ihre Beteiligung nicht nötig ist. Die dort registrierten Nutzer*innen sind erfahren, kritisch und ehrlich, ein schlechtes Buch fällt gnadenlos durch. Die Kosten sind recht hoch: Selfpublisher*innen zahlen pro Titel 750 Euro plus die Kosten für 100 gedruckte Exemplare. Wichtig: Sie müssen Vorablesen.de vor dem offiziellen Erscheinen Ihres Werks einbinden.

Netgalley arbeitet ähnlich, vermittelt Ihr Buch aber an Blogger*innen und andere regelmäßige Rezensenten, die dann auf ihren Blogs darüber schreiben – nach Erscheinen. Der Service ist um einiges günstiger, die aktuellen Kosten müssen Sie anfragen. Es kann allerdings etwas dauern, bis Sie hier Ergebnisse erhalten.

Ich hoffe, dass Sie mit diesen Tipps das oben geschilderte Dilemma lösen konnten. Ein Tipp zum Schluss: Auch für Rezensionen gilt das Urheberrecht. Das heißt, Sie müssen die Rezensenten fragen, wenn Sie ihre Worte etwa für den Klappentext verwenden wollen.

Vorsicht: Wie Sie zu Rezensionen ermuntern dürfen – und wie nicht

REZENSIONEN SIND WICHTIG. Niemand kauft gern die Katze im Sack. Ein Buch, das noch von niemandem besprochen wurde, wird nicht gekauft, und solange es nicht gekauft wird,erhält es keine Rezensionen. Aus den Teufelskreis herauszukommen, ist nicht leicht – der einfachste Weg ist eine Leserunde. Aber es gibt auch Plattformen wie Vorablesen, die Ihr Buch gegen Gebühr an fleißige Leser verteilen. Mehr zu den legalen Wegen, Rezensionen zu erhalten, habe ich in einem eigenen Artikel zusammengefasst.

Das bedeutet, dass es natürlich auch illlegale Wege gibt. Manche davon sind klar als illegal zu erkennen, andere nicht so einfach. Gegen die Bestimmungen verstößt es immer, wenn Gegenleistungen im Spiel sind, die über das Bereitstellen des Buches oder E-Books zum Lesen hinausgehen. Sie verstoßen übrigens auch die Bestimmungen, wenn sie Dritte beauftragen, etwa virtuelle Assistent*innen, und diese illegale Praktiken einsetzen. Für Ihren Account sind am Ende Sie verantwortlich. Unwissen schützt nicht vor Strafe.

Kauf von Rezensionen

Es sind Agenturen unterwegs, die Ihnen Rezensionen im Paket vermitteln. Zehn Rezensionen, natürlich mit mindestens vier Sternen, für x Euro – was kann man da falsch machen? Alles. Ein solches Vorgehen steht ganz oben auf der Liste der illegalen Mittel. Das merkt doch niemand? Das glauben Sie wirklich? Diese Agenturen sind immer dabei, neue Kund*innen zu suchen. Irgendwann treffen sie einen ehrlichen Autor, der nach Referenzen fragt – und jetzt sind Sie dran. Denn die rezensierenden Amazon-Accounts sind am Ende stets dieselben, und darüber lassen sich die zahlenden Kund*innen identifizieren.

Bewertung: kann Sie den KDP-Account kosten

Tausch von Rezensionen

Ich rezensiere dein Buch – und du meins. Klingt fair, ist aber illegal, weil die Rezensent*innen eine Belohnung bzw. Bezahlung erhalten (s. u., nämlich ebenfalls eine Rezension). Trotzdem beschäftigen sich diverse Facebook-Gruppen damit. Halten Sie gebührenden Abstand! Ihnen ist doch sicher klar, dass mindestens die anderen Gruppenmitglieder sehen, wer noch Mitglied ist, also illegale Praktiken betreibt? Und woher wollen Sie wissen, ob nicht Amazon-Mitarbeiter*innen dabei sind?

Bewertung: kann Sie den KDP-Account kosten

Belohnung von Rezensionen

Eine gute Rezension macht Arbeit. Was liegt da näher, als Rezensent*innen für ihre Arbeit zu belohnen? Etwa, indem Sie unter allen Bewerter*innen ein Gewinnspiel veranstalten oder den Rezensent*innen des E-Books nach Veröffentlichung der Besprechung den Kauf per Gutschein erstatten oder ihnen ein gedrucktes Buch schenken. Doch all das sind unerlaubte Zuwendungen. Sie verlieren nicht nur die entsprechenden Bewertungen, sondern auch das Vertrauen Ihrer Fans, die oft durchaus ein Gefühl dafür haben, ob Sie auf der hellen oder der dunklen Seite unterwegs sind. Insbesondere Erstattungen für Käufe, egal in welcher Form, sieht Amazon sehr kritisch, weil damit auch noch der Status des »verifizierten Kaufs« bei der Bewertung gefälscht wird. Solche Manipulationen können Sie den KDP-Account kosten. Und ja, so etwas kommt heraus.

Bewertung: kostet Vertrauen und unter Umständen den Account

Versand kostenloser Rezensionsexemplare

Blogger*innen und Journalist*innen, aber auch Nutzer*innen von Buchnetzwerken wie Lovelybooks dürfen Sie kostenlose Exemplare Ihres Buches schicken, egal, in welcher Form. Das ist eine uralte Praxis. Sie verstößt nach wie vor nicht gegen die Amazon-Bestimmungen – es sei denn, Sie machen eine Rezension zur Bedingung. Empfänger*innen des Buches müssen stets frei in der Entscheidung sein, ob und wenn ja, wie sie rezensieren.

Bewertung: absolut legal – solange Empfänger nicht zur Rezension gezwungen sind

Bitte um Rezension

Am Ende eines Buches, aber auch im regelmäßigen Newsletter für die Fans ist der richtige Platz dafür: Bitte Sie in netten Worten um eine Besprechung. Eine solche Bitte kann Ihnen niemand verwehren. Erklären Sie, wie wichtig Rezensionen für Autor*innen sind und dafür, für ein Buch noch viele weitere Leser*innen zu finden. Werden Sie nicht penetrant, aber haben Sie auch keine Scheu davor, die Bitte explizit auszusprechen. Und machen Sie es den Leser*innen einfach: Bitten Sie nicht nur, sondern verraten Sie im Anschluss auch gleich den Link, der direkt zu den Rezensionen führt.

Bewertung: ja, bitte!

Wie Sie professionell auf Rezensionen reagieren

Ja, es ist gemein. Da erschafft man in nächtelanger Arbeit eine neue Welt, leidet mit seinen Heldinnen und Helden, quält sich, um auch ja die optimale Formulierung zu finden, bezahlt Dienstleister*innen, fiebert dem Erscheinen des Buches voraus – und dann kommt eine 1-Sterne-Wertung mit den simplen Worten »Habe mich gelangweilt« daher. Wie bitte? Wie kann das sein? Muss die ihre schlechte Laune an mir auslassen? Waren seine Kinder gerade fies zu ihm, ärgert sie ihr Chef, hat er Sodbrennen?

Tja – irgendwann erleben jede Autorin, jeder Autor diesen Moment. Man möchte in die Tischkante beißen, oder, noch besser, eine geharnischte Antwort in die Tastatur tippen und sich gleich danach unter Kolleg*innen darüber ausweinen. Mein Tipp: Vergessen Sie jede dieser drei Reaktionen. Gut, es sind Ihre Zähne, und wenn Sie einen vertrauten Kreis von engen Freund*innen haben, dann können Sie dem auch gern Ihr Leid klagen. Öffentlich sollten Sie sich aber immer als das zeigen, was Sie sind: professionell. Und deshalb arbeiten Sie die folgenden beiden Schritte ab:

1. Prüfen Sie, was an der Kritik dran ist

Neun Zehntel aller Rezensionen werden nicht geschrieben, um den Schreibenden zu ärgern. Die Leserin oder der Leser haben ein Anliegen, das ihnen sogar so wichtig ist, dass Sie sich öffentlich in einer Rezension dazu äußern. Schön, wenn dieses Anliegen im Loben besteht. Aber darauf haben Sie natürlich keinen Anspruch. Versuchen Sie, die Kritik wie von neutraler, dritter Seite zu lesen. **Was ist der Kern?**

Vermutlich haben Sie einen Anspruch des Lesenden nicht erfüllt. Dafür kann es zwei Gründe geben: Erstens – es ist Ihnen sprachlich oder inhaltlich nicht gelungen. Das können Sie ändern, gerade in Zeiten des E-Books. Ist der Handlungsbogen vielleicht wirklich unlogisch? Liegt die Rechtschreibfehlerquote doch noch etwas höher als beabsichtigt? Zweitens kann es aber auch daran liegen, dass Sie den Anspruch gar nicht erfüllen wollten. Sie haben schließlich einen Thriller geschrieben und keinen Detektivroman oder eine Romanze und keine humorvolle Komödie. Trotzdem ist es dann in der Regel Ihr Fehler, denn irgendwie haben Sie diesen Anspruch ja geweckt. Passt das Cover vielleicht nicht zum Inhalt? Verrät der Klappentext zu viel – oder zu wenig?

Falls Sie weder für Variante 1 noch für Version 2 Anhaltspunkte finden, kann es sein, dass die betreffende Rezension tatsächlich geschrieben wurde, um Sie zu ärgern (oder um Frust abzubauen). Die erste Ein-Sterne-Reaktion beginnt meist mit der Einleitung »Ich kann gar nicht verstehen, warum dieses Buch so hoch bewertet wurde«. Es gibt einfach Leser*innen mit einem gewissen Widerspruchsgeist. Lassen Sie sich aber nicht vom Ton täuschen. Online äußern sich manche Menschen aggressiver, schärfer, deutlicher als im persönlichen Gespräch. Versuchen Sie trotzdem, den Kern der Botschaft zu erkennen.

Natürlich passiert es auch, dass Rezensent*innen sich schlichtweg irren. Ihr Kindle funktioniert nicht, wie er soll, und sie glauben, dass Ihr Buch daran schuld ist. Das heimische WLAN stockt, und nun sollen Sie verantwortlich sein, dass das E-Book nicht auf den E-Book-Reader geladen wurde. Auch gern genommen: Sie bekommen eine tolle Rezension, aber nur einen Stern, weil irgendwie vom deutschen Schulnotensystem ausgegangen wurde.

2. Reagieren Sie angemessen

Wie Sie nun reagieren sollten, hängt vom Ausgang von Schritt 1 ab. Falls Sie irgend etwas verbessern können: Tun Sie's – und dann bedanken Sie sich. Kritiker*innen schätzen es, wenn Sie Fehler eingestehen. Womöglich überarbeiten sie dann die Bewertung sogar (darauf sollten Sie sich aber nicht verlassen). Kritische Leser*innen, die sich ernstgenommen fühlen, können zu den besten aller Fans werden.

Wenn ein Irrtum vorliegt und die Rezension den falschen Adressaten auf dem Kieker hat, können Sie höflich darauf hinweisen.

Die beste Reaktion auf reine Schimpf-Rezensionen besteht darin, diese zu ignorieren. Antworten Sie auf keinen Fall. Oft diskreditieren sich die Rezensent*innen damit selbst. Lassen Sie sich auch in den sozialen Medien nicht darüber aus. Wenn Sie online einen Streit anfangen, fällt immer etwas von der dadurch verursachten Missstimmung auf Sie zurück. Flüchtige Leser*innen, die weder Ihr Buch noch die Rezension kennen, könnten annehmen, dass Sie einfach keine Kritik vertragen. Das wollen Sie doch nicht, denn Sie sind ja professionell, und jammern wird immer als unprofessionell empfunden. Stellen Sie sich vor, die Verkäuferin an der Kasse lässt sich vor Ihnen über einen Kunden aus, der gerade den Laden verlassen hat. Das fühlt sich in der Regel unangenehm an, selbst wenn der Kunde wirklich ein Blödmann war, sie das aber nicht miterlebt haben.

Falls Ihnen solche Rezensionen zu nahe gehen: Lesen Sie sie nicht. Auch das ist eine sinnvolle Variante, die viele Nerven spart. Achten Sie nur auf den Bewertungsschnitt Ihres Buches. Fällt der unter 3,7 (also 3,5 Sterne und weniger), müssen Sie wohl oder übel doch überprüfen, was da schief läuft. Über die ein oder andere Ein-Sterne-Rezension müssen Sie auch gar nicht traurig sein. Tatsächlich verkauft sich ein Buch besser, wenn es nicht nur Fünf-Sterne-Rezensionen hat. Warum wohl? Würden Sie etwas kaufen, das alle Rezensent*innen großartig fanden? Oder würden Sie da nicht eher Gefälligkeits-Rezensionen vermuten?

Wenig Hoffnung sollten Sie übrigens darin setzen, Rezensionen zu melden. Amazon reagiert sehr selten, selbst wenn offensichtliche Spoiler oder Fehler enthalten sind.

Wie Amazon echte Besprechungen und Fakes zu unterscheiden versucht

Gefälschte (meist gekaufte) Rezensionen sind bei Amazon und anderen Online-Plattformen ein regelmäßiger Quell des Ärgers. Tatsächlich ist es nicht wirklich kompliziert, Bewertungen zu manipulieren. Von der netten Bitte an Freunde bis zur Nutzung bezahlter Dienste reicht das Spektrum. Amazon versucht seit Jahren, dagegenzusteuern: Anbieter von Bezahldiensten werden rechtlich verfolgt, und gegen unlautere Rezensionen bringt man Algorithmen in Stellung. Außerdem wird das Bewertungssystem weiterentwickelt – inzwischen gelten zum Beispiel auch in Deutschland Rezensionen nach verifizierten Käufen mehr als andere.

Dass bei Amazon Software am Werk ist, um die schlechten von den guten zu trennen, führt oft zu gewisser Verwunderung geführt – es ist aber ganz und gar nicht ungewöhnlich. Es ist geradezu Amazons Spezialität, Entscheidungen nicht Pi mal Daumen von Menschen, sondern von Programmen aufgrund vorhandener Daten treffen zu lassen. Da die Firma die konkreten Kriterien zur Unterscheidung legitimer und illegitimer Rezensionen nicht offenlegt (sonst würden sie ganz schnell umgangen), sind auch eine Menge unzutreffender Ideen im Umlauf: Amazon könne etwa Facebook-Freundschaften offenlegen.

Tatsächlich muss sich Amazon schon aus Datenschutzgründen auf selbst erfasste Daten beschränken. Das reicht aber auch völlig, wenn man bedenkt, was Amazon so über seine Kunden weiß. Zur Erinnerung: Rezensionen sind nur möglich für Personen, die schon einmal etwas bei Amazon gekauft haben. Die Firma kennt also unter anderem:

- E-Mail-Adresse
- Kontodaten (Bankverbindung, Kreditkarte)
- Postadresse und Adressen der Bekannten (an die schon mal etwas verschenkt wurde)
- IP-Nummern (die sich meist lokalisieren lassen, also auch Hinweise zur Herkunft des Nutzers geben)
- Browser, Gerät des Nutzers
- Typisches Verhalten des Nutzers (Rezensionsverhalten, Kaufinteressen)
- Typisches Verhalten anderer Nutzer*innen (zum Vergleich)

Das ist eine ganze Menge. Der Amazon-Algorithmus versucht nun auf zwei Wegen, faule Rezensionseier herauszufiltern:

1. Er sucht **Verbindungen zwischen Buchautor*in und Rezensent*in**. Beispiele: Autor*in und Rezensent*in teilen Kontodaten? Dann handelt es sich vielleicht um einen »Zweitaccount«. Autor*in und Rezensent*in rezensieren sich gegenseitig? Dann könnte es sich um Gefälligkeitsbewertungen handeln. Der Rezensent kommt aus einem ganz anderen Land als die Autorin? Vielleicht ein Bezahl-Service…
2. Er sucht nach **ungewöhnlichem Verhalten der Rezensent*innen**. Beispiele: Normale Leser*innen rezensieren x Bücher pro Monat. Rezensent*innen die 10-fache Menge – und immer mit 5 Sternen. Könnte es sich um eine

> bezahlte Dienstleistung handeln? Der Rezensent hat nur ein einziges Mal etwas gekauft, rezensiert aber am laufenden Band. Ein Fake?

Diese Art von Algorithmen baut in der Regel einen Score auf, wie man ihn von Kreditprüfern kennt. Ein einzelnes Merkmal reicht meist noch nicht, eine Rezension als manipuliert abzustempeln. Aber wenn eine bestimmte Summe von Merkmalen erreicht ist, kippt der Schalter um und die Rezension wird gar nicht erst veröffentlicht oder später gelöscht.

Dabei kann es natürlich vorkommen, dass der Algorithmus falsch entscheidet. Wenn jemand mit einer Strumpfmaske eine Bank betritt, muss es sich ja auch nicht zwingend um einen Bankräuber handeln – vielleicht hat der Kunde nur einen bestimmten Fetisch. Aber zumindest die Amazon-internen Daten haben dann gezeigt, dass man auf diese Weise deutlich mehr Nutzen erzielt (falsche Rezensionen löscht) als Schaden verursacht (Ärger der legitimen Rezensent*innen).

Das tröstet natürlich wenig, wenn man selbst Rezensionen eingebüßt hat, weil der Algorithmus zu streng war – und gleichzeitig KU-Betrüger*innen mit zahlreichen von der Software für echt gehaltenen Rezensionen unterwegs sind. Der Rezensionsverlust trifft die meisten Autor*innen mal. Praxistipp: Falls Sie von solch einer Fehlentscheidung betroffen sind – es lohnt nach aller Erfahrung nicht, darüber mit Amazon zu diskutieren. Sie werden weder eine Begründung erhalten, warum Ihre Rezension gelöscht wurde, noch wird sie daraufhin doch noch freigeschaltet.

Was ist der optimale Tag zum Veröffentlichen meines Buches?

HEUTE. Okay, morgen, wenn es heute zu spät wird oder die Fußball-Nationalmannschaft spielt.

Lange Antwort: Es gibt keinen optimalen Veröffentlichungstermin. Natürlich verkaufen sich Bücher an manchen Tagen besser und an anderen Tagen schlechter. Aber **Bücher, die nicht veröffentlicht sind, verkaufen sich gar nicht**. Egal, mit welchem Tag Sie vergleichen, ein nicht erhältliches Buch wird sich an jedem Tag schlechter verkaufen.

Sollte ich einen Tag wählen, an dem viele Bücher verkauft werden?

Klingt gut – aber: Selbst wenn alle Fans sofort zugreifen, wird Ihr Buch es dann deutlich schwerer haben, einen oberen Rang zu erklimmen. Wer Sie noch nicht kennt, findet Ihr Buch dann nicht.

Dann wähle ich einen Tag, wo nichts los ist?

Theoretisch eine prima Idee. Ihre Fans kaufen Ihr Buch, es rutscht nach oben, wird sichtbar… Tja, und dann gibt es nicht genug Leser*innen, damit Sie auch etwas davon haben.

Sie sind zwar kurzzeitig recht weit oben, doch da Sie in der Summe nicht so viel verkaufen wie an einem guten Tag, rutscht Ihr Buch auch schnell wieder ab. Ins Bestseller-Ranking fließen ja auch die Zahlen der Vortage mit ein, und dabei ist es dem Algorithmus egal, ob das generell gute oder schlechte Tage sind.

Amazon wechselt die Titel bei Prime Reading - da warte ich lieber?

Bei der Ersteinführung hat die Gratis-Flatrate Prime Reading tatsächlich die Charts durcheinander gewirbelt. Danach haben sich alle gewundert: Die Verkaufszahlen waren etwa gleich geblieben, die gelesenen Seiten leicht gesunken. Prime Reading zeigt schön, wie unwichtig die Bestsellerliste eigentlich ist. Lassen Sie sich also nicht davon abhalten, Ihr Buch zu veröffentlichen, wenn gerade ein neuer Zyklus ansteht. Die Auswirkungen sind inzwischen auch gar nicht mehr so dramatisch.

Kurz vor einer Buchmesse wäre vielleicht ein schöner Termin?

Ja, weil sich dann die Aufmerksamkeit auf Bücher richtet. Und wenn Sie die einzige Autorin auf der Welt wären, würden alle Augen auf Sie blicken. Dem ist aber leider nicht so. Viele andere Titel werben zu Buchmessen um Aufmerksamkeit.

Wäre wegen der AllStar-Boni nicht der Monatsanfang am besten?

Korrekt ist: Die gelesenen Seiten werden zur Berechnung des AllStar-Bonus immer über einen Kalendermonat addiert. Sollte ich da nicht am Monatsanfang bessere Chancen haben? Die Spekulation würde vielleicht aufgehen, wenn Sie genau wüssten, wann Ihr Buch viel gelesen wird. Aber meist dauert es etwas, bis die KindleUnlimited-Leser*innen zugreifen und bis dann auch ihre Seiten übermittelt werden. Und wenn alle deshalb am Monatsanfang veröffentlichen, ist dort der Wettbewerb besonders groß, sodass Sie vielleicht gar nicht so viele Seiten zugerechnet bekommen, wie Sie gehofft haben.

Im Sommerloch, da müsste doch sogar ich Chancen haben!

Richtig, in warmen, sonnigen Sommermonaten verkaufen sich Bücher eher schlecht (auch im Februar oder November übrigens). Das gilt aber für alle Titel. Warum sollte sich ausgerechnet Ihres besser verkaufen? Und selbst wenn Sie den allgemeinen Trend schlagen – zu Weihnachten hätten Sie weitaus mehr von Ihrer Top-100-Platzierung …

Weihnachten – das ist also der optimale Zeitpunkt?

Zu Weihnachten wurden in den vergangenen Jahren stets viele E-Reader verschenkt, also gab es spätestens ab 25. Dezember eine Vermehrfachung der E-Book-Verkaufszahlen, die meist bis Mitte Januar anhielt. Wenn Sie es schaffen, hier einen Spitzenplatz zu belegen, klingelt der Geldbeutel. Allerdings ist der Effekt erstens inzwischen deutlich geringer und er ist zweitens kein Geheimnis zwischen uns beiden. Nicht nur andere Selfpublisher, auch die Verlage wissen darum und kämpfen gerade rund um das Geschenkefest um gute Platzierungen. Und da rechnen Sie sich ausgerechnet mit Ihrer Neuerscheinung gute Chancen aus?

Was bei einer Veröffentlichung wirklich wichtig ist

Glauben Sie mir nun, dass es keinen perfekten Zeitpunkt gibt? Veröffentlichen Sie Ihr Buch, wenn es fertig ist. Aber beachten Sie dabei die richtige Veröffentlichungs-Strategie, die auf die Amazon-Algorithmen Rücksicht nimmt.

- Tag 1 – Veröffentlichung (Freischaltung dauert meist maximal 24 Stunden)
- Tag 2 – Sie kaufen ein Exemplar, prüfen, ob es nicht irgendwelche dummen Fehler enthält. Wenn ja: zurück zu Tag 1. Wenn nein: Sie **warten, bis das E-Book einen Verkaufsrang hat**. Das kann 48-72 Stunden dauern.
- Tag 4 – Der Verkaufsrang ist da. Jetzt (nicht vorher) weisen Sie Ihre Fans darauf hin, dass Ihr Buch existiert. Anderenfalls verlieren Sie Käufe für das Ranking. Starten Sie außerdem mit einer Leserunde bei Lovelybooks oder einer anderen Aktion, um Rezensionen zu erhalten (idealerweise haben Sie dazu eine gedruckte Version vorbereitet). Geben Sie sich dafür zwei Wochen Zeit (mindestens).
- Tag 20 – Ihr Buch sollte nun auch einige Rezensionen angesammelt haben, außerdem sollte auch die »Kunden kauften auch«-Rubrik gefüllt sein. Falls Sie mit der durch die Käufe Ihrer Fans nach dem Versand Ihres Newsletters erreichten Platzierung noch nicht zufrieden sind, starten Sie jetzt mit einer Marketing-Aktion. Für Neulinge empfehle ich eine Gratisaktion, ansonsten eine Preisaktion. Schalten Sie rechtzeitig Werbung auf den einschlägigen E-Book-Portalen!

Was die Amazon-Detailseite über Ihr Buch verrät

Wenn Sie es geschafft haben, dass Ihr Buchcover oder der Titel im Amazon-Shop angeklickt wird, dann sind Sie Ihrem Ziel schon ziemlich nah: Ein Klick noch, höchstens zwei, und Ihr Buch wird gekauft. Für diese letzte Aktion ist der Klappentext sehr wichtig – aber auch der Gesamteindruck, den Ihre Buchseite vermittelt.

Einen perfekten Klappentext zu schreiben, das ist ein eigenes Thema und Stoff für ein Wochenend-Seminar. Hier erkläre ich Ihnen, was die Buch-Detailseite sonst noch so hergibt. Denn Sie können sie nicht nur verwenden, um jemanden von Ihrem Werk zu überzeugen, sondern auch, um weitere Bücher zu verkaufen. Was ist bei den einzelnen Punkten zu beachten – und wie ändern Sie sie?

1. **Blick ins Buch**: Der Blick ins Buch kann ein wichtiges Entscheidungskriterium sein. Er wird meist erst ein paar Tage nach dem Upload freigeschaltet, und auch Aktualisierungen dauern oft ein bisschen. Die Nutzer*innen können normalerweise zwischen der E-Book- und der Print-Version wählen. Bei Erotik-Titeln ist der Blick ins Buch deaktiviert.
2. **Reihentitel**: Wenn Ihr Buch zu einer Reihe

gehört, können Sie in KDP einen Reihentitel eingeben, der (nach einiger Zeit) dann hier erscheint. So können Interessent*innen auch gleich die anderen Bücher der Reihe erwerben.

3. **Verknüpfung mit dem Taschenbuch**: Oft stellt Amazon die Verknüpfung zwischen E-Book und Taschenbuch automatisch her. Wenn nicht, können Sie das über eine Nachricht an den KDP- (für KDP-Nutzer*innen) oder Authorcentral-Support (für Nutzer*innen anderer Distributoren) erreichen. Schreiben Sie, welche ASINs genau verknüpft werden sollen.
4. **Weitere Angebote**: Oft erscheinen hier Angebote von Dritthändlern, manchmal zu exorbitanten Preisen. Dagegen können Sie nichts tun, weil die Händler in Drittländern operieren, wo die Preisbindung nicht gilt. Es schadet aber auch nicht.
5. **Länge**: Amazon rechnet die Seitenlänge nach einem geheimen Algorithmus aus, der oft weniger Seiten als die Berechnung über Normseiten (1500 Zeichen pro Seite) ergibt. Falls allerdings ein Taschenbuch existiert, wird dessen Umfang als Länge eingetragen – das kann ein Argument für die Beauftragung eines Taschenbuchs sein.
6. **Verbesserter Schriftsatz**: Aktuelle Kindles zeigen eine besser lesbare Typographie. Dazu muss Ihr E-Book in ein neueres Kindle-Format umgewandelt werden, was manchmal ein paar Tage dauert und automatisch passiert.
7. **Pageflip**: Ein Feature, das besseres Querlesen erlaubt. Wird ebenfalls nach einiger Zeit automatisch aktiviert.
8. »Kunden kauften auch«: Eine wichtige Liste. Wird von Amazon normalerweise automatisch gefüttert. Interessant ist natürlich, was andere kauften, die Ihr Buch gekauft haben. Aber noch wichtiger ist,

dass Ihr Buch unter »Kunden kauften auch« anderer Bücher auftaucht.

9. **Dateigröße**: So viel Platz nimmt Ihr Buch auf dem Kindle ein. Die für die Transferkosten wichtige Dateigröße ist in der Regel höchstens halb so groß und in den Preis-Details bei KDP einsehbar.
10. **Seitenzahl der Print-Ausgabe**: Wird bei Vorhandensein einer Print-Ausgabe auch als Umfang des E-Books verwendet.
11. **Gleichzeitige Verwendung**: »Keine Einschränkung« bedeutet, dass Ihr E-Book keinen Kopierschutz (DRM) besitzt. Sie sollten im Sinne Ihrer ehrlichen Leser*innen kein DRM einsetzen. Bei KDP sollte also »Digitale Rechteverwaltung nicht aktivieren« angekreuzt sein.
12. **Verlag**: Als Selfpublisher*in können Sie hier ebenfalls etwas eintragen – wie wäre es mit einem Link zu Ihren Büchern?
13. **ASIN**: Jedes Amazon-Produkt besitzt eine solche zehnstellige Nummer. Amazon-Links lassen sich nach dem Muster www.amazon.de/dp/ASIN leicht daraus konstruieren.
14. **X-Ray**: eine Art schlaues Inhaltsverzeichnis für Ihr E-Book. X-Ray-Daten werden nach einiger Zeit automatisch erzeugt.
15. **Word Wise**: eine Technik, die beim Lesen englischsprachiger Bücher hilft. Für deutschsprachige Titel selten aktiv.
16. **Kundenbewertung**: die mittlere Bewertung Ihres Buches. Print- und E-Book werden zusammengerechnet und das arithmetische Mittel gebildet.
17. **Bestseller-Rang**: wo Ihr Buch im Vergleich zu den Millionen anderen steht.
18. **Rubriken**: Ein E-Book kann normalerweise in zwei Rubriken eingeordnet sein. Falls ein

Taschenbuch verknüpft ist, kann eine dritte Rubrik hinzukommen. Um in eine ganz bestimmte Kategorie zu gelangen, kann Ihnen der KDP-Support behilflich sein. Achtung, spammen Sie nicht: Ein Liebesroman hat bei Reiseführern nichts zu suchen. Wählen Sie unpassende Rubriken, könnten schlechte Bewertungen die Folge sein.

Was Sie über die Thalia-Detailseite Ihres Buches wissen sollten

Wenn Sie Ihr E-Book über Tolino Media oder einen Distributor bei den deutschen Buchhändlern unterbringen, steht das Cover gleich in deutlich mehr Schaufenstern als bei Amazon. Das heißt aber auch, dass Sie sich um mehr dieser Flächen kümmern müssen. Denn natürlich nutzen die Händler unterschiedliche Software und ein anderes Design, das Ihre Bücher in ein jeweils anderes Licht rückt.

Unter den Tolino-Händlern hat Thalia.de den eindeutig größten Marktanteil, deshalb ist die Thalia-Detailseite Ihres Werkes die erste, die wir uns näher ansehen wollen. Welche Besonderheiten gibt es hier, und wie können Sie die Eintragungen optimieren?

1. **Autor**: Der Autorenname wird von Thalia automatisch verlinkt. Ein Klick darauf, und alle Formate Ihrer Bücher werden angezeigt. Es lohnt sich also, unter einem einzigen Pseudonym zu arbeiten – sonst findet der Leser*innen Ihre anderen Bücher nicht so leicht.
2. **Version**: E-Book, Print und Hörbuch werden vom Shop normalerweise automatisch anhand des Titels verknüpft. Wenn das nicht passiert, können

Sie den Support von Tolino Media bzw. Ihres Distributors um Hilfe bitten.

3. **Leseprobe**: Die Leseprobe generiert Thalia normalerweise aus dem E-Book-Text.
4. **Klappentext**: Hier haben Sie ca. 400 Zeichen, verteilt auf vier Zeilen, bevor die Interessent*innen auf »weiterlesen« klicken müssen. Sie sollten also in den 400 Zeichen auf den Punkt kommen – jeder weitere Klick kostet Sie Leser*innen.
5. **Download/Cloud**: Alle bei den Tolino-Händlern gekauften E-Books landen nach dem Kauf in einer gemeinsamen, von der Telekom betriebenen Cloud. Auf einem Tolino-E-Reader haben die Leser*innen dadurch Zugriff auf die E-Books, egal, wo sie gekauft worden sind.
6. **Format**: Thalia.de verkauft E-Books im ePub- und im PDF-Format. Über Tolino Media und die gängigen Distributoren können Sie allerdings nur ePub-E-Books einliefern und anbieten.
7. **Kopierschutz**: Hier kann ich nur immer wieder empfehlen, die Einstellung »kein Kopierschutz« zu verwenden. Ein Kopierschutz wirkt nur bei ehrlichen Leser*innen (die Ihr E-Book dadurch nicht z. B. in iBooks auf dem iPad lesen können). Diebe haben ihn in Millisekunden entfernt.
8. **Seitenzahl**: Die Seitenzahl übernimmt Thalia aus den Daten, die Sie z. B. bei Tolino Media eingegeben haben – eher nicht aus der Printversion.
9. **EAN**: Die EAN ist die ISBN Ihres E-Books. Sie ist normalerweise in allen deutschen Stores gleich und wird von Tolino Media bzw. vom Distributor zugeteilt.
10. **Verlag**: Hier erscheint die Quelle Ihres E-Books, also Tolino Media, Bookrix usw.
11. **Verkaufsrang**: Der Verkaufsrang errechnet sich

bei Thalia.de nicht nur aus den Verkaufszahlen – anders als bei den meisten Anbietern. Ein höherer Preis ergibt bei sonst gleichen Verkaufszahlen oft einen besseren Rang.

12. **Kunden interessierten sich auch**: Wie diese Liste entsteht, ist nicht völlig klar: Klicks könnten hier ebenso eine Rolle spielen wie tatsächliche Verkäufe.
13. **Kundenbewertungen**: Wenn Sie die E-Books bei Thalia durchstöbern, werden Sie feststellen, dass Rezensionen hier nicht so häufig sind wie bei Amazon. Das liegt daran, dass sich die Käuferschaft auf viele Shops verteilt. Dadurch sind die Thalia-Nutzer*innen aber auch eher bereit (weil gewohnt), einem bisher nicht bewerteten Titel eine Chance zu geben.
14. **Wird oft zusammen gekauft**: Die Kombinationen, die sich hier ergeben (und zwar aus tatsächlichen Verkäufen), sind manchmal wirklich überraschend.
15. **Rubriken**: Ähnlich wie bei Amazon ist auch die Sichtbarkeit in den Rubriken wichtig, die Thalia am Schluss der Detailseite aufführt. Titel von Tolino Media, aber nicht die von Bookrix oder Neobooks, haben hier automatisch eine zusätzliche Rubrik »Self-Publishing«. Ob das ein großer Vorteil ist, ist nicht ganz klar – aber immerhin ist es eine zusätzliche Rubrik, die wohl kaum schadet.

Die Autorenhomepage von Amazon Authorcentral

EIN GÜNSTIGES HILFSMITTEL zur Vermarktung der eigenen E-Books stellt Amazon all seinen Autor*innen bereit: die **Autoren-Homepage**, die über man über authorcentral.amazon.de verwalten kann. Sie wirkt im Vergleich zu einer schicken Website fast unscheinbar, aber sie hat doch einige **Vorteile**:

- Es ist die **einzige Möglichkeit**, Leser*innen von einem eigenen Titel direkt per Klick zu anderen Inhalten zu leiten.
- Wer eins Ihrer Bücher so interessant findet, auf Ihren Namen zu klicken, kauft vielleicht gern noch weitere Titel von Ihnen.
- Sie ist **kostenlos.**
- Sie verschafft **Überblick**: Leserinnen und Lesern, aber auch dem Schreibenden selbst.
- Amazon-Nutzer*innen können Ihnen darüber **folgen.**

Nachteile bringt sie nicht mit sich – von der Tatsache abgesehen, dass man sie auch ab und zu pflegen sollte.

Wie Leser*innen auf die Autoren-Homepage gelangen

Leser*innen haben es am einfachsten. Sie fahren mit dem Mauszeiger auf den Autorennamen oder klicken auf das kleine Kästchen daneben. Es öffnet sich ein Fenster, das zum Entdecken des Autors oder der Autorin aufruft.

Klickt man direkt auf den Autorennamen, landet man in einer Liste mit Suchergebnissen zu diesem Namen.

Die Autoren-Homepage selbst ist nicht überwältigend, eher schlicht, aber sie enthält (wenn sie gut gepflegt wird) sinnvolle Informationen.

Über einen Button direkt unter dem Bild des Autors oder der Autorin können Leser*innen diesem Account »folgen«, das heißt, sie werden dann über Neuerscheinungen informiert (funktioniert nicht immer sehr zeitnah).

Wie Sie auf die Autoren-Homepage gelangen

Autor*innen müssen sich zunächst anmelden, und zwar bei authorcentral.amazon.de. Dazu müssen Sie wissen:

- Auch wenn Sie unter Pseudonym schreiben, ist nur eine Anmeldung nötig.
- Sie können selbst publizierte und auch Verlagsbücher einpflegen.
- Für jede Länderplattform (.com, .de und .fr) ist eine eigene Anmeldung nötig.
- Der E-Mail-Account zur Anmeldung bei Authorcentral muss nicht dem Amazon-Account zugeordnet sein (darf aber).
- Die Anmeldung ist kostenlos.

Authorcentral stellt aber noch mehr Funktionen bereit, als nur die Autorenseite zu pflegen: Sie können sich auch eine Verkaufshistorie Ihrer Titel ansehen und bekommen die letzten Kundenbewertungen angezeigt. Doch beginnen wir mit dem Profil.

An vielen Stellen können Sie eigene Daten eintragen können, nämlich bei:

- Biografie
- Fotos
- Videos
- Veranstaltungen
- Twitter (funktioniert seit geraumer Zeit nicht mehr)

Die Betrachter*innen bekommt auf den ersten Blick dabei jeweils nur ein Foto und ein Video zu sehen, kann aber die anderen auch durch Klicken aufrufen. Bei den Veranstaltungen sollten Sie auf Aktualität achten – eine schlecht gepflegte Seite kann Leser*innen auch abschrecken.

Damit auf der Autorenseite auch all Ihre Bücher angezeigt werden, müssen Sie diese zuerst hinzufügen. Das erledigen Sie über den Reiter *»Bücher«*. Ein Klick auf *»Mehr Bücher hinzufügen«* öffnet ein Auswahlfenster mit einer Suchbox. Geben Sie darin Ihren Namen ein, bekommen Sie eine Liste mit allen Fundstellen und können daraus die passenden Titel hinzufügen. Es dauert ein bisschen, bis diese dann tatsächlich auf Ihrer Autorenseite sichtbar sind.

Tipp: Über »Kontakt« können Sie den Authorcentral-Support kontaktieren. Er hilft Ihnen u. a. dabei, Kategorien zu definieren, den Blick ins Buch einzuschränken oder Pseudonyme zusammenzuführen.

Ein Pseudonym in Author Central nutzen

Wenn Sie zusätzlich unter einem Pseudonym schreiben (oder auch unter mehreren), können Sie das an dieser Stelle auch gleich ins System einpflegen. Geben Sie dazu ins Suchfeld den Namen des Pseudonyms ein und beanspruchen Sie das Buch.

Der Server merkt, dass es sich um einen anderen Namen handelt, und fragt: »Haben Sie ein Pseudonym? Wenn Sie unter einem anderen Namen schreiben, teilen Sie uns dieses mit.« Klicken Sie auf *»teilen Sie uns dieses mit«*, geben Sie den Namen des Pseudonyms ein und bestätigen Sie, dass der Name Ihnen gehört. Fertig: Ab sofort können Sie **oben rechts** zwischen Ihrem richtigen Namen und dem Pseudonym hin- und herschalten.

Die beiden letzten Reiter, »*Verkaufshistorie*« und »*Kundenrezensionen*« erklären sich selbst. Sie zeigen genau, was sie versprechen, und zwar für all Ihre Titel. Wenn Sie Verlagstitel haben, ist das besonders nützlich, denn dazu liefert Ihnen KDP ja keine Daten.

Wie oben schon gesagt, müssen Sie diese Prozedur für andere Länderplattformen wiederholen. Bei authorcentral.amazon.com oder authorcentral.amazon.fr sollten Sie natürlich in der Landessprache schreiben. Authorcentral von Amazon.com stellt sogar noch interessante weitere Funktionen bereit.

Der Newsletter – das effizienteste Marketing-Hilfsmittel

Stellen Sie sich vor, Sie hätten ein neues Buch beim Selfpublishing-Anbieter Ihres Vertrauens hochgeladen. Jetzt schreiben Sie noch eine E-Mail, dann können Sie sich auf Ihr neues Buchprojekt stürzen. Marketing? Facebook-Werbung? Preisaktion? Brauchen Sie nicht – Ihr Buch schafft es auch so in die einschlägigen Bestsellerlisten.

Zu schön, um wahr zu sein? Nein, absolut realistisch, wenn auch nicht von heute auf morgen zu erreichen. Das Zauberwort heißt »Newsletter«. Angenommen, Sie hätten nur 500 Freunde Ihres Schreibens überzeugt, sich für Ihren Newsletter anzumelden. 500, das sind pro Monat etwas über 40, wenn sie ein Jahr lang um Abonnenten werben. Wenn Sie diesen 500 Empfängern per E-Mail Ihr neues Buch empfehlen, liest jeder zweite Ihre Nachricht, jeder Dritte klickt auf den Link zu Ihrem Buch und jeder Zehnte kauft. Das sind 50 Käufer in kurzer Zeit. Ihr Buch wird dann in den meisten Kategorien relativ weit vorn stehen; im Gesamt-Ranking von Amazon vielleicht auf Platz 200.

Und wenn es statt 500 gar 5000 Empfänger sind? Dann ist Ihr Buch kurz nach Versenden des Newsletters in den Top 100. Das sind übrigens sehr konservative Werte; es kommt auch vor, dass jeder dritte Leser kauft.

Klasse statt Masse

Das funktioniert jedoch nur, wenn Sie alles richtig machen. Zuallererst brauchen Sie Geduld. Für Ihren Newsletter sollen sich nämlich die richtigen Leser anmelden. Die richtigen, das sind die, die Ihnen auch gern eine 5-Sterne-Rezension schreiben, die jedes Ihrer Bücher verschlungen haben, die kaufen, ohne auf den Preis zu schauen, also die Fans.

Als Neu-Autor*in mit nur einer Veröffentlichung haben Sie noch nicht so viele davon. Zählen Sie doch mal die 5-Sterne-Rezensionen und ziehen Sie die Bewertungen der Freunde und Verwandten ab. Wenn Sie mehr als 50 erreichen, sind Sie schon sehr erfolgreich. Aber jeder fängt klein an. Jetzt ist der perfekte Moment, zum Abonnieren des Newsletters einzuladen, und zwar:

1. Am Ende Ihres Buches (ganz wichtig, mit direktem Link!)
2. Auf Ihrer Website
3. Auf Ihrer Authorcentral-Seite
4. Auf Ihrer Facebook-Seite

Die eigene E-Mail-Adresse jemand Unbekanntem zu überlassen, fällt niemandem leicht – das wissen Sie von sich selbst. Also müssen Sie Überzeugungsarbeit leisten.

Vertrauen ist gut, Bonus ist besser

Zum einen müssen Sie beweisen, dass Sie vertrauenswürdig sind. Dabei hilft, wenn Sie unter Ihrem echten Namen aktiv sind und ein gültiges Impressum besitzen – und auch die bloße Versicherung, dass Sie niemals Spam senden werden, ist schon hilfreich. Nach dem Versenden des ersten Newsletters können Sie auch den Link zum Newsletter-Archiv angeben, damit die potenziellen Abonnent*innen sehen, worauf sie sich einlassen.

Zum zweiten müssen Sie dem Leser einen Gegenwert

bieten. Das muss kein in Euro bezifferbarer Wert sein. Tatsächlich schadet es sogar, wenn Sie geldwerte Vorteile verschenken. Natürlich werden Sie in kürzester Zeit 10.000 Abonnent*innen haben, wenn Sie jedem zwei Euro schenken. Aber diese 10.000 Adressen nutzen Ihnen gar nichts. Sie haben Ihren Newsletter abonniert, um etwas geschenkt zu bekommen, nicht um etwas zu kaufen.

Was würden Sie sich von Ihrer Lieblingsautorin wünschen? Überlegen Sie, mit welchem Bonus Sie die echten Fans anlocken, die »Abgreifer« jedoch draußen lassen. »Exklusive Informationen«, das fällt vielen als erstes ein. Aber darunter kann sich niemand etwas vorstellen, dieser Gegenwert ist zu abstrakt. Besser ist – für den Anfang – ein konkretes Geschenk, für das sich jedoch nur Ihre Fans interessieren sollten. Später können Sie die Newsletter-Empfänger dann direkt einbeziehen, sie etwa zu Cover-Entwürfen befragen oder über die Namen von Protagonisten abstimmen lassen. Sechs Ideen für solche Newsletter-Geschenke (im Marketing-Deutsch Lead Magnets genannt) finden Sie in einem separaten Artikel.

Die DSGVO verbietet diese Boni übrigens nicht. Sie sollten nur nicht im Vordergrund stehen. Es muss immer klar sein, dass es um ein Newsletter-Abo geht und dass die Abonnenten sich auch jederzeit – inklusive »sofort« – austragen können.

Nicht ganz unwichtig ist aber auch, mit welchen Worten Sie zum Abonnement Ihres Newsletters einladen. Stellen Sie sich vor, Sie bummeln gerade mit dem oder der Liebsten durch die Fußgängerzone. Unterwegs kommen Sie am Stand einer Organisation vorbei, deren Ziele Ihnen nicht unsympathisch sind. Wie groß ist die Chance, dass Sie von sich aus zum Stand gehen, sich melden und für eine monatliche Spende unterschreiben? Das wissen diese Organisationen natürlich, deshalb werden Sie höchstwahrscheinlich angesprochen und eingeladen. Es geht hier nicht um Messersets oder Saftpressen, sondern um einen guten Zweck, der Ihnen eigentlich nahesteht – doch trotzdem brauchen Sie einen kleinen Schubs!

Ihren Leser*innen geht es nicht anders. Wenn Sie sie nicht höflich ansprechen, passiert nichts. Der Mensch ist von Natur aus bequem. Wenn Sie eine Aktion veranlassen wollen, müssen Sie darum bitten (das nennt man im Marketing-Deutsch den »Call to Action«). In Ihrer Bitte (die z. B. auf dem Abo-Button steht) sollte es darum gehen, was die Leser*innen davon haben, nicht darum, was sie dafür tun müssen.

Die richtigen Newsletter-Inhalte

Es genügt allerdings nicht, ein paar Monate lang Newsletter-Abonnent*innen zu sammeln, um diesen dann Ihr neues Buch vorzustellen. Internet-Nutzer vergessen schnell. Sie müssen also regelmäßig Updates liefern, auch wenn Ihr neues Werk noch gar nicht fertig ist. Wenn Sie Ihren Newsletter zu selten bedienen, vergessen die Empfänger*innen, dass sie ihn abonniert haben und halten ihn für Spam. Zu oft sollten Sie aber auch nicht schreiben, sonst wird es als Belästigung empfunden. Dasselbe gilt, wenn der Inhalt langweilig ist. Sie brauchen also:

- die richtige Frequenz und
- die richtigen Inhalte.

Was »richtig« hier bedeutet, wird Ihnen niemand sagen können. Einmal im Quartal ist eher zu selten, einmal pro Woche wohl zu häufig. Was Ihre Fans interessiert, müssen Sie selbst herausfinden. Auf jeden Fall gehören Bücher von Kolleg*innen im gleichen Genre dazu! Fürchten Sie keine Konkurrenz, Ihre Leser können in der Zeit, wo Sie ein Buch schreiben, mehr als ein Buch lesen. Der andere Autor kann Ihnen dann auch bei Ihrem neuen Buch mit seinem Newsletter helfen.

Wenn Sie nach interessanten Inhalten suchen, denken Sie daran, dass es bei dem Newsletter nicht um Sie geht, sondern um die Leser. Was bewegt Ihre Leser, wofür interessieren sie sich? Auch das Autor*innenleben kann dabei eine wichtige Rolle spielen (vielleicht haben Sie ja gerade eine spannende Recherche hinter sich?). Die Probleme, vor denen Ihre Protagonisten stehen, sind ebenfalls interessant. Probieren Sie einiges aus – Ihr Newsletter-Anbieter sagt Ihnen später, was sich besonders gut geklickt hat.

Sagte ich schon, dass Sie Geduld brauchen? Die Arbeit, einen guten Newsletter aufzubauen, lohnt sich aber wirklich. Je später Sie anfangen, desto schwieriger wird es. Bei einer Facebook-Fanseite kontrolliert Facebook, wer Ihre Beiträge zu sehen bekommt. E-Mail-Newsletter hingegen bekommt jeder Empfänger ins Postfach, zudem werden E-Mails als eher professionelles Medium deutlich intensiver gelesen und die Klickraten sind höher.

Einrichtung eines Newsletters auf Ihrer Website

Ein E-Mail-Newsletter ist der Geheimtipp, um Ihnen das Marketing zu erleichtern. Nur als Beispiel für das, was Sie durchaus erwarten können: Die E-Mail-Ankündigung für das neue (das dritte) Werk meines SF-Alter-Egos ging an 693 Abonnent*innen und hatte direkt ca. 175 Verkäufe zum vollen Preis zur Folge. Mit einer Preisaktion einen solchen Effekt zu erreichen, ist inzwischen schwer geworden.

Wie bekommen Sie das selbst hin? Technisch ist das gar nicht so kompliziert. Sie benötigen:

- 1 Website
- 1 Newsletter-Anbieter
- je 1 »Belohnung« für das Abo

Die Website besitzen Sie hoffentlich bereits. Sie erfüllt zwei Aufgaben: Erstens brauchen Sie einen Ort, zu dem Sie Leser*innen schicken können, die Ihren Newsletter haben wollen. Und zweitens brauchen Sie Inhalte für Ihre alle paar Wochen erscheinenden Newsletter, die Sie idealerweise zuerst auf Ihrer Website veröffentlicht haben.

Beim Newsletter-Anbieter haben Sie die Wahl zwischen zahlreichen Firmen. Zu den beliebtesten gehört zweifellos Mailchimp. Das Angebot ist zwar komplett in Englisch gehalten, doch es hat zwei Vorteile: Bis maximal 2000 Empfänger*innen zahlen Sie nichts, und der Anbieter ist so bekannt, dass fast jede Website-Erweiterung problemlos daran andockt. Wichtigster Wettbewerber dürfte Cleverreach sein, das eine deutsche Oberfläche besitzt und immerhin bis 250 Abonnent*innen kostenlos bleibt. Bei 1000 Abonnenten, was binnen Jahresfrist erreichbar ist, zahlen Sie bei Cleverreach 20 € im Monat.

Könnten Sie nicht einfach eine Liste Ihrer Abonnent*innen führen und denen ab und zu eine normale E-Mail schicken? Nein, um einen Newsletter-Anbieter kommen Sie nicht herum, da Ihre Mails sonst zum großen Teil nicht zugestellt werden, weil die meisten Empfangs-Server sie für Spam halten. Sie riskieren sogar die Sperrung Ihres E-Mail-Kontos. Die Newsletter-Anbieter haben ihre Systeme extra so eingestellt, dass das nicht passiert.

Ich nutze selbst Mailchimp, deshalb bezieht sich die folgende Anleitung darauf. Aber die anderen Anbieter ermöglichen ähnliche Features.

Gut, Ihr Newsletter steht nun. Wie sieht es mit der Belohnung aus? Die Nutzer*innen geben Ihnen Ihre Adresse – geben Sie etwas zurück. Das kann z. B. eine exklusive Kurzgeschichte sein, eine besondere Version des Buches, was auch immer, es muss sich nur in eine nicht allzu große Datei verpacken lassen. Diese laden Sie in Mailchimp dann unter Campaigns -> Content Manager hoch und fügen den Link unter *Lists -> Name der Liste -> Signup Forms -> Final Welcome Email* in der allerletzten Begrüßungsmail ein, etwa so: »Vielen Dank für … hier finden Sie die versprochene Belohnung«, und dann setzen Sie den Link dazu.

Jetzt fehlt nur noch die Einbindung des Newsletters in Ihrer Website. Meine Website arbeitet mit WordPress. Da nutze ich ein simples, kostenloses und selbsterklärendes Plugin namens Mailchimp for WordPress zur Einbindung. Aber die Einbindung funktioniert auch mit jedem anderen System, Hauptsache, Sie können HTML-Code hinzufügen. Dazu gehen Sie in Mailchimp auf *Lists -> Name der Liste -> Signup*

Forms -> Embedded Forms, wählen einen der Formularstile aus (Classic, Super Slim…), legen die nötigen Felder fest und kopieren schließlich den HTML-Code aus dem Feld rechts in Ihre Website.

Wie schnell nun Ihr Newsletter wächst, hängt von zwei Faktoren ab: der Attraktivität der Belohnung und davon, wieviele Leser*innen Sie darum gebeten haben, sich einzutragen. Wenn Sie gerade am Anfang nur sehr wenige Leser*innen haben, wird Ihr Newsletter nicht plötzlich 1000 Abonnent*innen besitzen. Hier ist auch Geduld gefragt – und gerade am Anfang auch zusätzliche Marketing-Strategien, die Ihnen Leser*innen bringen, die Sie mit dem Newsletter schließlich zu Stammleser*innen machen.

Warnen möchte ich noch davor, auf die Idee zu kommen, einfach die Belohnung besonders wertvoll zu machen. Wenn Sie allen Abonnent*innen 10 € schenken, haben Sie im Nu 1000 Adressen in der Liste, aber niemand davon wird Ihr Buch kaufen. Die Belohnung soll nur für die richtigen Nutzer*innen interessant sein, also sollte sie sich auch möglichst konkret auf Ihre Bücher beziehen. Als Autorin oder Autor fällt Ihnen da sicher etwas ein.

Buchmarketing per Newsletter – die drei häufigsten Fehler

Sie haben für Ihre Leser*innen einen Newsletter eingerichtet und die erste Post verschickt – aber es passiert nicht so viel wie erhofft? Das kann genau drei Ursachen haben – Ihr Newsletter wird entweder:

1. nicht bestellt,
2. nicht geöffnet oder
3. nicht angeklickt

Es klingt vielleicht trivial, aber damit Ihre Nachrichten eine Wirkung entfalten können, muss es natürlich, Punkt 1, auch genügend Empfänger*innen geben. Wenn Sie Ihr neues E-Book in die Nähe der Top 100 schicken möchten, sollte der Newsletter ca. 150 Nutzer*innen dazu bewegen, Ihr E-Book zu kaufen. Mehr sind natürlich immer besser; die Zahl hängt auch davon ab, wie sich Ihr Werk vorher verkauft hat. Wenn nun aber nur jede vierte Person, die Ihren Newsletter liest, auch zugreift, müssen 600 Menschen die Nachricht lesen, damit 150 kaufen. In der Realität ist das Verhältnis sogar meist noch deutlich schlechter.

Sie müssen es also schaffen, Ihre Leser*innen vom Sinn Ihres Newsletters zu überzeugen. Das ist nicht so einfach, denn niemand gibt seine Adresse gern einem Unbekannten.

Am besten also, die Leser*innen kennen sie schon, weil sie gerade Ihr Buch gelesen haben. Der Absatz nach dem Ende des Romans ist der beste Ort, auf den Newsletter hinzuweisen. Ebenfalls wichtig: Ihre Website – auch dort sollte die Möglichkeit, sich einzutragen, leicht zu finden sein. Noch besser wäre es, Sie würden dann auch ein paar gute Argumente liefern, warum sich der Bezug Ihres Newsletters lohnt. Ideen für solche Newslettergeschenke habe ich hier gelistet.

Millionen Empfänger*innen helfen Ihnen allerdings nicht, wenn niemand Ihren Newsletter liest. Professionelle Anbieter wie Mailchimp geben dazu die »Öffnungsrate« an, das ist der Anteil der Empfänger*innen, die Ihre Nachricht zumindest kurz auf dem Bildschirm hatten und sie nicht ungelesen gelöscht haben. Die Öffnungsrate beträgt nie 100 Prozent; das ist rein technisch nicht möglich. Wenn Sie hier Werte von 65 bis 70 Prozent haben, können Sie sehr zufrieden sein, das ist etwa das praktische Maximum. Liegen Ihre Werte jedoch unter 50 Prozent, gibt es Raum zum Optimieren.

Warum wird Ihr Newsletter nicht geöffnet?

- Weil die Betreffzeile langweilig ist (Abhilfe: aussagekräftigere Betreffzeilen schreiben)
- Weil die Empfänger*innen kein Interesse am Inhalt (mehr) haben (ein natürlicher Prozess, den sie mit spannenden Inhalten zwar verlangsamen, aber nicht komplett aufhalten können, Menschen ändern ihre Interessen nun mal)
- Weil die Empfänger*innen nie Interesse am Inhalt hatten (passiert oft, wenn Sie mit attraktiven Gewinnspielen oder Belohnungen für den Newsletter geworben haben, ein Teil der Teilnehmer*innen wollte dann nie den Newsletter, sondern bloß den Gewinn)
- Weil die Mail im Spam gelandet ist (sollte bei professionellen Newsletter-Dienstleistern eigentlich nicht passieren, kommt aber trotzdem vor, wenn ein Teil der Empfänger*innen Ihre Nachricht als

Spam aussortiert. Vermeiden Sie also Betreffzeilen, die nach Spam klingen, und typische Spam-Schlüsselwörter)

Die Empfänger*innen haben Ihre Nachricht gelesen, sich aber trotzdem nicht vom Kauf überzeugen lassen? An dieser Stelle wird es dann sehr psychologisch. Überlegen Sie (nachdem Sie technische Probleme wie falsche Links ausgeschlossen haben), was Ihre Leser*innen davon abhalten könnte, Ihr neues Werk zu kaufen. Passt es nicht zu Ihren anderen Büchern? Warten die Leser*innen vielleicht auf die bei Ihnen übliche Preisaktion zum Start? Haben Sie nicht deutlich genug gemacht, was hinter dem Link wartet?

Was Sie als Abhilfe nutzen können, hängt von Ihren Antworten ab. Vielleicht haben Sie Ihr Buch ja nicht richtig dargestellt? Oder es interessiert die bisherigen Leser*innen wirklich nicht? Lesen Sie den Text Ihrer Nachricht noch einmal genau durch. Ist sie wirklich als Einladung zu verstehen, jetzt genau dieses Buch zu kaufen? Oder werben Sie übertrieben penetrant? Vielleicht müssen Sie sogar Ihre Marketing-Strategie überdenken. Der Newsletter kann Ihnen dabei helfen, auf Preisaktionen zu verzichten, deshalb sollten Sie ausgerechnet die Newsletter-Leser*innen nicht darauf trainieren, auf solche Aktionen zu warten.

Mit dem eigenen Buch auf die Buchmesse?

BUCHMESSEN DIENEN DAZU, dass sich Buch-Business und Leser über neue Titel informieren und sich miteinander austauschen können. Den generellen Sinn einer Buchmesse-Präsenz zu diskutieren, würde hier zu weit führen. Das einzige, was man sicher sagen kann: Rein wirtschaftlich betrachtet lohnen sich zumindest die großen Buchmessen in Frankfurt und Leipzig nicht. Auch wenn man dort Bücher verkaufen kann, sind die Ausgaben doch meist wesentlich höher. Dass trotzdem Verlage und zunehmend auch Autor*innen dort vertreten sind, hat also andere Gründe – einen Nutzen, der sich nicht in Heller und Pfennig beziffern lässt.

Aber wie bekommen Sie Ihr Buch nun auf die großen Messen? Das soll Thema dieses Artikels sein.

1. Eigener Stand

Ein eigener Stand ist gar nicht sooo teuer. In Frankfurt kostet ein 8 Quadratmeter großer Systemstand mit Licht ca. 1400 Euro (netto). In Leipzig kostet ein »Kleinststand« von 4 Quadratmetern mit Nebenkosten ca. 730 Euro (netto). Sie müssen allerdings Kosten für Ihre Übernachtung während aller Messetage (meist teurer als sonst) und Anreise samt Parkticket hinzurechnen und haben als Einzelkämpfer wenig von der Messe selbst, weil Sie immer am Stand bleiben müssen. Außerdem wirken die Kleinststände nicht sehr repräsentativ.

2. Stand teilen

Aus den unter 1 genannten Gründen schließen sich Autor*innen gern zusammen und teilen sich einen Stand. Ich habe das selbst schon mehrfach praktiziert. Für etwa 600 Euro (netto, je nach Gruppengröße schwankend) bekommt man in der Regel in Leipzig eine 1-Meter-Wand ganz für sich. In Frankfurt ist es etwa 30 Prozent teurer. Ein 8- oder 12-Quadratmeterstand wirkt schon deutlich repräsentativer. Idealerweise ist die Gruppe im selben Genre unterwegs. Dann empfiehlt sich eine Platzierung in den passenden Hallen.

3. Nur das Buch auf die Messe schicken

Es gibt einige Dienstleister, die Ihr Buch ohne Sie auf der Messe präsentieren. Teilweise müssen Sie dazu Kunde bei dem Anbieter sein. BoD etwa hat ein Messe-Paket, bei dem Ihr BoD-Titel am Stand des Anbieters präsentiert wird. Die Börsenvereinstochter MVB schickt Ihr Buch für 98 Euro (netto) auf die so genannte Einzeltitelausstellung, einen Stand speziell für herrenlose Bücher.

Tipp 4: Nicht zu viel fragen

Dieser Tipp gilt für Ihre Newsletter-Anmeldung. Es mag ja nett sein, das Geburtsdatum Ihrer Leserinnen und Leser zu kennen, aber je mehr Daten Sie abfragen, desto weniger Anmeldungen werden Sie bekommen. Beschränken Sie sich am besten auf die E-Mail-Adresse (das ist auch DSGVO-konform).

Tipp 5: Vertrauen!

Ich bin in einer Kleinstadt aufgewachsen. Wenn ich ein Brötchen kaufen wollte und kein Geld dabei hatte, habe ich das Brötchen trotzdem bekommen. Der kleine Händler hat mir vertraut, und natürlich habe ich ihm das Geld am nächsten Tag gebracht. Im Supermarkt hätte das nicht funktioniert. Als Selfpublisher sind Sie ein kleiner Händler. Nutzen Sie das, vertrauen Sie Ihren Lesern! Jemand möchte ein ePub Ihres Kindle-E-Books? Schicken Sie es ihm oder ihr – ohne zuvor einen Kaufnachweis zu verlangen. Jemand ohne Amazon-Account will Ihr Buch kaufen? Senden Sie es ab, ohne auf Vorkasse zu bestehen. Es wird einen gewissen, sehr niedrig einstelligen Ausfall geben. Aber das wird von der Freude über das entgegengebrachte Vertrauen bei weitem aufgewogen.

Tipp 6: Unterhalten, nicht verkaufen

Marketing bedeutet nicht, sich marktschreierisch auf den Stadtplatz zu stellen. Führen Sie eine Unterhaltung mit Ihren Lesern. Natürlich kann auch in einem Gespräch irgendwann der Hinweis fallen, dass ihr neues Buch da ist. Aber dreimal am Tag die URL zu Ihrem neuen Buch zu twittern, führt bloß dazu, dass Ihnen niemand mehr folgen will.

Tipp 7: Bitten Sie Ihre LeserInnen um Hilfe

Dieser Tipp scheint Tipp 6 zu widersprechen, aber das stimmt nicht, er ergänzt ihn nur. Ab und zu können und sollten Sie Ihre Fans auch um Hilfe bitten. Jemandem helfen zu können, sorgt für ein gutes Gefühl. Das gilt auch für Ihre Fans. Natürlich sollten Sie sich diese Möglichkeit für den richtigen Moment aufheben. Der könnte z.B. kommen, wenn Ihr Rezensionsschnitt unter 3,8 gefallen ist (vielleicht hat sie ja ein Hater auf dem Kieker). Erklären Sie dann die Situation und bitten Sie um Abhilfe in Form neuer Rezensionen. Ihre Leser möchten, dass sich das Buch, das ihnen gefallen hat, auch weiterhin gut verkauft.

Aber Achtung: vermeiden Sie es, Ihre LeserInnen in einen Shitstorm zu verwickeln, der nur Verlierer hinterlässt. Engagieren Sie sich für etwas, nicht gegen etwas (oder jemanden). Es mag ein gutes Gefühl sein, sich mal öffentlich Luft zu verschaffen, aber davon kann ich nur dringend abraten. Wenn irgendwo Schmutz herumfliegt, bleibt niemand sauber, weder Ihre Leser noch Sie selbst.

Tipp 8: Kooperieren Sie!

Ihre Fans lesen fast immer schneller, als Sie schreiben können. Also können Sie ihnen doch zwischendurch auch passende Bücher Ihrer Kollegen empfehlen! Wichtig: empfehlen Sie weiter, was Ihnen Spaß macht und Ihnen gefällt. Es geht nicht um einen »Deal« (»wenn ich ihn empfehle, muss er mich auch empfehlen«) – so sollten Sie nicht denken. Seien Sie einfach nett und vertrauen dem Karma, das genügt.

Tipp 9: Saubere Links

Wenn Sie verlinken, sollten die Links möglichst einfach sein. Der kürzestmögliche Amazon-Link lautet www.amazon.de/dp/ASIN. Mit Linkverkürzern lässt er sich noch weiter eindampfen. Ich selbst nutze Readerlinks; damit kann ich Kurzlinks der Form www.hardsf.de/links/123456 verwenden. Immer, wenn jemand den Link sieht, prägt er sich meine Website ein.

Tipp 10: Nicht zu viel Ursachen-Forschung

Es kann passieren, dass sich ein Buch mal nicht so gut verkauft. Dann ist eine Manöverkritik fällig. Was können Sie beim nächsten Mal besser machen? Dazu können Sie auch ihre Fans fragen. Aber halten Sie sich nicht zu lange damit auf. Investieren Sie Ihre Energie lieber in ein neues Projekt.

Bücher zum Anfassen: Wie Sie den Buchhandel überzeugen

In der digitalen Bücherwelt ist es einfach geworden, mit seinen Texten Geld zu verdienen. Ein Schriftsteller muss keine Druckerei mehr beauftragen, um Bücher zu verkaufen, denn das überlässt man einem E-Book-Anbieter wie z. B. Amazon. Der Weg vom digitalen zum realen Produkt ist auch leicht – on demand und **ohne Stress mit Büchersendungen**, die auf dem Versandweg verloren gehen.

Wenn man jedoch besonders hohe Qualitätsanforderungen hat und sich in Format und Ausstattung von den On-Demand-Standards abheben möchte, sollte man eine **Druckerei beauftragen**. Doch wie bringt man seine Bücher dann in den Handel?

Alle Buchhändler*innen nutzen für den Einkauf ein oder mehrere Verzeichnisse, z. B. das »*Verzeichnis lieferbarer Bücher*«, kurz »VLB«. Er kann darin stöbern oder nach Schlüsselworten suchen und so auf die aufgeführten Werke aufmerksam werden.

Viele Kunden, die den Weg zu einem realen Buchladen in Kauf nehmen, werden das aber nicht für eine Datenbankabfrage mit anschließender Bestellung tun. Sie wollen sich **echte Bücher anschauen** und die müssen beim Händler ausliegen.

Meist ist es nur durch einen **persönlichen Besuch**

möglich, Buchhändler*innen für sich und sein Buch zu gewinnen. Das ist zeitintensiv und verursacht Fahrkosten, daher sollte man sich Gedanken machen, wo man seine Zeit am sinnvollsten investiert. Ideal sind Buchhandlungen, in denen man seine gewünschte Zielgruppe auch erreicht, zum Beispiel in Geschäften mit einer besonders gut ausgestatteten Abteilung für diese Klientel.

Bei einer Buchhändler-Tour durch meinen Kiez in Nordberlin bin ich offene Türen eingerannt. Meine Kinderbücher findet man seitdem in Buchhandlungen mit großen Kinderbuchabteilungen. Gerade bei **Kinderbüchern ist der E-Book-Markt noch sehr jung** und eine Präsenz bei Händlern mit entsprechend attraktiver Abteilung angeraten.

Meine anschließende Tour durch den angesagten Szene-Bezirk Prenzlauer Berg hingegen verlief nicht so positiv. Kein Händler hatte Interesse daran, einen Selfpublisher in sein Programm aufzunehmen. Was war das Problem?

Viele **Buchhandlungen gehören mittlerweile zu Ketten**, auch wenn man ihnen das nicht immer ansieht. Der Vorteil des Verbunds ist, dass die Händler ihre Bücher zu sehr guten Konditionen beziehen können. Geschäfte in attraktiven Lagen verlangen wegen ihrer hohen Miete auch höhere Rabatte als der Laden um die Ecke. Wenn man eine Tour plant, sollte man klären, wie weit man bei seinem Angebot gehen kann und die Buchhandlung ggf. von der Liste streichen.

Die Aussage von Ketten-Filialleiter*innen, dass sie nur über einen zentralen Einkauf Bücher ins Programm nehmen dürfen, ist **oft nur eine Ausrede**. Es ist allerdings so, dass jedes Buch außerhalb der Standardprozesse einen höheren Arbeitsaufwand verursacht und den wollen diese Händler*innen vermeiden. Um sie zu überzeugen, benötigt man Verkaufstalent und ein perfektes Produkt.

Hat man den Fuß in der Tür einer Buchhandlung, kann man den Händler auch gleich auf eine Lesung ansprechen. Viele Händler*innen betrachten eine Lesung leider nicht als Unterhaltung, sondern als reine **Verkaufsveranstaltung**.

Wenn Sie als Autor*in noch wenig bekannt sind, aber gerne eine Möglichkeit für eine Lesung erhalten möchten, müssen Sie die Lesung daher meist kostenlos anbieten. Buchhandlungen sind für Schriftsteller*innen, die »Erwachsenenliteratur« schreiben, die beste Option für eine Lesung. Lesungen für Kinder veranstalten selbst Buchhhandlungen mit großen Kinderbuchabteilungen selten oder gar nicht, weil oft zu wenig Publikum erscheint. Problematisch ist auch, dass der Termin tagsüber stattfinden muss und dann mit dem Ladengeschäft kollidiert. Besser erreiche ich meine Zielgruppe z. B. im **Ferienprogramm eines Horts**. Allerdings ist es schwierig, ohne Verlag oder Agent*in im Hintergrund, einen solchen Termin zu bekommen. Anfragen per Mail oder telefonisch gehen im Tagesgeschäft eines Horts schnell unter und führen meist nur über Bekanntschaften bzw. Offline-Netzwerke zum Erfolg.

Der direkte Kontakt mit den Leser*innen ist wichtig. Wenn man seinen Text live vorträgt und **sofortiges Feedback** erhält, ist das für Autor*innen unbezahlbar. Ich fühle mich wie ein Bühnenkünstler, wenn z. B. ein Witz funktioniert oder ich das Publikum überrasche. Es ist schön zu beobachten, wie die Zuhörer an bestimmten Stellen lachen. Auch bei negativer Kritik hat man die Möglichkeit, nachzufragen. Daher ist es wichtig, Zeit für eine anschließende Fragerunde einzuplanen. Gerade bei Kindern ergeben sich häufig lustige Situationen. Ein Junge fragte mich, woher ich denn die Ideen für meine Kinderbücher nehme. Bevor ich darauf antworten konnte, sagte ein Mädchen: »Na, Fantasie natürlich!«

Nach einer Lesung kann man üblicherweise seine (signierten) Bücher verkaufen. Findet die Veranstaltung in einer Buchhandlung statt, ist es Verhandlungssache, ob der Laden den Verkauf abwickelt oder der Autor. Im letzten Fall sollte man an das Wechselgeld denken.

Es gibt zahlreiche Events zum Thema Buch, bei denen man sich mit einer Lesung einbringen kann, z. B. auf einem Bücherfestival. Im Juni 2014 nahm ich am 1. Berliner Bücherfestival im Nikolaiviertel teil. Für mich war es das erste Mal, drei Lesungen hintereinander im Stundentakt abzuhalten und es war eine schöne Erfahrung.

Mein Fazit: Es ist schön, wenn man sein Werk als echtes Buch in den Händen halten und direkt nach einer Lesung verkaufen kann. Auch das Feedback meiner Leser*innen ist auf andere Weise viel schwieriger zu bekommen.

Karim Pieritz, der Autor dieses Artikels, bringt seine Kinderbuch-Reihe Leuchtturm-Abenteuer im Eigenverlag heraus.

Der Künstlername: Wie Sie ihn eintragen und welchen Nutzen er hat

AUTORINNEN UND AUTOREN veröffentlichen häufig unter Pseudonym – sei es, weil der eigene Name nicht zum Genre passt, das Genre nicht so gut mit Privatleben oder Beruf vereinbar ist oder weil es generell als unangenehm empfunden wird, mit dem eigenen Namen in der Öffentlichkeit zu erscheinen. Ein Pseudonym hat allerdings auch ein paar Nachteile – spätestens dann, wenn es darum geht, damit in einem Impressum zu erscheinen. Dabei gibt es in den meisten Fällen eine deutlich bequemere und billigere Alternative: Lassen Sie sich Ihr Autoren-Pseudonym als Künstlernamen im Ausweis eintragen!

Welchen Nutzen ein Künstlername hat

Der Künstlername kann jede Funktion übernehmen, die vorher Ihr bürgerlicher Name hatte. Sie können ihn im Impressum Ihrer Website verwenden, Sie können einen Facebook-Account damit erstellen (was mit einem einfachen Pseudonym gegen die Facebook-Bestimmungen verstößt), Sie dürfen Flugtickets dafür buchen, Ihre Steuern darüber bezahlen, Ihr Auto darauf anmelden oder ein Konto unter diesem Namen eröffnen. Nur im Grundbuch (also wenn Sie Wohneigentum kaufen) muss unbedingt Ihr bürgerlicher Name stehen.

Einen Künstlernamen eintragen zu lassen, schützt Sie allerdings nicht vor namensrechtlichen Problemen. Das heißt, Sie sollten nicht versuchen, sich auf diese Weise den Namen eines bekannt(er)en Autors zu sichern. Außerdem befreit der Künstlername Sie nicht von der Pflicht, im Impressum Ihre Adresse anzugeben. Wenn Sie das vermeiden wollen, brauchen Sie einen Pseudonym-Dienst, der Ihnen seine Adresse bereitstellt.

Was Sie zum Eintragen eines Künstlernamens benötigen

Sie brauchen auf jeden Fall einen Termin beim Melde- oder Ordnungsamt. In den neuen Pässen und Ausweisen lässt sich nichts mehr nachtragen, also müssen Sie einen neuen Ausweis (28,80 €, ab 2021 37 €) und einen neuen Pass (60 €) beantragen. Auf den neuen Reisepass können Sie evtl. verzichten, dann sollten Sie aber besser keine Flüge auf Ihren Künstlernamen buchen.

Voraussetzung für die Eintragung des Künstlernamens ist, dass Sie **unter diesem Namen als Künstler*in (in dem Fall Schriftsteller*in) überregional bekannt sind**, also nicht nur bei Ihrer Familie.

Beim Amtstermin bringen Sie deshalb (außer einem formlosen Antrag der Art »Hiermit beantrage ich die Eintragung…«) Nachweise über all das mit, was Ihre überregionale Bekanntheit als Künstlerin oder Künstler bestätigt. Das können Mitgliedschaften in Verbänden sein (VS, Selfpublisher-Verband…), eine Mitgliedschaft in der Künstlersozialkasse, Anmeldung bei der VG Wort, ein Schreiben Ihrer Agentur, das Cover Ihres Buches in einem bekannten Verlag, Ihr Künstlername in der BILD-Bestsellerliste, Abrechnungen Ihres E-Book-Händlers, Artikel über Sie in überregionalen Medien, Ausdrucke Ihrer Facebook-Fanseite mit Anzahl der Fans… Und vergessen Sie natürlich die biometrischen Passbilder und Ihren alten Ausweis/Pass nicht.

Das Amt wird Ihren Antrag dann prüfen – wenn Sie nicht gerade völlig neu als Autor*in gestartet sind, haben Sie normalerweise sehr gute Chancen. Ein paar Wochen später können Sie Ihren neuen Ausweis dann abholen.

Was Sie beim Verfassen einer Pressemitteilung beachten sollten

VOR 20 JAHREN, so erzählen es mir Buchhändler*innen manchmal, kamen Leser*innen noch mit Zeitungsausrissen an die Kasse, und zwar mit einer Bitte: »Dieses Buch hier, das die (Name der Zeitung) besprochen hat, das hätte ich gern«. Diese Zeiten sind vorüber, heißt es. Rezensionen im Feuilleton gehören heute nicht mehr zu den wesentlichen Kaufanreizen. Stattdessen orientieren sich Käufer*innen viel stärker an dem, was andere lesen (Bestsellerlisten) und darüber denken (Leserbesprechungen). Trotzdem kann es auch für Autorinnen und Autoren nach wie vor sinnvoll sein, die Presse in die eigene Arbeit einzubeziehen. Was Sie dabei beachten sollten, schildert dieser Artikel.

Pressemitteilung – warum?

Aus Autor*innensicht gibt es (mal von der persönlichen Eitelkeit abgesehen) genau zwei Anlässe, zu denen es sich lohnt, die Presse zu informieren.

- Sie wollen sich (vor allem im **Sachbuchbereich**) als Expert*in profilieren: Wenn Zeitungen und Magazine über Sachthemen berichten, brauchen sie dazu Expert*innen. Journalist*innen wissen zwar selbst eine Menge (und was sie nicht wissen, recherchieren sie, das ist ihr Job). Damit eine Tatsache aber von Leser*innen als glaubwürdig empfunden wird, muss sie von einem Profi formuliert werden. Die Journalistin, die an der Geschichte arbeitet, ist also auf der Suche nach einem Fachmann, der ihr genau das sagt, was sie schon weiß oder mit ihrer Geschichte sagen will, damit sie es als Experten-Zitat in ihren Text schreiben kann. Und hier kommen Sie ins Spiel: denn als Fachmann müssen Sie nicht unbedingt Professor sein (es schadet aber auch nicht) – ein zum Thema verfasstes Buch genügt als Referenz durchaus. Honorar erhalten Sie dafür zwar nicht, wohl aber eine Nennung Ihres Werkes als Informationsquelle. Und das kann durchaus Kaufanreiz sein (außerdem können Sie das in Ihrem Marketing verwenden). Die Journalistin kann Sie jedoch nur fragen, wenn sie zuvor (per Pressemitteilung) von Ihnen gehört hat.

- Sie wollen sich (vor allem im **lokalen Bereich**) als »Autor*in zum Anfassen« darstellen. Wenn Sie bereits eng mit dem lokalen Buchhandel zusammenarbeiten, wissen Sie es schon: Die Lokalpresse ist Ihr Freund. Der beste Weg, zu einer Lesung einzuladen, läuft über einen Artikel im Lokalblatt. Das freut ganz nebenbei auch Ihren Buchhändler. Und es freut natürlich auch die Lokaljournalistin – oft besteht die Redaktion eines solchen Blattes nur aus ein, zwei Personen. Da diese oft acht oder 16 Seiten zu füllen haben, müssen Sie sich mit Ihrer Pressemitteilung besondere Mühe geben: Es könnte nämlich passieren, dass sie in weiten Teilen einfach übernommen wird. Vielleicht bittet man Sie auch, sie als Artikel umzuformulieren. Eine Autorin oder ein Autor, denen man beim Einkaufen im

> Supermarkt zuwinken kann, das hat für Ihre Mitmenschen durchaus eine gewisse Anziehungskraft – unterschätzen Sie also die Lokalpresse nicht. Auch hier gilt natürlich: Nur wenn Lokaljournalist*innen wissen, dass es Sie gibt, können sie etwas über Sie einplanen. Ob Sie Sachbuch- oder Roman-Autor*in sind, spielt hier übrigens keine Rolle.

Und was ist mit der überregionalen Presse, gar den Qualitätsmedien? Sollte ich denen meinen neuen Roman nicht zur Rezension anbieten? Vergessen Sie's. Im Feuilleton finden Sie als Selfpublisher*in nicht statt, daran wird sich wohl auch in den nächsten Jahren nichts ändern. Selbst wenn große Zeitungen über Selfpublishing schreiben, suchen sie meist Fallbeispiele heraus, die auch anderswo bereits zitiert wurden. Stecken Sie die Kraft also lieber in ein neues Buch.

Pressemitteilung - an wen?

Wer Ihre Mitteilung erhalten sollte, hängt natürlich vom Zweck ab. Auf jeden Fall sollten Sie in die Vorauswahl echte Arbeit investieren. Ihr Text ist verloren, wenn er auf dem falschen Schreibtisch landet. Dass ein Journalist das Schreiben der eigentlich zuständigen Kollegin weiterleitet, ist im Redaktionsalltagsstress unwahrscheinlich.

Finden Sie also zunächst heraus, wer für Sie beziehungsweise Ihr Thema zuständig ist (Tipp: Jede Zeitung hat ein Impressum!) und adressieren Sie Ihre Mitteilung möglichst persönlich. Die E-Mail-Adressen der angestellten Journalist*innen folgen meist einem bestimmten Schema, das sich herausfinden lässt.

Pressemitteilung - was?

Eine Pressemitteilung sollte immer die **sechs W-Fragen beantworten: wer, was, wo, wann, wie und warum**.

Die wichtigste Information muss dabei an den Anfang – also in die Überschrift. Welche Frage am wichtigsten ist, müssen Sie selbst entscheiden. Bei einer bevorstehenden Veranstaltung könnte es zum Beispiel das »Wann« sein, meistens jedoch das »Was«.

Auf die Überschrift folgen ein, zwei Sätze Einleitung, beginnend mit Ort und Datum. Die Einleitung muss bereits die eigentliche Nachricht enthalten. Rechnen Sie nicht damit, dass jemand mehr als Überschrift und Einleitung liest, bevor die Pressemitteilung in den Papierkorb fliegt (oder nicht – was im Alltag etwa jeder hundertsten Pressemitteilung gelingt). Die Einleitung sollte die ersten fünf W-Fragen beantworten.

Nach der Einleitung folgt dann die Kür, der Haupttext. Er erklärt das »Warum«, die Hintergründe. Vermeiden Sie hier Fachsprache, bleiben Sie sachlich und informativ und verzichten Sie auf platte Werbung. Natürlich muss der gesamte Text fehlerfrei sein – Sie sind schließlich Autor*in, verderben Sie sich nicht Ihren Ruf!

Das nächste Element der Pressemitteilung stellt eine Art Abspann dar, in der Sie kurz über sich berichten, und zwar in neutraler Perspektive in der Art einer Autorenvita: »Hermine Musterfrau, 45, ist Autorin und … Sie befasst sich in ihren Büchern mit …«.

Darunter können Sie dem Journalisten zusätzliches Material in Form von Links bieten, etwa Autorenfotos, Leseproben, Website-Verweise: »Ein Foto des Autors zur kostenfreien Verwendung erhalten Sie hier: …«. Bei Fotos achten Sie darauf, dass diese wirklich von Journalist*innen frei verwendbar sind (haben Sie Ihre Fotografin gefragt?). Hängen Sie solches Material nie der E-Mail direkt an.

Den Abschluss der Pressemitteilung sollte stets der Pressekontakt bilden. An wen Können sich Journalist*innen wenden, wenn weitere Informationen gebraucht werden? Lassen Sie keinen Weg aus, wenn auch die meisten Redakteur*innen inzwischen E-Mail bevorzugen (Telefon ist am zweitwichtigsten, vor allem in eiligen Fällen).

Pressemitteilung - und danach?

Ein heikler Punkt: Was passiert nach dem Absenden einer Pressemitteilung? Als Journalist mag ich es nicht, wenn Firmen nachfassen, mich also anrufen, ob ich Ihre Mitteilung erhalten habe. Ich muss allerdings zugeben, dass mich diese Nerverei durchaus auch schon an Themen erinnert hat, die ich ansonsten vergessen hätte… Hier ist allerdings umso wichtiger, dass Sie den richtigen Menschen anrufen.

Sieben Fragen und Antworten zu Ihrer Pressemappe

Wenn Journalist*innen mit Ihnen ein Interview geführt haben oder über eines Ihrer Bücher berichten wollen, kommt oft zum Abschluss (oder später etwa aus der Bildredaktion oder der Dokumentation) die Frage: *Und wo finden wir Ihre Pressemappe?* Gemeint ist damit nur noch sehr selten eine richtige Mappe – nur der Name hat sich erhalten, wobei manchmal auch schon denglisch nach dem *Presskit* gefragt wird. Inzwischen ist es üblich, die Pressemappe digital bereitzuhalten.

Wo gehört die Pressemappe hin?

Ihre digitale Pressemappe sollte auf Ihrer Homepage abrufbar sein. Idealerweise ist sie leicht zu finden, am besten unter dem Punkt »Presse« im Hauptmenü.

Was gehört in die Pressemappe?

Grob gesagt, gehört in eine Pressemappe all das, was Journalist*innen interessieren könnte. Das beginnt bei Ihrem Lebenslauf und endet bei Bildmaterial von Ihnen und Ihren Büchern. Hier eine kleine Liste, die Sie aber stets auch noch ergänzen können:

- Inhaltsverzeichnis der Pressemappe (was befindet sich wo)
- Biografie (in drei Längen: sehr knapp, mittel, ausführlich)
- Autor*innenfotos in Web-Auflösung (72 dpi, mind. 2048 Pixel breit, Jpeg-Format)
- Autor*innenfotos in Druck-Auflösung (300 dpi, mind. 10 Megapixel, PNG- oder Tiff-Format)
- »Factsheet«: kurze Zusammenfassung über Sie und Ihre Bücher – Erfolge, Verkaufszahlen, Besonderheiten…
- Aktuelle Pressemitteilungen (falls vorhanden)
- Informationen zu Ihren Büchern (max. 1 Seite pro Buch) mit Auszügen aus Rezensionen (Urheberrecht beachten!), Preis, Bezugsquellen
- Coverfotos Ihrer Bücher (Web- und Druck-Auflösung)
- Leseproben
- Buchtrailer bzw. Videointerviews mit Ihnen
- Kontaktdaten: Wie erreicht man Sie, wo sind Sie aktiv? (Soziale Netzwerke)

Was ist bei den Autor*innenfotos zu beachten?

Die Bilder sollten grundsätzlich von den Medien kostenfrei verwendet werden dürfen – das müssen Sie vorher mit dem Fotostudio abklären. Bildhinweise immer mit erwähnen und in die Metadaten des Bildes schreiben.

Alle Fotos müssen in verschiedenen Auflösungen vorliegen.

Vergessen Sie auch Vorschaubilder nicht, damit der Interessent nicht blind auf »Herunterladen« klicken muss.

Die Fotos, die Sie anbieten, sollten professionellen Ansprüchen genügen. Schnappschüsse vom Handy reichen da in der Regel nicht aus.

Tipp: Oft brauchen Bildredaktionen auch eine bestimmte Perspektive. Lassen Sie sich also vom Profi einmal von rechts und einmal von links ablichten. Bereiten Sie außerdem Bilder mit neutralem Hintergrund vor. Diese lassen sich leichter freistellen.

Was ist bei Texten zu beachten?

Texte jeder Art sollten in einem Format vorliegen, das der Nutzer weiterverarbeiten kann. Ein PDF sieht zwar hübsch aus, doch nur aus einer Word-Datei lässt sich bequem kopieren (und zwar auch mit jedem anderen Textprogramm). Sie könnten allerdings überlegen, sowohl PDF als auch Word anzubieten.

Natürlich müssen Sie dem Nutzenden auch das Recht geben, Ihre Texte zu verwenden, am besten mit dem expliziten Zusatz »zur honorarfreien Verwendung«. Das funktioniert natürlich nur, wenn Sie selbst das Urheberrecht am Text besitzen – was etwa bei Rezensionen durch andere nicht der Fall ist. Dann müssen Sie den Rechteinhaber fragen.

Es versteht sich von selbst, dass alle Texte sprachlich ausgefeilt, verständlich und frei von Fehlern sein müssen.

In welcher Form sollte die Pressemappe abrufbar sein?

Machen Sie den Journalist*innen die Arbeit so einfach wie möglich. Alle Materialien sollten zum einen einzeln per Mausklick abrufbar sein, und zwar unter einem klar benannten Verweis und mit der ungefähren Dateigröße, etwa:

Biografie der Autorin Birgit Testname (Word-Format, 250 kB)
Bild der Autorin (PNG-Format, Druck-Auflösung, 2500 kB)
Buchcover »Testbuch« (Jpeg-Format, Webauflösung, 150 kB)

Zum anderen sollten Sie aber auch die komplette Mappe in ein ZIP-Archiv packen und gesammelt zum Download bereitstellen.

Sollte der Pressebereich passwortgeschützt sein?

Auf keinen Fall sollten Sie Ihren Pressebereich auf irgendeine Weise vor Zugriffen schützen. Wenn Journalist*innen erst ein Kennwort anfordern müssen, riskieren Sie, das Interesse zu verlieren.

Lohnen sich digitale Pressefächer?

Einige Anbieter offerieren, Pressemappen auf ihren Servern zu speichern. Das Argument: Journalist*innen stoßen dann vielleicht bei der Recherche zu anderen Themen zufällig auf Sie. Ich bin seit 25 Jahren Journalist – und auf diese Weise noch nie auf ein neues Thema gestoßen.

Zehn Punkte, die Sie beim Führen eines Interviews beachten sollten

»Hilfe, die Zeitung will mich interviewen«: Irgendwann kommt bei vielen Autorinnen und Autoren der Punkt, an dem sie für die Medien interessant werden. Oft sind es Lokalzeitungen oder Werbeblätter, die immer auf der Suche nach Themen rund um ihr Verbreitungsgebiet sind. Aber vielleicht haben Sie es ja auch selbst geschafft, mit Pressemitteilungen auf sich aufmerksam zu machen. Das Ergebnis ist jedenfalls: Eine Journalistin oder ein Redakteur wollen ein Gespräch mit Ihnen führen, ein Interview. Müssen Sie nun Ihr **komplettes Leben vor aller Welt ausbreiten**? Diese zehn Punkte sollten Sie beachten:

1. Idealerweise gibt es ein Vorgespräch, das auch telefonisch oder sogar per E-Mail stattfinden kann. Darin sollten Sie klären, welche **Art von Geschichte** die Journalistin plant. Geht es um Sie persönlich (oft bei Lokalblättern, dann wird man Sie nach Ihrem Leben und Ihrem Buch fragen) – oder doch eher um das Phänomen Selfpublishing (gern bei überregionalen Medien)? Oder ist gar Ihre fachliche Expertise zu einem bestimmten Thema gefragt, dienen also Ihre

Bücher nur als Aufhänger (bei Fachmedien)? Welche Fragen Ihnen die Journalistin stellen will, werden Sie allerdings in aller Regel erst während des Interviews erfahren. Nur bei Interviews von hochrangigen Politiker*innen oder Super-Promis ist es üblich, dass die Fragen vorab mitgeteilt werden.

2. Wenn die Journalistin Sie besuchen will – wählen Sie den **Ort des Interviews** selbst. Sie müssen niemanden in die gute Stube lassen und können sich ebenso in einem Café treffen. Falls Sie sich für das eigene Wohnzimmer entscheiden, müssen Sie damit rechnen, dass Ihr Gegenüber auch die Umgebung beschreibt. Egal, welchen Ort Sie wählen: Halten Sie Material bereit, also Ihr neues Buch, vielleicht ein paar Cover-Entwürfe oder andere Bücher, die Sie inspiriert haben.
3. Sie **sprechen nicht gern frei** oder werden bei besonderen Anlässen nervös? Das ist normalerweise kein Problem, zumindest wenn es um gedruckte Medien geht. In Deutschland ist es üblich (anders als in den USA), Interviews vor Veröffentlichung zu bearbeiten. Kein seriöser Journalist wird Ihre Versprecher so abdrucken. Es könnte allerdings sein, dass in einleitenden Sätzen auf Ihre Art zu sprechen eingegangen wird.
4. Oft zeichnen Journalist*innen das Gespräch auf. So müssen sie nicht mitschreiben. Sie können **der Aufzeichnung widersprechen**. Eine Aufzeichnung ohne Ihr Wissen (etwa am Telefon) ist verboten. Die Aufzeichnung dient aber im Grunde Ihrer eigenen Sicherheit, weil Interviewende sich nicht auf ihr Gedächtnis verlassen müssen. Es kann aber hilfreich sein, selbst ebenfalls mitzuschneiden. So können Sie stets nachweisen, was Sie wirklich gesagt haben.

Ich hatte allerdings im Laufe meiner über 20-jährigen journalistischen Tätigkeit noch nie einen Fall, wo Gesprächspartner*innen auf diese Weise etwas beweisen musste.

5. Sie brauchen auch **nicht auf jede Frage zu antworten, die Ihnen gestellt wird**. Falls Ihnen die Antwort zu persönlich ist, drücken Sie das genau so aus. Journalist*innen tendieren dazu, die Grenzen auszuloten, natürlich im Interesse eines möglichst spannenden Interviews. Sie werden es Ihnen aber nicht übelnehmen, wenn Sie nicht stellungnehmen wollen.
6. Sie haben im Eifer des Gefechts etwas geäußert, das Sie so **lieber doch nicht gedruckt sehen wollen**? Kein Problem. Sie haben ein Recht am eigenen Wort. Dazu sollten Sie unbedingt mit der Journalistin vor Beginn des Interviews vereinbaren, dass Sie Ihre Zitate vor Veröffentlichung gegenlesen wollen. Das ist, wie gesagt, Ihr gutes Recht, auch wenn Journalist*innen nicht so gern von sich aus darauf hinweisen. Denn natürlich wollen sie am liebsten knackige Zitate drucken, keine windelweichen Formulierungen, die im Nachhinein bearbeitet wurden. Sie haben übrigens kein Recht, den kompletten Text des Artikels vorab lesen zu dürfen. Sie können allerdings nett nach dieser Möglichkeit fragen – mit dem Angebot, etwaige Fehler ausmerzen zu können. Manchmal nehmen Journalist*innen das als Arbeitserleichterung gern in Anspruch. Je größer die Zeitung allerdings ist, desto geringer sind Ihre Chancen.
7. Meist braucht die Zeitung von Ihnen auch ein **Foto**. Je nach journalistischem Anspruch kommt ein Fotograf mit zum Interview oder die Journalistin fotografiert selbst. Der Fotograf wird

in der Regel schon während des Interviews tätig und nimmt Ihre Art zu sprechen auf. Danach gibt es ein Dokumentarfoto (Sie und die Journalistin in einem Bild, wird oft nur klein abgedruckt), und schließlich wird man versuchen, Sie in schöner oder auch typischer Umgebung abzulichten.

8. Sie möchten **kein Bild von sich in der Zeitung sehen**? Das sollten Sie der Journalistin schon im Vorgespräch sagen. Geht es um ein persönliches Interview, wird der Termin mit Ihnen dann womöglich gestrichen. Expert*innen hingegen erscheinen nicht notwendigerweise im Bild. Machen Sie sich aber wegen Ihres Äußeren keine Sorgen: Sie brauchen kein Model-Typ zu sein, Leser und Leserinnen sehen sich gern normale Menschen an. Kleiden und frisieren Sie sich nicht anders als sonst.
9. Sie schreiben unter **Pseudonym**? Auch das sollten Sie schon im Vorgespräch klären. Normalerweise ist das kein Problem. Die Journalistin wird in einem Nebensatz erwähnen, dass »Mary Higgins« Ihr Pseudonym ist. Ihr realer Name muss nicht erscheinen. Allerdings werden Sie womöglich auf dem Foto erkannt. Dann wäre es doch an der Zeit, zumindest Freunde darüber aufzuklären, was Sie in Ihrer Freizeit so treiben. Wenn Sie Ihr Pseudonym wirklich hart schützen wollen (und Sie als Persönlichkeit interessant genug sind), lässt sich die Journalistin vielleicht auch darauf ein, ein Foto zu schießen, auf dem Sie nicht erkennbar sind (etwa von hinten oder mit abgewandtem Gesicht).
10. **Schriftliche Interviews** führen professionelle Journalist*innen ungern – höchstens aus Zeitmangel oder weil sie für eine fast fertige Geschichte bloß noch zwei, drei Zitate brauchen. Sie sind zwar für Sie als Autor am einfachsten zu

absolvieren (Sie haben ja ewig Zeit, sich die Antworten zu überlegen), sind aber auch für die Leser*innen am langweiligsten. Das liegt einfach daran, dass kein echtes Gespräch zustande kommen kann, selbst wenn noch ein, zwei Rückfragen nachgereicht werden.

Richtig posten: Zehn Facebook-Tipps für Autoren

Mehr als drei Viertel der deutschen Self Publisher nutzen Facebook. Auf den ersten Blick scheint das soziale Netzwerk ganz einfach: Ich befreunde mich mit anderen Nutzer*innen oder klicke den »Gefällt mir«-Button deren Seiten – und ab sofort zeigt mir Facebook an, was diese Nutzer*innen zu sagen haben.

Tatsächlich ist es nicht so simpel. Zuckerberg und seine Ingenieure haben sich Algorithmen ausgedacht, die bestimmen, wessen und welche Beiträge ein Nutzer wie oft auf den Bildschirm bekommt. Das Ziel besteht natürlich darin, Sie so lange wie möglich bei Facebook zu halten. Das ist nicht verwerflich – das Netzwerk benimmt sich dabei wie ein guter Gastgeber, der seinen Gästen gezielt interessante Gesprächspartner*innen vorstellt, damit sie Spaß auf der Party haben. Und wer Spaß hat, wirft vielleicht auch ab und zu einen Blick auf die Anzeigen, mit denen Facebook Geld verdient.

Nicht all diese Algorithmen verrät Facebook. Manches haben Expert*innen durch Versuch und Irrtum herausbekommen, anderes beschreibt Facebook selbst. Vor einiger Zeit hat man z. B. das Verfahren aktualisiert, das relevante Beiträge auswählt: mit dem Ziel, all die Beiträge auszufiltern, die im »Heftig«-Stil um Klicks betteln (»Du ahnst ja nicht, was in diesem Video passiert«). Was können Sie sonst noch falsch machen – und wie erreichen Sie Ihre Fans und Freunde am besten? Die folgenden Tipps geben einen Überblick.

1. Posten Sie interessante Inhalte

Über allen Tricks und Kniffen wird die Grundregel des Webs gern mal vergessen: Nur wer etwas zu sagen hat, wird auch gelesen. Wann immer Facebook seine Algorithmen aktualisiert hat, ging es fast immer darum, interessante von irrelevanten Inhalten zu trennen.

Doch was ist interessant? Das hängt natürlich von den Leser*innen ab. In den Fachmedien kursiert dazu die **Formel I * P * C * T * R** (Interest * Post * Creator * Type * Recency). Die Relevanz eines Beitrags errechnet sich demnach aus dem Interesse der Nutzer*innen an den Verfasser*innen des Postings, dem Interesse anderer Nutzer*innen an diesem Beitrag, der Relevanz anderer Beiträge derselben Verfasser*innen, dem Interesse der Leser*innen am speziellen Typ des Postings (Bild, Video, Link, Text) und der Aktualität.

2. Bewegen Sie die Nutzer*innen dazu, mit Ihrem Beitrag zu interagieren

Zu den wichtigsten Kriterien, mit denen Facebook die Qualität eines Postings beurteilt, gehört, wie groß der Anteil der Interaktionen unter den Leser*innen ist. Je öfter jemand kommentiert, teilt oder klickt, desto höher ist die Chance, dass der Beitrag auch anderen gezeigt wird. Je öfter User*innen mit Ihren Texten interagiert haben, desto wahrscheinlicher bekommen sie auch Ihre nächsten Beiträge angezeigt. Womit interagieren Nutzer*innen am liebsten? Das hängt sehr von Ihren Nutzer*innen ab. Sie können z. B. Fragen stellen oder Ihre Meinung zu einem Thema begründen.

Aber: Betteln Sie nicht um Likes und Kommentare! Facebook geht in letzter Zeit verstärkt gegen Klick-Bettelei vor und straft entsprechende Inhalte ab. Es ist ebensowenig zielführend, Freunde »wegen des Algorithmus« gezielt zum Kommentieren eines Beitrags aufzufordern. Facebook nennt das »Engagement Baiting». Die Reichweite Ihrer Beiträge wird dadurch eingeschränkt, nicht erhöht!

3. Erklären Sie den Inhalt von Links

Beim richtigen Teilen von Internet-Seiten auf Facebook ist das Ergebnis ein Beitrag mit hübschem Vorschau-Bild. Facebook versucht neuerdings aber auch, die Art des Einleitungs-Textes zu erkennen. Beschreiben Sie knapp, was die Leser*innen zu sehen bekommen, wenn der Link angeklickt wird. Versuchen Sie nicht, ihn im Heftig-Style durch geheimnisvolle Worte zum Klicken zu bewegen. Verwenden Sie beim Verlinken keinen Link-Verkürzer wie bit.ly.

4. Nutzen Sie Bilder und Videos

Bilder und Videos werden gern von anderen User*innen geteilt. Benutzen Sie jedoch diese Funktion nicht, wenn Sie eigentlich einen Link teilen wollen. Bei Videos beurteilt Facebook auch, wie lange User*innen zugeschaut haben – Sie sollten also vermeiden, allzu lange Filme hochzuladen.

5. Erwähnen Sie andere User*innen und Facebook-Seiten

Sie können in Ihren Beiträgen auch andere Nutzer*innen oder Seiten erwähnen. Es besteht eine gewisse Chance, dass dann auch die Freunde beziehungsweise Fans dieser Nutzer*innen/Seiten Ihren Beitrag zu sehen bekommen. Nutzen Sie diese Funktion aber nur, wenn es wirklich relevant ist, ansonsten laufen Sie Gefahr, dass Ihr Beitrag als Spam gemeldet oder ausgeblendet wird. Zum Verlinken anderer Seiten reicht es oft, innerhalb des Postings deren Namen einzutippen. Passiert daraufhin nichts, geben Sie ein @-Zeichen ein.

6. Schreiben Sie, wenn Ihre Leser*innen aktiv sind

Die Aktualität eines Beitrags spielt eine große Rolle bei der Berechnung, wie relevant er für Ihre Leser*innen ist. Sie sollten also idealerweise dann posten, wenn auch Ihre Leser*innen online sind. Wann das ist, hängt natürlich von Ihrem Publikum ab.

7. Schreiben Sie kurz und knackig

Gerade in sozialen Medien lesen Nutzer*innen lieber Kurztexte als lange Ergüsse. Wenn Sie viel zu sagen haben: Schreiben Sie lieber einen Blogeintrag und verlinken Sie diesen auf Ihrer Facebook-Seite. Auf dem Handy werden sogar noch weniger Zeichen Ihres Textes angezeigt.

8. Menschen mögen Gefühle

Sie lesen Facebook-Beiträge zwar auf einer Maschine, doch trotzdem gilt die alte Regel des Journalismus: Menschen interessieren sich vor allem für andere Menschen. Schreiben Sie über sich, schreiben Sie emotional, und bleiben Sie dabei authentisch.

9. Sorgen Sie für Abwechslung

Menschen werden gern überrascht. Menschen langweilen sich schnell. Weisen Sie nicht jeden zweiten Tag auf Ihre Bücher hin. Wenn die Nutzer*innen beginnen, Ihre Beiträge zu verbergen, verlieren Sie schnell massiv an Reichweite. Überlegen Sie, was Sie selbst gern lesen würden: Werbung für bestimmte Produkte gehört sicher nicht dazu.

10. Teilen macht Freude

Teilen Sie selbst auch, was Ihnen interessant erscheint und was für Ihre Nutzer*innen spannend sein könnte. Das macht nicht nur Ihre eigene Seite interessanter, es motiviert die Verfasser*innen der geteilten Inhalte auch oft dazu, sich bei Gelegenheit zu revanchieren. Vermeiden Sie andererseite reine Gefälligkeits-Shares oder -Likes: Wenn Ihre eigenen Leser*innen die geteilten Inhalte voraussichtlich eh nicht mögen, erweisen Sie damit weder dem Verfasser einen Gefallen noch sich selbst.

11. Spammen Sie neue Freunde nicht mit Einladungen zu

Ich gebe zu, das ist ein ganz persönlicher Tipp, deshalb die Nummer 11, der nirgendwo in den Facebook-Richtlinien erwähnt ist. Es passiert manchmal, dass ich eine Freundschaftsanfrage akzeptiere – und gleich danach kommt die Einladung, die Facebook-Seite des neues Kontaktes zu liken. Bitten Sie neue Bekanntschaften auch immer gleich um einen Gefallen? Denken Sie daran: Facebook ist ein soziales Netzwerk. Und beim Umgang mit Menschen gelten, egal ob im Netz oder offline, die Grundregeln der Höflichkeit.

Die zwanzig Typen von Facebook-Kommentatoren

Wir alle kennen das – und vermutlich gehören wir auch ab und zu zu der einen oder anderen Kategorie: Es gibt unterschiedliche Möglichkeiten, auf eine Frage bei Facebook oder anderswo zu antworten. Die folgenden zwanzig Typen sind mir alle innerhalb der vergangenen Woche in der Selfpublishing-Gruppe in dem sozialen Netzwerk begegnet.

Um die Typen besser einzuordnen, stelle ich zunächst eine simple Frage. Vielleicht ist sie ein bisschen naiv, aber ich bin ein Einsteiger, ich darf das.

Frage: *Darf ich im Selfpublishing auch Bücher mit mehr als 300 Seiten veröffentlichen?*

1. Der Alternative: »Überleg doch, ob du das Buch nicht lieber in zwei Bände aufteilen willst.«
2. Die Vorwurfsvolle: »Das kommt davon, dass du nicht bei deinem Verlag geblieben bist!«
3. Die Genervte: »Diese Frage wurde hier schon tausend Mal beantwortet«, dazu ein Verweis auf die Suchfunktion oder ein schlauer Link via «Let me Google that for you«.
4. Der Pragmatiker: »Ja.«
5. Die Oberschlaue: »Klar, bei Firma X liegt das

Maximum bei 554, bei Y kannst du bis 699 gehen und Z erlaubt dir sogar unbegrenzt Seiten.«
6. Die Motivierende: »Ich weiß das zwar nicht, aber toll, dass du dich mit dieser Frage beschäftigst! Hab ich mir auch vorgenommen.«
7. Der Bequeme: »Keine Ahnung, aber [hier Name einer Koryphäe einsetzen und verlinken] weiß das bestimmt.«
8. Der Ahnungslose: »Auf keinen Fall.«
9. Die Hochmütige: »Bevor du solche Fragen stellst, solltest du erst einmal X und Y gelesen haben.«
10. Das Herdentier: »Wie hier schon geschrieben: Ja.«
11. Der Überflieger: »Hab jetzt nicht den ganzen Thread gelesen, aber ja, darfst du.«
12. Der Parasit: »Weil wir gerade bei dem Thema sind, wie kann ich mein Buch denn am bequemsten setzen?«
13. Die Zuschauerin: »Popcorn.«
14. Die Faule: »Dranhäng« [man kann Threads übrigens auch verfolgen, indem man auf den kleinen Haken recht klickt und dann »Benachrichtigungen aktivieren« wählt, wollte ich schon immer mal sagen]
15. Die Zweiflerin: »Ich finde ja Bücher über 300 Seiten gar nicht gut.«
16. Der Missversteher: »300 Wörter sind viel zu wenig für ein Buch.«
17. Der Alles-in-Frage-Steller: »Selfpublishing ist für mich nach wie vor keine Alternative, ganz egal wie umfangreich das Buch ist.«
18. Die Prinzipielle: »Gibt es das denn überhaupt, Bücher mit mehr als 300 Seiten?«
19. Der Nachfrager: »Was meinst du denn mit 'Seiten'? A4, A5, A6, welches Gewicht, creme oder weiß?«
20. Die Vorsichtige: »Pass bloß auf, wenn so ein dickes Buch jemand auf den Fuß fällt. Such dir

> unbedingt einen staatlich zugelassenen Veröffentlichungs-Berater, statt dich auf die Laien-Auskunft hier zu verlassen.«

Vermutlich fallen Ihnen noch mindestens zwei, drei andere schlaue Arten ein, auf eine simple Frage zu antworten… und wie würden Sie antworten?

Sieben Dinge, die Sie sich bei Facebook besser verkneifen sollten

Als Autorin oder Autor in den sozialen Medien unterwegs zu sein, ist nicht nur aus Marketing-Sicht eine gute Idee: Man kann sich bei Facebook & Co. auch bequem mit anderen Schreibenden austauschen – so lässt sich der oft einsame Job am Schreibtisch mit etwas Kantinen-Gespräch aufbessern.

Ich selbst bin seit ewigen Zeiten bei Facebook registriert. Ich freue mich auch immer über Freundschafts-Anfragen. Manchmal kommt es allerdings vor, dass die neuen Bekanntschaften vor lauter Übereifer schlechte Gewohnheiten entwickeln. Stellen wir uns doch einfach mal vor, Sie würden mich auf einer Buchmesse treffen. Vermutlich werden Sie mir nicht als allererste Handlung Ihr neues Buch in die Hand drücken. Bei Facebook passiert aber genau das regelmäßig. Deshalb hier meine persönliche Liste der Dinge, die Sie als Facebook-Neueinsteiger*in besser lassen sollten.

1. Like mich!

Oft erreicht mich Sekunden nach der Annahme einer Freundschaftsanfrage eine zweite Botschaft: Bitte gib mir ein Like für meine Autoren- oder Buchseite. Das ist … unhöflich, höflich formuliert. Wenn wir uns besser kennen, stoße ich vermutlich irgendwann sowieso auf deine Seite, und wenn sie mir gefällt, werde ich ihr ein Like geben.

2. Penetrante Werbung

Apropos: Die Facebook-Algorithmen sind so programmiert, dass mir Beiträge von all den Seiten häufiger angezeigt werden, die ich geliket habe. Da wäre es natürlich schön, wenn ich auch interessante Texte lesen könnte statt dauernder Werbung für dein neues Buch (das ist nebenbei nicht nur spannend für mich, sondern auch wichtig für dich – wenn ich die Beiträge nämlich ignoriere, bekomme ich in Zukunft weniger davon angezeigt und irgendwann gar nichts mehr). Vermeide es also, auf deiner Seite nur Werbung zu veröffentlichen. Die Dosis macht das Gift…

3. Zwangseinladung in Gruppen

Nicht ganz so häufig werde ich ungefragt zu fremden Gruppen hinzugefügt. Dass das nicht so oft passiert, liegt vermutlich daran, dass Neulinge die Gruppen-Funktionalität erst einmal finden müssen. Für mich ist das ungefähr dasselbe, als würdest du mich mal schnell zwingen, dich zuhause zu besuchen. Wenn du meinst, eine für mich interessante Gruppe gefunden zu haben: Frag mich!

4. Andere für sich arbeiten lassen

Wer mich kennt, der weiß, dass ich bei Problemen stets hilfsbereit bin. Es wäre jedoch schön, wenn du zuvor deine Hausaufgaben gemacht hast, also dein Problem zumindest mal gegoogelt oder die Suchfunktion der Facebook-Gruppe bemüht hast. Allgemeine Fragen wie »Wie soll ich mein E-Book vermarkten« wurden schon so oft gestellt und ausführlich beantwortet, dass du dazu jede Menge nützliches Wissen finden wirst. Wenn du dann vor einem bestimmten Problem stehst – frag, ich freue mich.

5. Um Aufmerksamkeit betteln

Ich bin relativ oft online – wenn es irgendwie zu dem passt, woran ich gerade arbeite. Wenn ich dann Beiträge sehe, bei denen ich helfen kann, dann helfe ich. Wenn ich z. B. bei einer Technikfrage nicht antworte, kenne ich entweder die Lösung nicht oder ich habe gerade keine Zeit. In beiden Fällen hilft es nicht, mich durch Markieren meines Accounts speziell darauf aufmerksam zu machen. Es kann natürlich gute Gründe geben, andere Nutzer in einem Beitrag oder Foto zu markieren. Doch überlege bitte zuvor, ob das wirklich sinnvoll ist. Insbesondere bei Fotos mögen es auch viele Facebook-Nutzer*innen nicht, wenn ihr Name mit ihrem Bild assoziiert wird. Das Netz weiß ja nun wirklich schon genug über uns …

6. Kettenbriefe weiterleiten

Wer noch auf einer Schreibmaschine getippt hat, kennt ihn: den guten alten Kettenbrief, den man an zehn Freunde schicken sollte, damit dies und jenes passiert oder nicht passiert. Der moderne Kettenbrief kommt als E-Mail oder Facebook-Posting. Er tarnt sich meist ganz gut, ist aber bei aller Tarnung doch immer sehr gut zu erkennen: Es findet sich nämlich immer die Bitte darin, den Inhalt möglichst vielen Facebook-Freunden weiterzugeben. Unbedingt teilen! Warne all deine Freunde! Ob du per Posting dein Urheberrecht auf deine Beiträge wahren, die gesunkene Facebook-Reichweite verbessern, einen Wohnwagen oder ein TinyHouse gewinnen oder vor einem Virus warnen sollst: Lass es sein!

7. Privates auf fremde Pinnwände schreiben

Wenn du dich freust, dass wir uns online getroffen haben, dich mir vorstellen willst, etwas Interessantes gefunden hast: Schreib mir eine Nachricht! Poste es nicht auf meine Pinnwand. Wenn du mir im richtigen Leben etwas mitteilen willst, heftest du ja auch keine Zettel an meine Haustür, sondern wirfst sie in den Briefkasten (ausgenommen sind hier Geburtstags-Wünsche, da ist es bei Facebook durchaus üblich, sie direkt an die Pinnwand zu schreiben).

Es gibt noch einige andere Verhaltensweisen, mit denen Sie als Neuling erfahrene Facebook-User ärgern können, womöglich sogar ganz unbeabsichtigt. Falls Sie sich unsicher sind: Fragen Sie sich selbst, ob das, was Sie vorhaben, im richtigen Leben akzeptabel wäre. Wenn nicht, sollten Sie es auch bei Facebook sein lassen. Die Tipps gelten übrigens nicht nur für Autor*innen.

Sieben Fakten über Buchblogger, die Sie (vermutlich) noch nicht kannten

Nachdem Sie etwas (hoffentlich) Neues über Selfpublisher lernen konnten, sind hier die Buchbloggerinnen und -blogger an der Reihe – unter dem Motto »Die Buchbloggerin – das unbekannte Wesen«. Was sollten Selfpublisher über diese Spezies wissen, welche Fehler gilt es im Umgang mit ihr zu vermeiden?

Buchblogger sind meist Buchbloggerinnen. Eine wichtige Voraussetzung, über Bücher schreiben zu können, besteht darin, Bücher zu lesen. Dieses Hobby ist auf die Geschlechter höchst ungleich verteilt, deshalb werden schätzungsweise vier Fünftel der Buchblogs von Frauen betrieben. Aber ziehen Sie daraus nicht die falschen Schlüsse: Sie werden kaum ein Genre finden, das von Buchbloggerinnen nicht bearbeitet wird.

Buchbloggerinnen sind keine kleinen Mädchen. Ja, es gibt Buchblogs, die so gestaltet sind, wie man sich das Poesiealbum einer 12-Jährigen vorstellt. Das sind die (etwas abschätzig) so genannten »Blümchenblogs«. Sie werden von ihren Betreiberinnen tatsächlich eher für sich als für andere geschrieben und sind insofern mit dem Hobby-Autor vergleichbar, der nur für sich und seine Familie schreibt. Die Buchblogs mit Einfluss und zahlreichen Leser*innen, in denen Sie als Autor*in Ihr Buch unterbringen wollen, verfolgen jedoch andere, professionelle Ansprüche.

Buchbloggerinnen sind keine Allesfresserleser. Die meisten Blogs spezialisieren sich auf ein oder zwei Genres. Worauf, das ist meist schon dem Domainnamen oder der Titelseite zu entnehmen – wenn nicht, schauen Sie sich einfach mal die letzten fünf Rezensionen an. Einem Fantasy-Buchblog einen Thriller anzubieten, ist sinnlos und verschwendet nur Ihre Zeit (und die des Bloggers). Recherchieren Sie unbedingt vorab, ob Ihr Titel zum Blog passt, und fragen Sie an, ob die Zusendung eines Rezensionsexemplars gerade sinnvoll ist.

Buchbloggerinnen leisten professionelle Arbeit. In der Wertschätzung durch die Branche sind Buchblogs womöglich sogar schon ein Stück weiter als Selfpublisher. Sie werden von Verlagen und Dienstleistern als wichtiger Teil der Branche betrachtet und werden auf Messen umworben. Gehen Sie mit Buchbloggerinnen auf gleicher, professioneller Ebene um. Bettelbriefe sind ebenso unangebracht wie eine Kommunikation von oben herab. Denken Sie auch daran, dass die Erfahrungen, die ein Buchblogger mit Ihnen sammelt, Gefahr laufen, auf alle Selfpublisher verallgemeinert zu werden (Buchbloggerinnen sind auch nur Menschen).

Buchbloggerinnen werden mit Anerkennung bezahlt. Die allermeisten Buchblogs tragen nicht zum Lebensunterhalt ihrer Betreiber bei – im Gegenteil, für Messebesuche, Grafik etc. fallen Kosten an. Als wichtigsten Lohn empfinden die meisten Buchblogger die Anerkennung, die sie von ihren Leserinnen und Lesern erhalten. Bestechungsversuche (nicht notwendigerweise finanzieller Art) werden als unprofessionell, wenn nicht gar beleidigend betrachtet. Was allerdings selbstverständlich ist: das Rezensionsexemplar kostenlos zur Verfügung zu stellen. Hier bevorzugen die meisten Buchblogs gedruckte Varianten. Auch zum Verschenken geeignetes Werbematerial wird von vielen Bloggern durchaus gern gesehen.

Buchbloggerinnen sind ehrlich. Wenn Sie der Qualität Ihres Romans misstrauen, lassen Sie ihn niemanden lesen, schon gar nicht eine Buchbloggerin. Blogs schöpfen ihre Glaubwürdigkeit aus professionellen Rezensionen – und dazu gehören auch Verrisse, wenn ein Werk nichts anderes verdient hat. »Bitte rezensieren, aber nur, wenn es mindestens vier Sterne gibt«, eine solche Aufforderung zeigt nur, dass Sie als Autor*in nicht anspruchsvoll sind. Ob Verlag oder Selfpublishing, wer Ihr Buch rezensiert, erwartet ein professionelles Werk, das den Genre- und Gestaltungsregeln folgt.

Buchbloggerinnen haben auch ein richtiges Leben, einen Job, Familie… Sie knapsen sich die Zeit für ihr Blog von ihrer Freizeit und insbesondere von ihrer Lesezeit ab. Das heißt, dass Ungeduld hier fehl am Platze ist. Die meisten Blogger listen auf ihrer Website ihren »SuB«, den »Stapel ungelesener Bücher«. Sich vordrängeln zu wollen, lässt sich als Zeichen mangelnder Professionalität interpretieren. Wenn es Ihnen als Autor*in wirklich wichtig ist, denken Sie sich zumindest ein stichhaltiges Argument aus.

Worauf Sie bei der Cover-Erstellung achten sollten – und worauf nicht

Ein tolles Cover ist eines der wichtigsten Marketing-Werkzeuge. Es bringt Menschen in der Regel erst dazu, sich den Klappentext anzusehen. Es verrät, was die Leserin oder den Leser erwartet: das Genre des Buches, seine Stimmung, ein bisschen vom Inhalt und vielleicht sogar die Zeit, in der es angesiedelt ist.

Das Cover gibt aber auch eine ganz grundlegende Information preis: Handelt es sich um ein professionell gemachtes Produkt? Leser*innen legen heute kaum noch Wert auf Verlagslogos, sie geben auch neuen Namen eine Chance – aber sie erwarten ein Buch in Verlagsqualität, und der erste und oft auch einzige Beweis dafür ist das Cover. Wenn es diese Funktion nicht erfüllt, haben Sie die Chance auf einen neuen Käufer oder eine Käuferin definitiv verpasst.

Deshalb der allerwichtigste Rat: Ihr Cover muss professionell aussehen.

Daraus leitet sich in einhundert Prozent aller Fälle ein zweiter Rat ab: Lassen Sie einen Profi ran. Wenn Sie selbst Grafikerin sind, haben Sie Glück. Wenn nicht, müssen Sie jemanden beauftragen. Das muss nicht teuer sein, so genannte Premade-Cover, in die Sie nur noch Name und Titel einsetzen müssen, gibt es (vom Profi!) ab etwa 50 Euro.

Was Sie bei der Cover-Erstellung besser lassen sollten

Es selbst machen. Es sei denn, Sie sind der Grafik-Gott / die Grafik-Göttin persönlich. Ach, das sagte ich schon? Macht nichts.

»Ich finde meinen Entwurf aber sehr schön.«

»Klar, würde ich auch, wenn es mein Entwurf wäre. Oder doch nicht. Na jedenfalls: Er sieht trotzdem unprofessionell aus.«

»Das sagen Sie, obwohl Sie mein Cover noch nicht einmal gesehen haben?«

»Ja.«

»Aber woher …«

»Es gibt beim Grafikdesign ähnlich wie in der Sprache bestimmte Grundregeln. Der Profi kennt sie und kann benennen, welches Detail Ihres Entwurfs welche Regel verletzt. Ich bin kein Profi, ebensowenig wie Ihre Leser*innen. Aber ich habe wie Ihre Leser*innen ein Gefühl dafür, ob etwas selbstgemacht aussieht.«

»Selbstgemacht kann doch charmant sein.«

»Ja, wenn die Kinder etwas zu Omas Achtzigstem gebastelt haben.«

»Es ist so schön zurückhaltend, drängt sich nicht so auf wie die anderen Cover.«

»Oh, Sie haben das Problem erkannt, sehr gut.«

»Der Kollegin X, dem Herrn Z und der Nachbarin gefällt es aber.«

»Es sieht trotzdem unprofessionell aus. Aber wenn Sie nur diese drei Käufer wollen, dann ist es Ihre Entscheidung.«

»Ich will aber, dass mein Cover etwas Besonderes ist. Nur ich kann den Geist meines Buches perfekt in ein Cover umsetzen.«

»Können Sie nicht. Der Profi kann es, wenn Sie ihm das Buch beschreiben.«

»Mein Buch ist sehr vielschichtig. Ich kann es selbst nicht so richtig fassen.«

»Dann ist das Cover Ihr geringstes Problem.«

»Okay. Aber ich kann mir keinen Profi leisten.«

»Sie haben tausend Euro für das Lektorat bezahlt, können sich aber 50 Euro für ein Premade nicht leisten?«

»Äh, ein Lektorat?«

Seufz.

Wie ein Design-Wettbewerb funktioniert

DAS ERSTE, was potenzielle Käufer*innen von einem Buch zu sehen bekommen, ist in der Regel ein **briefmarkengroßes Bildchen**, eine Verkleinerung des Covers – oder, im echten Buchladen, den Buchrücken. Erst im zweiten Schritt treffen sie auf das eigentliche Cover. Spätestens jetzt sollten sie überzeugt sein, ein professionelles Produkt vor sich zu haben. Denn diese Überzeugung übertragen Käufer*innen automatisch auch auf den Inhalt. Das Buchcover ist also ein essenzieller Bestandteil bei der Vermarktung eines Buches.

Es gibt je nach Budget ganz unterschiedliche Möglichkeiten, an ein tolles Cover zu kommen. Einer davon ist eine Ausschreibung über Angebote wie Freelancer.com oder 99Designs. Ich habe die Betreiber der letztgenannten Plattform gebeten, aus ihrer Sicht zu schildern, **wie ein Cover hier entsteht** – nämlich in sechs Schritten:

1. Das Briefing

Am Anfang jedes Wettbewerbs stehen die **Vorgaben für die Designer*innen**. Eine Zusammenfassung (drei bis fünf Sätze) über den Inhalt des Buches und die wichtigsten Höhepunkte der Erzählung helfen den Teilnehmer*innen, einen Eindruck vom Buch zu bekommen.

Da es Autor*innen oft schwer fällt, genügend Abstand von ihrem Werk zu nehmen, hilft es, die Kernaussage des Buches in nur einem Satz zu formulieren. Kombiniert mit den interessantesten Fakten, lässt man den Gestalter*innen gleichzeitig genügend Interpretationsspielraum. Formulieren Sie die Vorgaben am **besten in Englisch** – so erhalten Sie deutlich mehr Feedback.

Zum Briefing gehören auch die **technischen Vorgaben**: Wie groß soll das Cover sein? Orientieren Sie sich dazu an den Vorgaben von Amazon (demnächst also 2560 x 1600 Punkte) & Co. Brauchen Sie auch eine Druckdatei, und in welchem Format? Wenn Sie das Cover für ein Taschenbuch nutzen wollen, braucht es auch eine Rückseite!

Ebenfalls eine wichtige Frage: Dürfen die Autor*innen **Stockfotos verwenden**, also (eventuell kostenpflichtige) Bilder aus einer Datenbank?

2. Der Preis

99designs bietet verschiedene Pakete für Design-Projekte an. Ab 229 € erhält man ein Buchcover und kann dabei mit rund 30 Vorschlägen rechnen. Ein höheres Preisgeld macht jeden Wettbewerb attraktiver, vor allem für die talentierten, guten Designer*innen. Wer sich die Teilnahme der besten Designer*innen aus der Community wünscht, sollte in jedem Fall ein **höheres Budget einplanen**.

3. Die erste Runde des Wettbewerbs

Die ersten vier Tage des Wettbewerbs bilden die **Qualifizierungsrunde**. In dieser Zeit können alle Designer*innen teilnehmen und ihre Ideen im Wettbewerb unterbreiten. Oft werden die ersten Designs bereits nach wenigen Stunden eingereicht. Doch je komplexer die Aufgabe ist, desto länger kann es dauern, bis die ersten Entwürfe vorgeschlagen werden.

Während der Qualifizierungsrunde können Sie Ihren

Wettbewerb auch jederzeit wieder beenden und bekommen das **Preisgeld zurückerstattet** – etwa in dem Fall, dass keiner der Teilnehmer*innen Ihre Vorstellungen getroffen hat.

4. Auswahl der Finalist*innen und Finalrunde

Sobald die Qualifizierungsrunde beendet ist, müssen Sie die Designer*innen für die **Finalrunde** auswählen. Ab diesem Zeitpunkt kann das Preisgeld nicht mehr erstattet werden. Die Finalist*innen arbeiten in der zweiten Runde des Wettbewerbs weitere drei Tage an ihren Design-Entwürfen, um diese zu perfektionieren.

Auftraggeber*innen können maximal **sechs Finalist*innen** auswählen – da am Ende jedoch nur eine Person gewinnt, sollten Sie sich auf drei bis vier Finalist*innen beschränken. Sie müssen dabei bedenken, dass alle Finalrunden-Teilnehmer*innen auf eigenes Risiko für Sie arbeiten.

Prüfen Sie Ihre Lieblings-Entwürfe auch mit einem der gängigen **Plagiarismus-Tools**, etwa TinEye: Es kommt manchmal vor, dass Grafiker*innen Ideen abkupfern (obwohl sie sich zu Ehrlichkeit verpflichten). Wenn Sie einen geklauten Entwurf entdecken, sollten Sie das Design melden. 99designs toleriert Ideen-Diebstahl nicht.

5. Feedback zu den Designs

Während der Qualifizierungs- und Finalrunde sollten Sie den Grafiker*innen möglichst **täglich Feedback geben**. Es ist wichtig, besonders ehrlich mit den Teilnehmer*innen umzugehen. Designs, die komplett in die falsche Richtung gehen, sollten auf jeden Fall ausgeschlossen werden, sodass die Gestalter*innen wissen, dass sie nicht weiter daran arbeiten müssen.

Im Fokus sollten die Designs liegen, die Sie ansprechen und in die richtige Richtung gehen. Teilen Sie den Grafiker*innen mit, was Ihnen an der Idee so gut gefällt – **und**

was nicht. Sind es die Farben, der Stil, die Konzept-Idee oder vielleicht auch die Schlichtheit? Was können die Favoriten an ihren Vorschlägen optimieren?

6. Abschluss des Wettbewerbs

Am Ende des 7-tägigen Design-Wettbewerbs ist es soweit: Sie müssen einen der **Teilnehmenden zum Sieger küren**. Diese Entscheidung ist nicht immer leicht, daher sollten Sie sich weitere Meinungen einholen. Das Werkzeug dazu ist die **Umfrage**-Funktion. Darüber können Freunde und Bekannte über ihre Lieblinge abstimmen. Bis zu acht Entwürfe lassen sich in die Umfrage aufnehmen. Meinungen anderer zu den Vorschlägen helfen Ihnen, den nötigen Abstand zu bekommen.

Bei der so genannten **Übergabe** liefert der Gewinner des Wettbewerbs die druckfertigen und hochaufgelösten Dateien. Sie können die Person auch bitten, noch kleinere Korrekturen auszuführen. Danach prüfen Sie die Dateien auf technische Qualität und Vollständigkeit: Stimmt die Auflösung? Ist der Autorenname richtig geschrieben? Per Vertrag lassen Sie sich alle **Nutzungsrechte** übertragen, und der Designer bzw. die Designerin sichert zu, keine Rechte Dritter verletzt zu haben.

Zehn Tipps für Ihr perfektes Buchcover

Selfpublisher*innen werden immer professioneller. Das müssen sie auch, denn um von Buchhändler*innen und Leser*innen ernst genommen zu werden, sollten ihre Bücher branchenübliche Kriterien erfüllen. Neben Lektorat und Korrektorat gehört dazu vor allem ein ansprechendes Buchcover. Die Marketing-Experten von epubli haben ein paar Tipps zusammengestellt, wie das gelingen kann – nicht nur beim E-Book, sondern auch beim gedruckten Buch.

Mit dem richtigen Cover Können Autor*innen sehr gezielt ihre Leser*innen finden und auf sich aufmerksam machen. Die folgenden zehn Punkte helfen zu verstehen, worauf es bei der Gestaltung eines guten Buchcovers ankommt.

1. Kennen Sie Ihre Zielgruppe!

Optimalerweise haben Sie schon beim Schreiben Ihre künftigen Leser*innen vor Augen gehabt und eine Vorstellung davon, wer Ihr Buch bald in den Händen halten soll. Vor der Covergestaltung sollten Sie sich ebenfalls einige Fragen stellen, die Sie auf den richtigen Weg bringen: Ist meine Zielgruppe eher jung oder eher alt? Ist sie eher männlich oder eher weiblich? Was haben meine Leser*innen für ästhetische

Vorlieben? Welche ähnlichen Titel gefallen meiner Zielgruppe? Wenn Sie diese Fragen beantworten, bekommen Sie ein gutes Grundgefühl für Ihr perfektes Cover!

2. Coverbild und Titel ergänzen sich gegenseitig

Zuerst das Wichtigste: Der Titel Ihres Buches sollte immer gut lesbar sein. Das gilt auch dann, wenn das Cover in einem Onlineshop in der Größe einer Streichholzschachtel zu sehen ist. Aber welche Kriterien müssen Titel und Bild noch erfüllen, damit Sie darauf aufmerksam werden? Einer der wichtigsten Aspekte bei gelungenen Buchcovern ist die Symbiose aus Bild und Text. Beide müssen sich gegenseitig ergänzen und sinnvoll ineinandergreifen. Was das Bild nicht zeigt, darf der Titel andeuten. Wo der Titel Fragen aufwirft, darf das Bild eine Anspielung machen. Stellen Sie sich vor, Ihr Buch wäre ein Geschenk. Die Leser*innen sollen eine Ahnung davon bekommen, worum es geht, aber ausgepackt wird erst beim Lesen!

3. Finden Sie die richtige Farbstimmung!

Farben haben aus psychologischer Sicht eine enorm kraftvolle Wirkung. Oft stehen sie für eine Stimmung oder rufen ein bestimmtes Gefühl beim Betrachter hervor. Je nachdem, was man als Autorin beim potenziellen Käufer für ein Gefühl auslösen möchte, sollte man die Farbstimmung für das Cover auswählen. Die Farbe Rot wird oft mit sehr intensiven Emotionen wie Liebe und Leidenschaft in Verbindung gebracht, kann aber auch für Gefahr stehen. Mit gelben Tönen wollen Werbestrategen oft einen warmen und freundlichen Eindruck erwecken. Blau gilt als beruhigend und signalisiert Ruhe und Ehrlichkeit. Grün wird oft mit Natur, gern auch mit Seriosität in Verbindung gebracht. Orange wird bei vielen Marken mit Innovationscharakter und Kreativität assoziiert.

Autor*innen sollten sich vor der Covergestaltung ebenfalls

mit den psychologischen Effekten von Farben vertraut machen. Denn ein Krimi in Rosa oder ein Kinderbuch in Grau wären zwar etwas Neues, würden sich aber vermutlich schlecht verkaufen.

Neben der Auswahl der Farbe spielt auch die Wahl der Schrift auf einem Buchcover eine wichtige Rolle für den ersten Eindruck. Es gibt zahlreiche ausgefallene Schriften, die kostenlos im Netz heruntergeladen werden können. Aber Achtung: Wenn Sie besondere Schriften für Ihr Cover verwenden möchten, sollten Sie sicher sein, dass diese nach dem Upload des PDF erhalten bleiben und sie deshalb einbetten.

Übrigens: Nicht immer ist die Schrift, die man selbst am schönsten findet, die beste Wahl. Einige Schriften eignen sich besser für harte Worte und Buchtitel, beispielsweise in den Genres Thriller und Kriminalroman. Andere wiederum sind mit ihren verspielten Elementen wie gemacht für romantische oder humorvolle Titel. Sehr reduzierte moderne Schriften eignen sich am besten für Ratgeber und Sachbücher – sie wirken seriös und modern. Überlege Sie genau, ob die Schrift, die Sie für Ihr Cover im Sinn haben, tatsächlich zum Titel und zum Inhalt Ihres Buches passt. Achten Sie außerdem auf Lesbarkeit und Format und denken Sie daran: Im Onlineshop hat Ihr Titel ungefähr die Größe einer Streichholzschachtel. Verwenden Sie nie mehr als zwei Schriftarten auf dem Cover, das sorgt für Unruhe und wird dem betrachtenden Auge schnell zu anstrengend.

5. Jedes Genre hat eine eigene Sprache

Fantasy- und Kriminalromane bedienen andere Bildsprachen als beispielsweise historische Romane oder Liebesgeschichten. Informiere Sie sich im Vorhinein darüber, was den jeweiligen Gestaltungshabitus für Ihr Genre betrifft. Sehen Sie sich auch bei der Konkurrenz um und orientieren Sie sich an dem, was bei den Leser*innen anderer erfolgreicher Autor*innen in Ihrem Genre gut ankommt.

6. Appetitanreger: Klappentext

Wenn Ihr Buch ein 5-Sterne-Menü ist, dann ist Ihr äußerer Klappentext das Hors D'oeuvre. Der Text auf der Rückseite Ihres Buches (die U4) ist Ihre zweite Chance, die Leser*innen vom Kauf Ihres Buches zu überzeugen (die erste Chance ist die U1: das Front-Cover). Erzählen Sie dort, worum es in Ihrem Buch gehen wird, ohne zu viel zu verraten. Machen die Leser*innen neugierig, indem Sie die Geschichte fragmentarisch umreißen oder ein spannendes Zitat einfügen. Wenn es schon eine Rezension zu Ihrem Buch gibt, könnten Sie einen positiven Auszug davon hier unterbringen.

7. Das Autorenbild: Die Leser*innen möchten wissen, wer Sie sind

Ein Buchcover mit einem Bild von Ihnen als Autor*in erweckt Vertrauen bei den Leser*innen und kann für einen sympathischen oder seriösen Eindruck noch vor Lesebeginn sorgen. Überlegen Sie sich, was Ihre Zielgruppe ansprechen könnte. Bei einer leichten Sommerlektüre darf das Bild ruhig etwas bunter sein und ein Lächeln des Autors oder der Autorin kann nicht schaden. Bei einem Sachbuch könnte ein Bild, das einen Bezug des Autors zum Thema aufzeigt, für Authentizität sorgen. Auch hier lohnt es sich, einen Blick auf andere Autor*innen zu werfen, die im gleichen Genre schreiben und erfolgreich sind. In jedem Fall sollten Sie Ihr **Autorenfoto von einem Profi** machen lassen. So sehen Ihre Leser*innen gleich, dass Sie es als Autor*in ernst meinen.

8. Weniger ist mehr

Überladen Sie Ihr Cover nicht mit Eindrücken. Sorgen Sie dafür, dass Bild, Text und Farben in einem guten Verhältnis zueinander stehen und sich nicht gegenseitig erdrücken. Trauen Sie Ihren Leser*innen zu, dass sie auch ohne zu viel Information verstehen, worum es in Ihrem Buch geht. Ein verschwommener Hintergrund oder ein angeschnittenes Foto können die Leser*innen sehr neugierig machen. Setzen Sie auf die alt bewährte Formel: So viel wie nötig, so wenig wie möglich!

9. Testen Sie Ihr Cover

Auch, wenn es schwer fällt, nehmen Sie nach dem Schreiben ein wenig Abstand zu Ihrem Buch. Sie haben lange an dem Text gearbeitet und sind emotional involviert. Deshalb ist es ratsam, das **Cover zu testen, bevor Sie Ihr Buch veröffentlichen**. Erstellen Sie zwei bis drei Entwürfe und schicken Sie diese an Freunde und Verwandte, die am ehesten Ihrer Zielgruppe entsprechen. Seien Sie konstruktiver Kritik gegenüber offen und nehmen Sie die Ratschläge Ihrer Testgruppe an. Denn auch, wenn Sie eine sehr lange Zeit mit Ihrem Text verbracht haben – oder vielleicht gerade deshalb – sind Sie als Betrachter*in nicht mehr unbedingt objektiv.

10. Hat Ihr Cover vier Seiten?

Ein Buchcover besteht nicht immer nur aus Vorder- und Rückseite. Insbesondere hochwertige Paperbacks besitzen oft vier Umschlagseiten, die in der Titelei mit U1-U4 beschrieben werden. U1 und U4 stellen die Außenseiten eines Buchcovers dar: äußere Front- und äußere Rückseite. Zwar sorgen diese für den ersten Eindruck bei potenziellen Käufer*innen, trotzdem sind U2 und U3, die inneren Umschlagseiten, ebenso wichtig. Sie liefern in der Regel eine längere Beschreibung des Inhalts (U2) und Informationen über sich als Autor*in (U3).

Wollen Sie es einfach mal ausprobieren? Bauen Sie Ihr eigenes Cover ganz leicht in ein paar Schritten selbst zusammen! Hier geht es zum Cover-Designer von epubli. Wir wünschen Ihnen viel Erfolg bei der Erstellung Ihres perfekten Buchcovers!

Sieben Elemente, die ans Ende Ihres Buches gehören

IHRE LESERIN SIEHT dem glücklichen Paar bei der Abreise in die Flitterwochen zu, lächelt seelig, blättert noch eine Seite weiter – und plötzlich steht da »ENDE« – oder gar ein juristischer Begriff, der sie auf den Boden der Tatsachen holt: »Impressum«. Was für ein deprimierender Abschied! Sie lassen damit nicht nur einen potenziellen Fan im Regen stehen, Sie verpassen auch gleich mehrere Chancen.

Womit sollten Sie Ihr Buch besser beenden?

1. Nachwort

Wenn Leser*innen gerade erlöst und vielleicht noch mit einer Träne im Augenwinkel die Handlung verlassen haben, sollte auf der nächsten Seite jemand stehen, der sie mit einer Packung Taschentücher erwartet – Sie, die Autorin oder der Autor. Das Nachwort beginnt oft mit »Liebe Leserinnen und Leser«, aber das ist nicht wichtig – die Anrede muss zu Ihren Buch und Ihrem Publikum passen. Hier dürfen Sie gern persönlich werden. Welche Gedanken haben Sie beim Schreiben bewegt? Wie ist es zu dem Ende gekommen, das die Protagonistin gerade erlebt hat? Stand sie vielleicht kurz davor, ein ganz anderes Schicksal zu erleben?

2. Einladung

Keine Sorge, Sie brauchen Ihre Leser*innen nicht zu sich nach Hause einzuladen. Weisen Sie sie auf Ihre Website hin, verraten Sie, wo man Sie in den sozialen Medien trifft. So können Sie die Unterhaltung mit den Fans auch dann noch fortsetzen, wenn die Handlung schon lange abgeschlossen ist.

3. Bitte um Rezension

Jetzt ist der perfekte Moment. Alle Eindrücke sind noch frisch, die Begeisterung ist unmittelbar – wer jetzt eine Rezension schreibt, kann sein Erlebnis mit Ihrem Buch authentisch weitergeben. Scheuen Sie sich nicht, konkret um eine Besprechung zu bitten. Erklären Sie, wie wichtig Rezensionen für Sie als Autor*in sind, und dass sie nichts kosten außer einem bisschen Zeit.

4. Newsletter

Eine Facebook-Seite zu haben, kann hilfreich sein. Einen Newsletter brauchen Sie unbedingt, denn nur so erreichen Sie wirklich alle Fans, wann Sie es wollen. Und am Ende des Nachworts laden Sie Ihre Leser*innen dazu ein. Idealerweise haben Sie irgendeinen Bonbon dafür. Aber der sollte nie der Grund sein, Ihren Newsletter zu abonnieren. »Ich möchte gern erfahren, wie es mit den Protagonisten weitergeht« – das ist der perfekte Grund. Erläutern Sie das! Ihr Abo-Bonus ist dann allenfalls der Auslöser, jetzt und nicht später auf den entsprechenden Link zu klicken. Nutzer*innen, die auf Freebies aus sind, werden kaum etwas von Ihnen kaufen.

5. Leseproben

Gleich mal in das nächste Buch reinlesen? Jetzt, am Ende der Handlung, ist das Publikum gern bereit dazu. Aber übertreiben Sie den Umfang nicht. Etwa drei Kapitel sollten genügen. Wenn die Leseprobe zu lang wird, endet das eigentliche Buch vielleicht schon bei 80 Prozent des Gesamtumfangs, und Ihre Leser*innen sind dann enttäuscht. Am Ende der Leseprobe erfahren Neugierige natürlich, wann es die Fortsetzung wo geben wird (am besten mit Vorbestell-Link).

6. Links

Es sollte ja selbstverständlich sein, aber immer, wenn Sie irgendeine Ressource im Netz erwähnen, darf ein Link dorthin auf keinen Fall fehlen. Der Link muss möglichst direkt auf die richtige Seite gehen. Das ist bei der Bitte um eine Rezension genauso wichtig wie beim Newsletter-Abo. Denken Sie daran, den Link auch im E-Book auszuschreiben (im Taschenbuch sowieso), also nicht einfach nur ein Wort zu verlinken. Nicht jeder E-Reader ist ja mit dem Web verbunden. Der ausgeschriebene Link sollte möglichst unkompliziert abzutippen sein. Behelfen Sie sich dazu mit einem Linkverkürzer wie Bitly.

Wichtig: Links zu Konkurrenz-Shops sind in der Regel verboten. Falls Sie über mehrere Shops verkaufen, müssen Sie im Buch also auf Ihre Website verweisen.

7. Impressum

Ja, auch das Impressum findet seinen Platz in Ihrem Buch, aber wirklich erst ganz am Ende. Was gehört ins Impressum eines Buches? Das erklärt dieser Artikel.

Und wenn nun …? Sieben unbegründete Ängste von Selfpublisher*innen

Zu den üblichen Marketing-Tipps gehört das Betreiben einer Autoren-Website. Wer nach Ihnen, Ihrem Buch und idealerweise auch nach Ihren Themen googelt, sollte auf diese Seite stoßen. Das funktioniert jedoch nur, wenn Sie Ihre Website nicht nur einmalig erstellen, sondern auch regelmäßig aktualisieren.

Aber mit welchen Inhalten? Das hängt davon ab, was Ihr Ziel ist. Sie müssen versuchen, drei Sorten von Lesern auf Ihre Seite zu locken:

1. **Ihre Fans**. Also Nutzer, die Ihre Bücher schon kennen und die voraussichtlich auch Ihr nächstes Werk kaufen werden. Ihr Hauptziel sollte bei den Fans darin bestehen, sie zu überzeugen, Ihren Newsletter zu abonnieren – das effizienteste Mittel zur Buchvermarktung.
2. **Neue Leser**. Das sind Nutzer, die von Ihnen noch nichts gehört haben, aber über Ihre Inhalte auf Ihre Seite stoßen. Bei diesen Lesern verfolgen Sie die simple Absicht, sie zu wiederholten Besuchen zu animieren.
3. **Google**. Dass Ihre Seite von Google indiziert und richtig eingeordnet wird, ist die Voraussetzung

> dafür, dass Google Ihnen neue Leser schickt. Ihr Ziel besteht also darin, Google davon zu überzeugen, dass Ihre Seite für Ihre Themen relevant und so wichtig ist, ganz oben in den Suchergebnissen angezeigt zu werden.

Die gute Nachricht: Trotz der unterschiedlichen Zielgruppen müssen Sie gar nicht mit grundverschiedenen Inhalten arbeiten. Außer in einem Aspekt: Für Interna Ihrer Arbeit (neue Protagonisten, was nach dem Ende des Romans passiert…) interessieren sich zunächst nur Ihre Fans. Sie sollten auf Ihrer Website mit solchen Themen also eher sparsam umgehen – heben Sie sich diese für den Newsletter auf, der auf diese Weise gerade für die Fans besonders wertvoll wird.

Wichtiger, weil für Fans, zufällige Besucher und Google spannend, sind Artikel zu Sachthemen. Dabei sollte es sich um Themen handeln, die sich aus Ihren Büchern ergeben. Einige Autoren geben auf ihren Seiten Tipps zum Schreiben – das ist für andere Autoren spannend, aber weniger für Ihre Leser (es sei denn, Sie verfassen außerdem Schreibratgeber oder bieten andere Dienste für Autoren). Sachthemen zu finden, fällt bei Sachbuchautoren leicht – in der Belletristik fällt es auf den ersten Blick schwerer.

Überlegen Sie: Wofür interessieren sich die Leser Ihrer Bücher noch? Angenommen, Sie schreiben Liebesromane mit Milliardären, ein ganz ungewöhnliches Thema also. Dann könnten sich Ihre Leser interessieren für:

- Andere tolle Liebesromane mit Milliardären (ja, es schadet nicht, auch auf Wettbewerber hinzuweisen!)
- Wie man sich einen echten Milliardär angelt (Millionär passt auch)
- Welche Sorgen und Nöte echte Milliardäre haben
- Wie Sie das Leben Ihrer Milliardärs-Protagonisten recherchiert haben

- Warum Milliardäre auch nur Menschen sind
- Wie das Finanzamt betrügerischen Milliardären auf die Schliche kommt
- Ein Interview mit einem echten Milliardär (Millionär)
- Eine Liste deutscher Milliardäre (die noch zu haben sind)

Das Muster sollte klar werden. Falls Ihnen keine Fragen zu Ihrem Thema einfallen, habe ich noch einen Tipp für Sie: »Answer the Public« ist ein Dienst, dem Sie ein Wort oder eine Wortgruppe vorwerfen und der daraus die Fragen generiert, die von Nutzern häufig an Google gestellt werden. Probieren Sie's aus!

Und was ist mit dem Leser namens Google? Wenn Sie themenrelevante Beiträge veröffentlichen, machen Sie damit auch Google glücklich. Schreiben Sie nie speziell für die Suchmaschine, das nehmen echte Leser übel – und Google spätestens dann, wenn mal wieder die Algorithmen umgebaut werden. Verfassen Sie einfach relevante Artikel, das ist die beste Suchmaschinen-Optimierung.

Wie die Charts, Rankings und Bestsellerlisten bei Amazon funktionieren

DIE EXISTENZ der verschiedenen Bestenlisten und Empfehlungs-Algorithmen bei Amazon sorgt gern für Verwirrung. Das beginnt schon bei der Tatsache, dass der Anbieter mehr als ein solches Ranking führt. Wer braucht das, und warum? Und wie lässt sich mit Hilfe dieser Tatsache der Verkauf des eigenen Titels verbessern?

Was den meisten Amazon-Kunden (und auch den Autoren) zuerst auffällt, ist die Bestseller-Liste. Sie umfasst **genau 100 Titel** und ist hart umkämpft. Anders als bei anderen Unternehmen kann man sich hier nicht einkaufen, und Amazon doktert an der Liste auch nicht redaktionell herum (mit der Ausnahme, dass Erotik-Titel hier nicht geführt werden). Die Bestseller-Liste wird automatisch erstellt und für die vorderen Ränge stündlich aktualisiert, für die hinteren seltener. Es sei denn, die Amazoncomputer hängen mal wieder.

Das Bestseller-Ranking

Die Bestseller-Liste basiert auf dem **Verkaufsrang** (Sales Rank) eines E-Books. Jedes Buch besitzt einen anderen Verkaufsrang, der in der Buchbeschreibung ablesbar ist (#xx Bezahlt in Kindle-Shop). Der Text verrät schon, woraus sich der Rang zusammensetzt: aus den aktuellen Verkäufen eines E-Books in der betreffenden Filiale von Amazon. Verschenkaktionen spielen hier also keine direkte Rolle. Doch auch Verkäufe via Amazon.com werden bei Amazon.de nicht berücksichtigt. Der Preis des Titels hat auf die Platzierung keine Auswirkungen, ebensowenig irgendwelche Label (»Bestseller«, »All Star«) oder die bloße Tatsache, dass ein Titel bei Select angemeldet ist. Amazon berücksichtigt jedoch auch **Verleih-Vorgänge** von KindleUnlimited und von Prime Reading, obwohl diese für den Leser (scheinbar) kostenlos sind – der Autor wird ja dafür auch bezahlt. Weitere Mythen und Wahrheiten zum Amazon-Verkaufsrang erkläre ich hier.

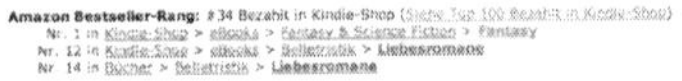

Amazon Bestseller-Rang: #34 Bezahlt in Kindle-Shop (Siehe Top 100 Bezahlt in Kindle-Shop)
Nr. 1 in Kindle-Shop > eBooks > Fantasy & Science Fiction > Fantasy
Nr. 12 in Kindle-Shop > eBooks > Belletristik > **Liebesromane**
Nr. 14 in Bücher > Belletristik > **Liebesromane**

Verkaufsrang eines E-Books: Oben allgemein, darunter in Kategorien.

Wie im obigen Bild erkennbar ist, führt Amazon zusätzlich für **jede Kategorie einen Verkaufsrang**. Dabei gibt es besonders hart umkämpfte Kategorien mit viel Konkurrenz und solche, wo weniger los ist.

Wenn der eigene Titel in der Hauptkategorie keine Chance hat, kann es deshalb nützlich sein, ihn anderswo einzuordnen (siehe unten). Denn finden können ihn potenzielle Käufer sowieso nur, wenn er über eine der Listen sichtbar ist. In einer exotischeren Kategorie suchen zwar vielleicht nicht so viele Käufer – doch wenn sich dann mal jemand dort hineinverirrt, trifft er den eigenen Titel viel weiter oben, während er ihn in der umkämpften Kategorie vielleicht gar nicht gefunden hätte. Allerdings sollten Sie **nur Kategorien wählen, die auch zum Inhalt Ihres Buches passen**. Das fordern zum einen die Amazon-Bestimmungen, zum anderen verärgern Sie Leser (und Rezensenten), wenn die Kategorie-Angabe etwas verspricht, was das Buch nicht hält. Es hat schon für manches Buch schlechte Bewertungen gehagelt, weil es falsch eingeordnet war. Es ist auch kein besonders ethisches Verhalten, Bücher nur wegen der Platzierung in die unpassenden Kategorien einzuordnen. »Die anderen machen es auch« wäre für mich keine Entschuldigung.

Regal für KindleUnlimited

Wer sich exklusiv an Amazon bindet und dadurch über das KDP-Select-Programm sein Buch in die Kindle-Flatrate KindleUnlimited legen kann, erhält übrigens noch eine **zusätzliche Regalfläche**: Die hier ausleihbaren Titel führt Amazon nämlich nach Verkaufsrang in einer speziellen Liste. Etwa die Hälfte der Top-100-Bücher nutzt diese Möglichkeit, tatsächlich ist es inzwischen schwer geworden, ohne Select in die Top 100 einzuziehen.

Wer eine realistische Chance sieht, unter die ersten 200 Titel insgesamt zu gelangen, sollte sich deshalb überlegen, lieber exklusiv bei Amazon zu bleiben, statt auch andere Plattformen zu bedienen. Je nach Preis eines E-Books können zu zehn Käufen noch fünf bis zehn Leihen hinzukommen – die Ihnen fehlen, wenn Sie KindleUnlimited nicht bedienen. Je höher der Buchpreis ist, desto höher ist auch die Leihquote.

Das Beliebtheits-Ranking

Das ist aber nicht alles – Amazon führt auch eine Rangliste, die gern »**Popularitäts- oder Beliebtheits-Ranking**« genannt wird. Auf der Website werden Sie diese Liste aber nicht finden, jedenfalls nicht unter diesem Namen. Sie kommt immer dann zum Einsatz, wenn Käufer sich über die Kategorien im Kindlestore durchklicken. Bei dieser Art des Vorgehens werden alle Titel »nach Empfehlung« gelistet (im Bild oben rechts).

Das Beliebtheits-Ranking hat allerdings noch ein paar Eigenheiten, die es Indies erschweren, die Effekte zu nutzen. Denn zum einen fließt hier auch der Preis eines Buches mit ein (bei Verschenkaktionen der vorherige Preis). Phoenix Sullivan hat für Amazon.com die Wichtungsfaktoren berechnet. Ob sie ähnlich auch für Amazon.de gelten, ist unklar. Teure Verlags-Bücher, das ist aber deutlich, haben auch bei uns größere Chancen, im Beliebtheits-Ranking nach oben zu kommen.

Zum zweiten berücksichtigt diese Liste die **Leihvorgänge aus KindleUnlimited nicht** (anders als die allgemeine Bestenliste). Sie wird auch nicht so oft aktualisiert (nämlich nur einmal am Tag) und besitzt eine Verzögerung von zwei Tagen. Darum dauert es auch nach einer Verschenkaktion stets genau zwei Tage, bis sich bei dem verschenkten Titel etwas tut. Auf welcher Position ein Titel landet, bestimmt sich nach seinen Umsätzen in den vergangenen 30 Tagen. Die Verkaufs-Bestenliste hingegen ist weitaus dynamischer und bestraft sinkende Verkäufe fast sofort, spätestens aber nach 24 Stunden.

Welche Liste hat welchen Einfluss? Das lässt sich nur grob schätzen. Leser, die sich an den Käufen anderer Leser orientieren und kein bestimmtes Thema suchen, nutzen das Bestseller-Ranking. Wer sich jedoch für eine bestimmte Kategorie interessiert, wird sich dort durchklicken und bekommt Ergebnisse des Beliebtheits-Rankings gelistet. Experten schätzen, dass zwei Drittel der Verkäufe über das Beliebtheits-Ranking zustande kommen, aber nur ein Drittel über das Bestseller-Ranking.

Wer einmal in den Kategorien stöbert, wird auch eine weitere Besonderheit bemerken: Amazon featuret alle Neuerscheinungen zusätzlich. Früher konnte man den Erscheinungstermin in KDP manuell ändern; da dies dazu missbraucht wurde, die Neuerscheinungs-Liste zu spammen, hat Amazon diese Möglichkeit abgeschafft.

Doch es gibt noch zwei andere Faktoren, die auch eine Art von Ranking darstellen: das, was die Amazon-Suchfunktion ausspuckt – und der Eintrag »Kunden kauften auch«.

Kunden kauften auch…

Unter jedem Buch führt Amazon bis zu 99 weitere Bücher auf, die »Kunden, die diesen Artikel gekauft haben, kauften«, die sogenannte »Kunden kauften auch«-Liste (KKA). Es ist klar: Das ist eine wichtige Chance für Ihr Buch. Bis Ihr eigener Titel bei fremden Büchern erscheint, vergeht etwas Zeit, eine Woche sollten Sie mindestens Geduld haben. Und auch dann erreichen Sie nur eine sinnvolle Platzierung, wenn Ihr Buch nicht von irgendwem, sondern von Fans des Genres gekauft wird. Insbesondere nach über Drittanbieter gut beworbenen Preisaktionen werden Sie feststellen, dass Ihr Buch bei gar nicht zum Genre passenden Titel auftaucht – das ist ein unangenehmer Nebeneffekt der Gesellschaft und Sichtbarkeit, die man bekommt.

Diese Art des Listings ist darum am schwersten zu beeinflussen, und sie zeigt den Nutzer*innen auch, wenn Sie versuchen, das Ranking Ihres Buches durch gekaufte Käufe zu manipulieren: Dann wird sich nämlich unter Ihrem Buch ein buntes Sammelsurium von Titeln aus allen möglichen Bereichen finden.

Mit den KKA experimentiert Amazon in letzter Zeit häufig. Manche Nutzer*innen sehen sie gar nicht, andere nur in bestimmten Browsern.

Amazon-Suchfunktion

Die Suchfunktion orientiert sich zum einen ganz klassisch, wie man es von Suchmaschinen kennt, an den Metadaten: Titel, Beschreibung und Keywords eines E-Books. Wichtig ist hier auch die Kategorie – »Blackout« von Marc Elsberg etwa besitzt weder im Titel noch im Klappentext das Wort »Thriller«, taucht aber trotzdem bei einer Stichwortsuche danach oben auf – denn es befindet sich in der Thriller-Kategorie. Das ist übrigens ein weiteres Argument, warum Sie keine falschen Kategorien wählen sollten. Der Buchinhalt wird nicht indexiert.

Dafür aber spielen bei Amazon-SEO zwei weitere Faktoren eine wichtige Rolle, die Google nicht kennt: bisherige Verkaufszahlen und die mittlere Leserbewertung. Das ist logisch: Amazon möchte die Bücher oben platzieren, die andere Kund*innen gut fanden und gekauft haben.

Kategorie ändern – wie geht's?

Wenn Sie nun festgestellt haben, dass Ihr Titel in seiner aktuellen Kategorie keine Chance hat oder auch falsch platziert wurde – was können Sie tun? Das Kategorie-System, auf das Sie via KDP Zugriff haben, unterscheidet sich von den in Amazon.de verwendeten Kategorien zum Teil deutlich. Der KDP-Support kann hier jederzeit Abhilfe schaffen. Schreiben Sie dem KDP-Support über das Kontaktformular (es gibt keine E-Mail-Adresse mehr), wo Sie Ihren Titel gern platziert hätten, und zwar mit dem genauen Pfad, über den sich ein Käufer durchklicken muss, also etwa *Kindle E-Books -> Belletristik -> Humor*. Insgesamt sind auf diese Weise bis zu zehn Kategorien möglich.

Achtung: Wenn sich Ihr Buch gut genug verkauft, taucht es auch in den Bestenlisten und Popularitätsrankings der jeweils **übergeordneten Kategorie** auf. Es ist deshalb effizienter, Kategorien zu wählen, die NICHT am selben Zweig eines Kategorienbaumes hängen.

Falsch (also ungünstig) wäre:

- *Kindle E-Books -> Fantasy & Science Fiction -> Fantasy*
- *Kindle E-Books -> Fantasy & Science Fiction -> Vampirromane*

– weil Sie dann nur **eine gemeinsame** Oberkategorie nutzen können. Deshalb wählen Sie hier lieber:

- *Kindle E-Books -> Fantasy & Science Fiction -> Fantasy*
- *Kindle E-Books -> Belletristik -> Liebesromane*

Auch Ihr Autorenname taucht dann in beiden Hauptrubriken auf. Was ein zusätzlicher Weg sein kann, gefunden zu werden. Wichtig: Falls Ihr Fantasy-Buch aus Gemetzel unter Zwergen besteht, sollten Sie es nicht bei Liebesromanen einsortieren. Falls Ihr Werk jedoch ein Liebesroman in einer fantastischen Welt ist, werden Sie auch keine unzufriedenen Leser*innen hinterlassen.

Wann ist ein Buch ein Bestseller?

Manchmal werde ich auch gefragt, wann das eigene Buch als Bestseller gilt. Es soll Autor*innen geben, die ihren Titel extra in einer exotischen Kategorie einstellen, um dort das Bestsellerfähnchen zu erhalten. Das ist albern. Ein Buch, das in einer obskuren Nische mal ganz oben stand, ist kein »Bestseller«. Im Allgemeinen sollte ein Titel, der »Amazon-Bestseller« genannt werden will, es auf die Top 1 oder wenigstens in die Top 10 der Kindlecharts geschafft haben, und wenn man großzügig ist, könnten es die Top 100 sein oder auch die Top 1 einer beliebten Hauptkategorie. Die Maßstäbe sind da natürlich unterschiedlich. Es wird Ihnen auch niemand verdenken, sich über das Bestsellerlogo einer Minikategorie zu freuen, nur sollten Sie damit nicht unbedingt in der Verlagswelt hausieren gehen.

Kategorien-Spamming: Warum Sie es besser lassen sollten

Wenn es die aktuelle Lage erlaubt, sehe ich gern mal bei unserem örtlichen Buchhandel vorbei. Es gibt da an den Wänden Möbel, die nennt man auch Regale. In diesen Regalen haben die Buchhändlerinnen (männliche Exemplare gibt es da meines Wissens nicht) Bücher einsortiert, und zwar thematisch sortiert. Das ist praktisch, weil ich zum Beispiel keine Krimis lese. Also kann ich gleich zu dem Regal gehen, das mich interessiert. Darüber steht zwar »Fantasy«, aber irgendwo links unten gibt es dort auch eine Ecke mit Science-Fiction-Titeln, echte Bückware also. Manchmal finde ich darin ein Buch von mir. Es steht eigentlich immer versteckt zwischen anderen. Wenn mich niemand beobachtet, hole ich es vielleicht nach vorn (das bleibt aber bitte unter uns!).

Was ich aber nie tun würde: es aus dem Regal nehmen und bei den Reiseführern einordnen, bei den Fachbüchern über Archäologie oder ins Kochbuchregal. Das ergibt doch auch überhaupt keinen Sinn! Stimmt's?

Die Wahrscheinlichkeit, dass du mir jetzt zugestimmt hast, ist hoch. Die Wahrscheinlichkeit, dass du dein Buch selbst regelmäßig absichtlich falsch einordnest, ist allerdings fast ebenso hoch. Nämlich bei Amazon. Das verrät ein Blick in Amazons virtuelle Regale. Ich habe nachgezählt.

- Beispiel »Bühnen«. Hier sollten Bühnenwerke zu finden sein. Tatsache unter den Top 18: 0 Bühnenwerke.
- Beispiel »Archäologie«. Hier sollten Sachbücher zum Thema Archäologie zu finden sein. Tatsache unter den Top 18: gerade einmal 6 Werke, die sich zumindest mit Geschichte befassen. 0 Bücher über Archäologie.
- Beispiel »Reiseführer nach Ländern«. Hier sollten (bitte raten Sie?) zu finden sein. Tatsache unter den Top 18: 0 Reiseführer.
- Beispiel »Literaturkritik & Literaturtheorie«. Tatsache unter den Top 18: 1 pasendes Buch (und da habe ich großzügig gezählt).
- Beispiel »Fachbücher Romanistik«. Inhalt selbsterklärend. Tatsache unter den Top 18: 12 Sprachlernbücher. Immerhin, wobei auch die hier eigentlich falsch sind.
- Beispiel »Biochemie«. Hier stellt sich der interessierte Käufer, nun ja, Biochemie vor. Tatsache unter den Top 18: 1 passendes Buch.
- Beispiel »Klassiker«. Goethe? Shakespeare? Kleist? Euripides? Haha. Tatsache unter den Top 18: 1 x Jane Austen, das kann man gelten lassen.
- Beispiel »Musiknoten«. Also was Musiknoten sind, sollten doch nun wirklich alle wissen. Tatsache unter den Top 18: 5 Titel, in denen es zumindest um das Erlernen eines Instruments geht.
- Beispiel »Dramatik«. Hier sollten Dramen zu finden sein. Wir haben in der Schule gelernt, was Dramen sind. Eine »literarische Gattung, bei der eine Handlung durch die beteiligten Personen auf der Bühne dargestellt wird.« Tatsache unter den Top 18: 0 passende Titel.

An dieser Stelle ist mir dann die Lust vergangen. Was soll das? Ich höre schon die folgenden Argumente:

- »Aber alle machen es so«: Wenn alle in den Wald kacken, ist es trotzdem Scheiße. Entschuldigung. Musste aber mal gesagt werden. Und ja, sogar Verlage machen es so.
- »Aber es passt doch irgendwie auch, eine Prota ist schließlich Biochemikerin und die andere zitiert Goethe«: Was würdest du sagen, wenn du Leser*in der von dir gespamten Kategorie wärst? Ich interessiere mich z. B. für Physik. In der entspr. Kategorie sind die Titel 1 und 2 aber Thriller bzw. SF. Werde ich deshalb plötzlich ein SF-Buch kaufen (selbst wenn ich welche lese)? Nein. Ich ärgere mich eher und werde Bücher der Autor*innen in Zukunft meiden.
- »Soll doch Amazon besser aufpassen«: Ah, Eigenverantwortung, schon mal gehört? Natürlich sollte Amazon auch besser aufpassen. Das sage ich schon seit 2014, aber vielleicht klappt es ja diesmal. Es kann ja eigentlich nicht so schwer sein, bei der Freigabe eines E-Books kurz die Kategorien anzusehen. Oder man führt wieder die alte Regel mit max. 2 Kategorien pro Buch ein und das Problem erledigt sich von selbst. Es kann ja auch nicht im Interesse Amazons sein, dass sich Kaufinteressierte in den Kategorien nicht mehr zurechtfinden.
- »Ich wollte eben gern mal so ein Bestsellerfähnchen«: Bitte? Ein Fähnchen einer obskuren Kategorie nimmt doch niemand ernst. Und dafür musst du den Autor*innen schaden, die in der für sie passenden Kategorie nicht mehr gesehen werden, weil du mit einem falsch einsortierten Buch die Listen verstopfst? Das ist mindestens unethisch. Ich glaube da sehr an Karma.
- »Ups, ich wusste gar nicht, dass mein Buch da reingerutscht ist«: Ja, das kann passieren, das

> glaube ich gern. Die Zuordnung von KDP- und Amazon-Regalen ist verwirrend. Das kann man aber ändern. Es empfiehlt sich sowieso, die Kategorien ab und zu zu prüfen und dann anzupassen. Ändern lassen sich die Kategorien ganz leicht über das Supportformular von KDP.

Und jetzt kommen wir zum geschäftlichen Teil. Wenn es dir darum geht, dein Buch gut zu verkaufen, ist es keine gute Idee, es falsch einzusortieren. Damit bringst du nämlich die Amazon-Algorithmen durcheinander, die dein Buch im Idealfall den richtigen Leser*innen empfehlen, nämlich denen, die es kaufen und gut finden. Angenommen, du hast deinen Liebesroman unter »Reiseführer« eingestellt. Nun schickt Amazon an Nutzer*innen, von denen es weiß, dass sie sich für Reiseführer interessieren, per E-Mail dein Buch. Mist, passt nicht. Es wird nicht geklickt. Was wird das wohl über dein Buch sagen? Wird Amazon es noch einmal empfehlen? Eher nicht. Und was ist mit deinen anderen Büchern? Selbst wenn das Buch dann gekauft wird, machst du dir damit deine »Kunden kauften auch« kaputt. Selfpublishing-Experte David Gaughran formuliert es in seinem aktuellen Newsletter so: »… being liberal with your book's categories like this might grab you some quick wins, but might end up being a big loss over time, as Amazon recommends you to the wrong readers, sees that your book isn't converting when it is recommended, and then starts recommend you less.«

Kategorien-Spam? Lass es. Du schadest (in zufälliger Reihenfolge) Leser*innen, Amazon, anderen Autor*innen und nicht zuletzt dir selbst. Danke.

Sieben Fragen und Antworten zu Facebook-Werbung für Bücher

Facebook ist recht geschickt darin, Ihnen bezahlte Werbung schmackhaft zu machen. Wenn Sie etwa einen Beitrag auf Ihrer Fanseite schreiben, erscheint gleich neben dem »Posten«-Button ein Icon »Beitrag bewerben«. Wenn einer Ihrer Artikel ungewöhnlich oft gelesen wird, erhalten Sie den Tipp, die Reichweite mit Werbung weiter zu erhöhen. Wenn Ihre Seite noch wenige Fans hat, bietet Facebook Ihnen an, diese Zahl durch Anzeigen zu erhöhen. Und so weiter… Die entscheidende Fragen aber beantwortet Ihnen der Anbieter natürlich nicht: **Lohnt es sich überhaupt, auf Facebook zu werben** – und was sollten Sie dabei beachten? Darüber soll dieser Artikel aufklären.

1. Wofür können Sie auf Facebook werben?

Die drei wichtigsten Ziele von Facebook-Werbung lassen sich so beschreiben:

- **Generieren neuer Fans** für Ihre Facebook-Fanseite (»Hebe deine Seite hervor«): Wenn Leser*innen zu Fans werden, erhalten sie mit gewisser Wahrscheinlichkeit Ihre künftigen Beiträge auf Ihrer Fanseite im eigenen Newsfeed.

Das können Sie später nutzen, um etwa auf ein neues Buch aufmerksam zu machen.

- **Verbesserte Verbreitung** Ihrer Beiträge (»Bewirb deine Beiträge«): Angenommen, Sie haben nun ein neues Buch geschrieben und weisen in einem Beitrag auf den Launch hin. Dann können Sie gegen Geld die Wahrscheinlichkeit erhöhen, dass ihre Fans oder Freunde Ihrer Fans diesen Facebook-Beitrag auch tatsächlich in ihrem Newsfeed angezeigt bekommen, also die Chance haben, den Text zu lesen.
- **Klicks auf eine Website** erzeugen (»Leite Menschen auf deine Website«): Der dritte Schritt – das neue Buch ist da, und Ihre Fans sollen es bitte kaufen. Mit einer Facebook-Anzeige können Sie Nutzer*innen direkt auf die Amazon-, iTunes- oder Thalia-Seite Ihres Buches locken.

2. Was kostet Facebook-Werbung?

Die genauen Kosten Ihrer Anzeigen auf Facebook hängen von zahlreichen Umständen ab. Sie müssen stets mit **mindestens zehn Cent pro Klick** rechnen. Facebook zeigt Anzeigen nach einem Auktions-System an, das heißt, wer am meisten bietet, dessen Werbung wird den Nutzer*innen primär angezeigt.

Abhängig von der Konkurrenz in Ihrer speziellen Zielgruppe müssen Sie aber selten die meistbietende Person sein. Ich fange immer mit einem sehr niedrigen Betrag an; erhöhen kann man den Einsatz immer noch. Wichtig ist es auch, von Anfang an ein **passendes Budget (etwa 5 Euro pro Tag) festzulegen**. Bei Erreichen dieser Schwelle wird Ihre Anzeige dann für diesen Tag deaktiviert. Anderenfalls laufen Sie Gefahr, plötzlich eine hohe Rechnung präsentiert zu bekommen.

3. Wann lohnt sich Facebook-Werbung?

Facebook-Werbung **kostet fast immer mehr, als sie auf direktem Weg einbringt**. Das ist bei der Werbung für Ihre Fanseite leicht einsehbar: Der Wert eines Fans ist schwer zu beziffern, zumal die Facebook-Algorithmen nicht garantieren, dass jeder Fan alle Beiträge der Fanseite zu sehen bekommt. Falls Sie für einen Facebook-Beitrag werben, etwa die Ankündigung eines Gewinnspiels, werden Sie die Ergebnisse auch nicht in Euro und Cent berechnen können.

Dass die Werbung teurer ist als die direkt daraus resultierenden Einnahmen, gilt aber auch für die Werbung für den Verkauf von E-Books und Büchern. Zwar zahlen Sie nur 20 oder 30 Cent pro Klick, aber nun folgt ja noch ein letzter Schritt: Die Kund*innen müssen auf »Kaufen« klicken. In diesem Schritt verlieren Sie viele Nutzer*innen. Wie viele, das hängt von den Umständen ab (siehe Frage 5). Aber rechnen Sie im allerbesten Fall nicht mit mehr als einem Kauf-Klick auf zehn Facebook-Klicks (zehn Prozent sind eine sehr, sehr gute Konversionsrate!). Hat Sie jeder Klick also 30 Cent gekostet, brauchen Sie für einen Verkauf zehn Klicks, müssen also drei Euro ausgeben. Wie viel verdienen Sie an Ihrem E-Book doch gleich?

Die Verhältnisse sehen natürlich anders aus, wenn das Produkt teurer ist. Meinen Selfpublishing-Kurs habe ich ebenfalls eine Zeitlang per Facebook beworben, zum Sonderpreis von 99 Euro. Bei 30 Cent pro Klick braucht dann nur etwa jede 300. interessierte Person auf »Kaufen« zu klicken, damit es sich rein finanziell rentiert hat.

4. Kann sich Facebook-Werbung lohnen, auch wenn sie sich nicht lohnt?

Was in der Rechnung oben nicht enthalten ist, sind indirekte Effekte. Den wichtigsten kennen Sie als Autorin oder Autor bereits: Jeder Verkauf wirkt sich auf das Ranking aus und damit auf Ihre künftigen Verkäufe. Über **Facebook-**

Anzeigen können Sie den Verkauf Ihres Buches so ankurbeln, dass es bei Amazon weiter oben sichtbar und damit öfter gekauft wird. Die Werbung wirkt also wie eine Preisaktion, nur dass Sie den Preis nicht verändern müssen.

Wie groß die indirekten Effekte sind, hängt allerdings von der Platzierung ab, die Sie erreichen, und davon, wie lange sich Ihr Buch dann dort oben halten kann.

5. Wie kann ich die Konversionsrate bei Facebook-Werbung erhöhen?

Je höher die Konversionsrate, desto günstiger wird Facebook-Werbung für Sie. Wenn Sie mehr Menschen zum Klick auf Kaufen bewegen wollen, sollten Sie vor allem zwei Ratschläge beherzigen.

Bestimmen Sie Ihre Zielgruppe möglichst genau. Facebook gibt Ihnen viele Möglichkeiten, die Zielgruppe der Anzeige zu definieren. Nutzen Sie das! Wie alt ist ein typischer Käufer, welches Geschlecht hat er, welche Interessen bringt er mit? Nutzt er ein Handy oder einen Computer? Wo wohnt er, welche Sprache spricht er? Je besser Sie das eingrenzen können, desto höher ist die Chance, die Käufer*innen anzusprechen. Versuchen Sie nicht, möglichst viele Nutzer*innen zu erreichen, sondern zielen Sie möglichst genau auf Ihre potenziellen Leser*innen! Eventuell stellen Sie in diesem Prozess fest, dass Ihre Zielgruppe nicht homogen ist. Kein Problem: Versuchen Sie nicht, beide Nutzergruppen auf einmal anzusprechen, sondern entwerfen Sie zwei unterschiedliche Kampagnen!

Gestalten Sie Ihre Anzeige so, dass Facebook-Nutzer*innen wissen, was sie erwarten. Wenn sie etwas kaufen sollen, muss das völlig klar sein. Wer nicht kaufen will, wird die Anzeige dann eher nicht anklicken (und Ihnen keine Kosten verursachen). Wenn Nutzer*innen Ihre Fanseite liken sollen, muss auch das klar aus der Anzeige hervorgehen. Facebook lässt Sie Überschrift, Bild, Text und

»Call to Action«-Schaltfläche definieren – nutzen Sie all diese Kanäle, um Ihre Botschaft klarzumachen.

6. Wann lohnt sich Facebook-Werbung nicht?

Ob sich Facebook-Werbung lohnt, kann sich zu drei Zeitpunkten herausstellen:

Während eine Kampagne läuft: Prüfen Sie am Anfang täglich, wie Ihre Werbung funktioniert. Wenn Sie sehen, dass trotz vieler Klicks nur sehr wenig gekauft wird, überlegen Sie zunächst, wie Sie die Konversionsrate steigern können. Ich habe zum Beispiel festgestellt, dass Smartphone-Nutzer*innen (insb. Android) seltener E-Books direkt kaufen als Computer-Nutzer, also habe ich bei einer Kampagne die Anzeige der Werbung auf Smartphones deaktiviert. Es kann aber passieren, dass Sie trotz Optimierung nicht mehr Erfolg verzeichnen. Dann beenden Sie die Kampagne lieber.

Während Sie die Anzeige entwerfen: Insbesondere bei der Zielgruppen-Auswahl stellen Sie unter Umständen fest, dass Facebook die für Ihr Buch relevanten Interessen oder Eigenschaften gar nicht anbietet. Dann verzichten Sie lieber auf die Anzeige, statt von vornherein danebenzuschießen.

Von vornherein: Ihre Zielgruppe ist gar nicht bei Facebook? Senioren etwa sind bei Facebook unterrepräsentiert. Facebook ist nicht das passende Medium? Eine Preisaktion etwa würde ich eher auf dafür spezialisierten Seiten bewerben. Sie selbst sind bei Facebook kaum aktiv? Dann fehlt Ihnen die so genannte organische Reichweite, über die Sie kostenlos »werben« können.

7. Was brauchen Sie für erfolgreiche Facebook-Werbung?

Bevor Sie sich an das Eintragen einer Anzeige machen, sollten Sie die Voraussetzungen zusammenfassen. Sie benötigen:

- Eine gut definierte Zielgruppe
- Ein Ziel, das Sie mit Ihrer Werbung erreichen wollen
- Ein Budget (mit 10 Euro pro Tag kommen Sie schon sehr weit)
- Aussagekräftige Texte in der von Facebook geforderten Länge
- Bilder: 1200 x 628 Pixel groß, maximal 20 Prozent Text
- Etwas Geduld – Facebook schaltet Ihre Werbung manuell frei

Neun praktische Werkzeuge für hübschere Social-Media-Beiträge

BEITRÄGE, die **ansprechende Bilder enthalten**, werden auf Facebook, Twitter und so weiter eher geteilt als reine Texte. Und wer als Autor*in in den sozialen Medien präsent sein will, braucht auch ein ansprechendes Profil. Glücklicherweise kümmert sich bereits eine größere Zahl an Webdiensten um diesen Bedarf – probieren Sie's aus.

1. Canva: Die vermutlich bekannteste Online-Bildbearbeitung. Kann sogar E-Book-Cover erstellen. Geld kostet es nur, ein Foto aus der Canva-Datenbank zu nutzen.
2. Picmonkey: Online-Bildeditor, der es mit Canva aufnehmen kann. Die Bedienung ist zumindest mir nicht ganz so leicht zugänglich.
3. Social Image Resizer: Diese Website erzeugt per Automatik aus einem von Ihnen hochgeladenen oder verlinkten Foto Versionen in alle möglichen, in den verschiedenen Kanälen gebrauchten Größen.
4. Social Media Image Maker: Dieses kostenlose Tool gibt je nach Ziel die passende Größe der Webgrafik vor. Zahlreiche Social-Media-Kanäle werden dabei unterstützt.

5. Photovisi: Erzeugt aus Ihren Bildern ansprechende Kollagen – gut geeignet etwa für Messe-Nachberichte oder andere Events. Für 4,99 Dollar im Monat können Sie das Wasserzeichen entfernen lassen.
6. Easelly: Verwandelt langweilige Zahlen in spannende Infografiken, ohne Design-Vorkenntnisse, auf Basis von Templates. Kostenlos, die Bezahlversion liefert weitere Templates.
7. Infogr.am: Mit Easelly vergleichbar – liefert auch interessante Zahlen zur Nutzung der Infografiken.
8. Pablo: Eine Online-Bildbearbeitung, mit der Sie u. a. auch Zitate in Bilder einsetzen können.
9. Quozio: Der Zitate-Spezialist. Haben Sie sich auch schon gewundert, woher die aufgemotzten Sinnsprüche anderer Facebook-Nutzer*innen kommen? Hier entstehen sie ganz simpel. Den Text müssen allerdings Sie mitbringen.

Veröffentlichen in schweren Zeiten: fünf Tipps für Selfpublisher*innen

Was die schweren Zeiten betrifft, braucht dieser Artikel sicher keine Einführung. Über die Auswirkungen der Krise auf die Buchbranche wurde ebenfalls schon viel geschrieben, manches berechtigt, anderes – aus meiner Sicht – übertrieben oder mit falschen Schuldzuweisungen. In diesem Artikel soll es ganz konkret um die Lage der Selfpublisher*innen gehen, nein, nicht um die Lage, sondern vielmehr darum, was sich daraus für die Veröffentlichungsstrategien ergibt.

1. Soll ich jetzt überhaupt veröffentlichen?

Ja. Wenn Ihr Buch nicht im Handel ist, kann es auch niemand kaufen. Es gibt keinen optimalen Veröffentlichungs-Zeitpunkt. Wenn Sie schon Fans haben, werden die Ihre Bücher kaufen, ganz egal, wie es auf der Welt zugeht. Wenn Sie noch keine Fans haben, dann wird es Zeit! Je eher Sie damit anfangen, Fans zu gewinnen, desto eher gelingt es Ihnen.

2. Aber die Verkäufe laufen gerade schlecht …

Amazon liefert gedruckte Bücher – auch solche, die KDP selbst druckt – derzeit langsamer aus als gewohnt. Andere

Onlinehändler liefern aber nicht langsamer. Und vor allem: Als Selfpublisher*in verkaufen Sie sowieso primär E-Books, und die brauchen keine Auslieferung. Vergleichsweise niedrige Verkaufszahlen sind auch eine Chance: Ihr Buch wird auch mit weniger Verkäufen schon sichtbar.

3. Sollte ich lieber im Preis heruntergehen?

Wenn Sie wollen – warum nicht? Ein günstiger Preis lockt mehr Leser*innen an. Gerade am Anfang kann es sinnvoll sein, die Leserschaft schnell zu erweitern, eben um Fans zu gewinnen. Aber das sollten Sie nicht von der aktuellen Situation abhängig machen, sondern von Ihrer Veröffentlichungs-Strategie. Keine Sorge übrigens: Preisaktionen gibt es und gab es immer. Sie wirken sich in der Regel nicht auf die Verkaufszahlen anderer Autor*innen aus, Sie handeln also nicht unsolidarisch, wenn Sie Ihrer Strategie folgen. Wenn jemand gerade Bücher verschenken möchte, ist das auch kein Problem. Zur Fanbindung eignet sich diese Strategie weniger; tatsächlich ist das Risiko hoch, auf verschenkte Bücher negative Rezensionen zu erhalten, weil eben die falschen Leser*innen (umsonst) an das Buch kommen.

4. Ich kann mich nicht auf das Schreiben konzentrieren

Auch das ist okay. Setzen Sie sich nicht unter Druck. Derzeit sind Verlegungen von Vorbestellungen seitens Amazon auch ohne Strafen möglich. Und tauschen Sie sich mit anderen aus. Ich empfehle, eher mit Kolleg*innen darüber ins Gespräch zu kommen als mit Leser*innen. Nutzen Sie die Zeit, in der Sie nicht schreiben können, dazu, Ihr Marketing auszubauen. Jetzt wäre eine gute Gelegenheit, Website und Facebook-Präsenz anzugehen, den Newsletter aufzufrischen usw. Sie können auch schon mal mit der Steuererklärung anfangen, idealerweise gibt es ja sogar Geld zurück.

5. Ich komme nicht über die Runden

Auch Selfpublisher*innen kommen für finanzielle Unterstützung in Frage. Hier finden Sie eine lange Liste mit Soforthilfen für die Kreativwirtschaft.

Sechs kostenlose Geschenke für Ihre Fans

Nichts funktioniert so gut, Menschen zu einer Handlung zu motivieren, wie ein bisschen Bestechung. Keine Sorge – ich will Sie nicht zu illegalen Aktionen überreden. Aber wünschen Sie sich nicht auch manchmal, Ihre Leser*innen würden Ihre Facebook-Fanseite liken, sich in Ihren Newsletter eintragen oder Ihren neuen Blog-Artikel teilen? Erfahrene Vermarkter wissen: Außer großartigen Inhalten helfen kleine Geschenke erstaunlich gut – »Content Upgrades« oder »Lead Magnets« im Marketing-Deutsch.

Technisch können Sie das leicht über Ihren Newsletter-Anbieter lösen. Aber zunächst brauchen Sie natürlich die Geschenke. Und die sollten idealerweise nicht zu viel kosten, weder in der Herstellung noch im Versand. Perfekt ist also alles, was sich zum digitalen Download anbieten lässt. Üblicherweise empfiehlt man dazu Checklisten oder Ähnliches, aber diese sind eher für Sachbuch-Themen geeignet. Was können Romanautorinnen und -autoren ihren Fans bieten?

Ein paar Beispiele finden Sie unten. Zunächst noch eine prinzipielle Überlegung: Das Geschenk sollte auch den richtigen Leser*innen gefallen. Also nicht Nutzer*innen, die auf der Suche nach Geschenken sind und nie etwas von Ihnen kaufen würden, sondern Ihren Fans. Idealerweise hat Ihr Geschenk für Ihre Fans einen großen Wert, für alle anderen aber gar keinen. Ein derart aufgebauter Newsletter wird eine hohe Kaufrate aufweisen.

Aber hier nun meine Vorschläge – was funktioniert bei Ihnen gut?

1. Ein alternatives Ende

Was wäre, wenn? Eine spannende Frage. Wie wäre Ihr Buch ausgegangen, wenn Protagonist*in X sich zum Zeitpunkt Y anders verhalten hätte? Schreiben Sie ein alternatives Ende, das dieser Frage nachgeht. Der Aufwand wird natürlich umso höher, je früher Zeitpunkt Y in der Geschichte liegt, also sollten Sie besser eine späte Entscheidung ändern.

2. Wie es wirklich war

Vermutlich gibt es in Ihrer Handlung einen Bösewicht, der mit dem Ausgang der Geschichte ganz und gar nicht zufrieden ist. Schildern Sie seine Sicht! Wer hat wirklich Schuld? Hat der gute Held vielleicht etwas übersehen? Musste der Bösewicht nicht genau so handeln, und war er vielleicht sogar im Recht – zumindest aus seiner Perspektive? Sind gut und böse wirklich immer so eindeutig verteilt? Vielleicht entwickelt sich später aus dieser veränderten Sicht sogar ein zweiter Ableger Ihres Romans.

3. Woher kommt der Held?

Jeder Mensch, aber auch jedes Fabelwesen hat ein Vorleben, das nicht in die aktuelle Geschichte gepasst hat. Vielleicht haben Sie es im Zuge der Charakter-Erstellung sogar aufgeschrieben. Bauen Sie dieses Vorleben, wenn nötig, ein bisschen aus – Ihre Leser*innen werden sich freuen, bisher unbekannte Seiten Ihrer Figuren kennenzulernen. Womöglich führt das später sogar dazu, dass Sie diesen Wesen eine eigene Geschichte widmen.

4. Dem Autor noch näher

Welcher der beiden Cover-Entwürfe ist besser? Soll ich die Figur X wirklich sterben lassen? Darf Protagonist Z seiner Geliebten endlich einen Antrag machen – oder soll er besser noch warten? Wenn Sie sich selbst öfter ähnliche Fragen stellen – warum fragen Sie nicht Ihre Leser*innen? Laden Sie Fans in eine Art Club ein, über den sie bei der Beantwortung helfen und damit den Ablauf Ihrer Geschichten zumindest ein bisschen mitbestimmen können. Das kann eine geheime Facebook-Gruppe sein oder ein Forum auf Ihrer Website.

5. Ein Bild machen

Gibt es zu Ihrem Cover noch Entwürfe? Lassen sich aus dem Cover oder den Illustrationen hübsche Hintergrundbilder für den Desktop erzeugen? Auch darüber freuen sich Fans normalerweise.

6. Hör mir zu!

Wie wäre es mit einer Hörversion Ihres Buches? Ich spreche nicht von einem teuer produzierten Hörbuch. Doch mit Programmen wie Jutoh ist es einfach, den Text vom Computer intonieren zu lassen. Natürlich entsteht dabei nicht die Qualität eines guten, von Schauspielern gesprochenen Audiobooks, aber das ist auch gar nicht das Ziel. Doch Sie können Ihren Fans auf diese einfache Weise die Möglichkeit geben, Ihr Buch auch unterwegs zu hören.

Was Sie bei Übersetzungen beachten sollten

Sie haben die Frage, ob sich eine Übersetzung Ihres E-Books lohnt, positiv beantwortet – oder wollen die fernen Märkte einfach nur einmal testen. Wie geht es weiter? **Wo finden Sie den perfekten Übersetzer**, was kostet er oder sie, und ist das alles, was Sie brauchen?

Was Übersetzer*innen können müssen

Die wichtigste Qualität eines Übersetzers besteht wohl eindeutig darin, dass die **Zielsprache die Muttersprache** ist. Natürlich sollte auch die **Quellsprache** (also meist Deutsch) so gut beherrscht werden, dass **auch die Feinheiten herüberkommen**, zum Beispiel Ironie. Das ist gerade bei Belletristik absolut wichtig, bei Fachliteratur etwas weniger. Ist spezielles Fachwissen zu übertragen, hilft es dafür sehr, wenn die Person sich in dem betreffenden Gebiet auskennt.

Zielsprache ist dabei nicht gleich Zielsprache: **Amerikanische** Leser*innen merken sofort, wenn das Buch von **britischen** Übersetzern bearbeitet wurde. Immerhin werden Briten ein korrektes Englisch verwenden. Auch **Spanisch** und **Portugiesisch** werden in Europa anders gesprochen als in Lateinamerika. Entscheiden Sie deshalb am besten nach der größeren Zielgruppe. Ähnliches gilt für **Chinesisch**; mit Mandarin erreichen Sie bei weitem nicht alle chinesischen Leser*innen (aber wohl immer noch genug).

Was Übersetzungen kosten

Die Bandbreite bei den Kosten einer Übersetzung ist riesig. **Belletristik ist in der Regel günstiger als Fachliteratur**. Bei Fachliteratur hängt es stark davon ab, wie groß die Nische ist – Spezialwissen ist entsprechend teurer. Die Berechnung der Kosten variiert ebenfalls stark. Während in Deutschland eher nach Normseite à 1500 Zeichen gerechnet wird, bezieht man sich im Ausland meist auf die Anzahl der Wörter.

Die britische Society of Authors setzt 88 Pfund (etwa 100 Euro) für 1000 Wörter bei Prosa als Mindestrate an, also **10 Euro-Cent pro Wort**. Von deutschen Autoren und Übersetzern hört man jedoch (auch von Verlagen gezahlte) deutlich niedrigere Preise, die einen geradezu jämmerlichen Stundensatz noch unter dem Mindestlohn für Friseure ergeben. Bei Fachtexten können Sie mit Preisen **ab sieben Cent pro Wort** rechnen, auf einer je nach Branche nach oben offenen Skala.

Bedenken Sie, dass Sie meist auch noch ein **Lektorat in der Fremdsprache** benötigen, das Sie zusätzlich vier bis acht Cent pro Wort kosten kann. Manche Übersetzer bieten als Teil des Service zumindest ein Korrektorat durch einen Dritten an. Hinzu kommen **weitere Übersetzungen, die Sie für Ihr Marketing** brauchen: Klappentext, Beschreibung beim E-Book-Händler, Ihre Buch-Website und so weiter.

Wo Sie Übersetzer*innen finden

Für Fachtexte habe ich auf zwei Wegen sehr gute Erfahrungen gemacht: Zum einen über **Empfehlungen von**

anderen Autor*innen (wohl der Königsweg), zum anderen die **Übersetzer-Plattform** Proz.com. Bei Proz.com stellen Sie eine Ausschreibung ein, und die Übersetzer*innen nennen Ihnen Preis und Bearbeitungszeit. Gegenüber ähnlichen Seiten wie Freelancer.com, Odesk.com oder Elance.com hat Proz.com den Vorteil, auf Übersetzungen spezialisiert zu sein. Die Preise der hier registrierten Fachleute liegen zwar vielleicht etwas höher, dafür gibt es aber auch ein hilfreiches Bewertungssystem etc.

Das gilt allerdings primär für Fachtexte. Bei Belletristik würde ich den **Weg über Empfehlungen wählen**. Es gibt zum Beispiel Übersetzer-Gruppen bei Xing und LinkedIn, aber auch Kolleg*innen, die bereits eine Übersetzung anfertigen ließen. Wer übersetzt, **muss zu Ihnen und zu Ihrem Text passen**: Übersetzende müssen, ähnlich wie Lektor*innen, in der Lage sein, den Ton des Textes aufzunehmen und in die Arbeit einfließen zu lassen. Hilfreich ist auch, wenn die Person **eine Beziehung zum Genre** hat – schließlich muss sie etwa bei einem ChickLit-Roman auch den Herz-Schmerz-Jargon beherrschen. Sehen Sie sich einfach an, was Ihr Favorit schon übersetzt hat, dann bekommen Sie davon einen Eindruck.

Das Problem ist allerdings, dass Sie diese Aspekte wohl selten prüfen können – es sei denn, Sie sprechen die Zielsprache ebenfalls sehr gut. Selbst wenn Sie eine **Probe-Übersetzung anfertigen lassen** (was ich dringend), brauchen Sie jemanden, der ihre Qualität beurteilen kann, also Testleser*innen, die in der Zielsprache fit sind.

Wenn Sie schließlich jemanden gefunden haben, vergessen Sie nicht, **klare Abmachungen** zu treffen. **Wann zahlen Sie**? Bei größeren Projekten können, etwa bei 30 und 60 Prozent, Vorschüsse fällig sein. **Bis wann** muss die Arbeit beendet sein? Erfolgt die **Berechnung anhand der Wortzahl** in der Quell- oder in der Zielsprache? Deutsch braucht zum Beispiel im Mittel mehr Wörter als Englisch. **Was passiert** bei Qualitäts-Problemen oder wenn die vereinbarte Zeit überschritten wird? In welcher **Form** stellen Sie den

Text zur Verfügung, und wie bekommen Sie ihn zurück? Ist ein kleines **Korrektorat** schon inklusive? Welche **Rechte** behält bleiben dem Übersetzer? Eine Namensnennung ist klar, aber was passiert, wenn Ihr Buch ein Bestseller wird?

Fallstudie: Mit Übersetzungen auf den englischsprachigen Markt

Mein Autoren-Alter-Ego Brandon Q. Morris klingt amerikanisch. Tatsächlich habe ich schon Post von Lesern bekommen, die mir ihre Überraschung gestanden, dass meine Bücher keine Übersetzungen wären. Natürlich war bei der Wahl des Pseudonyms immer im Hinterkopf, dass der Autorenname auch bei englischsprachigen Leser*innen gut ankommen sollte. Im Vordergrund standen allerdings erst einmal die deutschen Veröffentlichungen. Erst als sich hier ein gewisser Erfolg abzeichnete, begann ich, Pläne für den US-Markt zu entwickeln.

Ich kenne einige Kolleg*innen, die das schon probiert haben. Nicht alle waren erfolgreich – tatsächlich eher die wenigsten. Deshalb habe ich analysiert, was dort wohl schief lief, und meinen eigenen Plan daraus entwickelt.

Was braucht eine Übersetzung, um auf dem US-Markt erfolgreich zu sein?

- Sie darf nicht als Übersetzung erkennbar sein.
  Das entspricht der Regel für Selfpublisher*innen, dass ein ohne Verlag herausgebrachtes Buch nicht als »selbst gemacht« erkennbar sein darf.

- Sie sollte in US-Englisch verfasst sein – das ist nun mal der bei weitem größte Markt.
- Die Themen müssen passen. Der US-E-Book-Markt ist mehr als fünfmal so groß wie der deutsche. Dadurch bietet er auch in kleineren Nischen Chancen. Aber die dürfen nicht zu klein sein. Meine Bücher sind im Subgenre der Hard Science Fiction angesiedelt, das aber auch im Obergenre Science Fiction gut läuft.
- Die Übersetzung muss perfekt sein. Eine Übersetzung in Auftrag zu geben, genügt nicht, auch ein Lektorat wird gebraucht.
- Ohne Werbung geht es nicht, das gilt auf dem auch weit professionelleren US-Markt noch viel stärker als hier.
- Ein einzelnes Buch zu übersetzen, ist hinausgeworfenes Geld. Wenn es nicht erfolgreich ist, dann sowieso, aber wenn es erfolgreich ist und dann nicht schnell genug nachgelegt werden kann, verpufft der Erfolg.

Was eine Übersetzung kostet

Rechnen Sie mit zehn Cent pro Wort. Bei vier mal 75.000 Wörtern kommt also einiges zusammen. Dazu das Lektorat. Und schließlich auch das Marketing, wobei ich hier die (fünfstelligen) Ausgaben auf den ersten Band der Reihe konzentriert habe. Wenn der erste Band Leser findet, verschaffen diese den Folgebänden genügend Sichtbarkeit, das war die Überlegung.

Der Übersetzer begann Ende 2017 mit der Arbeit. Mitte Oktober 2018 erschien der erste Band, dann in vier Wochen Abstand die nächsten. Ich habe absichtlich so viel Zeit gelassen, um den Start gut vorbereiten zu können. Das habe ich im Vorfeld probiert:

- Rezensionssuche bei Netgalley

- Amazon Ads
- Goodreads Ads
- Facebook Ads
- Bookbub Ads

Funktioniert haben die beiden letzten, wobei Facebook-Anzeigen am wirkungsvollsten waren. Hier kann man die Leser*innen fast jeder Nische hervorragend ansprechen. Bookbub ist effizient, spricht aber weitaus weniger Leser*innen an, was man auch nicht dadurch verbessern kann, dass man mehr Geld hineinsteckt. Netgalley hat bei relativ hohen Kosten nur sehr wenige Rezensionen geliefert. Ich hatte allerdings Glück, bei Kirkus eine sehr gute Bewertung zu erhalten. Kirkus ist ein seriöser (!) Anbieter, der Bücher gegen Bezahlung rezensiert. Eine Rezension kostet 425 Dollar. Das Ergebnis kann gut oder schlecht ausfallen, und die Rezension erscheint nicht bei Amazon. Man kann aber mit Zitaten aus der Rezension werben (z. B. in Anzeigen), und der gute Leumund von Kirkus verleiht der Rezension Glaubwürdigkeit. Man sollte seinem Buch also vertrauen, denn man kann die 425 Dollar auch leicht in den Sand setzen.

Nach der Veröffentlichung habe ich auf mein in Deutschland bewährtes Newsletter-Marketing gesetzt. Es beruht auf dem Trio Website – Newsletter – Facebook. Die Website Hard-SF.com wird regelmäßig mit (von HardSF.de übersetzten) Artikeln gefüttert, die ich auch für den Newsletter einsetze, ebenso wie für Facebook. Newsletter-Abonnent*innen erhalten interessante News sowie die PDF-Version des Wissenschafts-Teils am Ende des Buches.

Preisaktionen habe ich nie durchgeführt, die E-Books kosteten immer 3,99 € (der erste Teil liegt heute dauerhaft bei 2,99 €). Bevor man Kindle-Deals angeboten bekommt, dauert es mindestens ein halbes Jahr. AllStar-Boni sind in den USA unerreichbar, weil eben sehr viele Autor*innen sehr ordentlich verkaufen.

Was die Übersetzungen erreicht haben

Alle übersetzten Bücher haben ihre Kosten (inkl. Marketing) inzwischen mehr als eingespielt. Der Newsletter hat knapp 400 Empfänger. Kein Buch ist jemals über #800 in den Kindle-Charts US hinausgekommen. Aber selbst auf Bestsellerrang 1000 verkauft man dort noch 60-80 E-Books pro Tag. Die Top 100 sind also gar nicht wichtig. Inzwischen sind sechs meiner Bücher in Englisch auf dem Markt, alle weiteren sind in Arbeit. Der zusätzliche Zeitaufwand hält sich in Grenzen. Meine Einnahmen kommen inzwischen zu fast 50 Prozent aus den Übersetzungen.

Bei den verschiedenen englischsprachigen Märkten entfallen 80 Prozent auf USA, 10 Prozent auf UK, 5 Prozent auf Kanada und der Rest auf Australien und Indien. Interessant: Der Anteil der Taschenbücher ist in den USA noch weit geringer als hier, dafür ist der Anteil der KindleUnlimited-Einnahmen jedoch deutlich höher.

Wann können Übersetzungen für Sie interessant sein?

- Wenn Sie bereit (und in der Lage) sind, ein erhebliches unternehmerisches Risiko einzugehen.
- Wenn Ihre Themen für die US-Leser*innen passen. Das wäre immer konkret zu prüfen. Evtl. müssen Sie auch Titel und Cover anpassen. Die typisch deutschen Thriller-Cover in weiß/rot/schwarz kennt auf dem US-Markt z. B. kaum jemand. Praktisch: Es gibt dort keinen Titelschutz.
- Wenn Sie dranbleiben. Sie müssen sich um ihre englischsprachigen Leser*innen genauso kümmern wie um ihre heimischen.

Was nicht funktionieren wird

- Eigene Übersetzungen (es sei denn, Sie sind wirklich bilingual)
- Übersetzungen via Babelcube (weil Babelcube KindleUnlimited nicht nutzt)
- Billig-Übersetzungen mit DeepL oder Google Translate oder Nicht-Muttersprachlern aus Indien o. Ä.
- Einzelne Übersetzungen (weil es bei Erfolg zu lange dauert, bis Nachschub kommt)

Recht und Finanzen

Bücher verkaufen und Umsatzsteuer

Die Umsatzsteuer ist ein Phänomen, auf das jede Autorin, jeder Autor spätestens nach dem Jahresabschluss stößt, wenn das Finanzamt oder der Steuerberater Abrechnungen sehen wollen. Dazu kursieren einige Irrtümer und Fehlschlüsse, deshalb hier einmal die zehn wichtigsten Fragen und Antworten.

1. Heißt es Umsatz- oder Mehrwertsteuer?

Das ist im Grunde eine akademische Frage. Aus volkswirtschaftlicher Sicht ist die Steuer, von der wir hier sprechen, eine Steuer auf den Mehrwert, den ein Unternehmen schafft. Wenn Sie ein Buch mit leeren Seiten kaufen, dieses mit Text füllen und dann teurer weiterverkaufen, schaffen Sie einen Mehrwert, der besteuert wird. Es wird auch wirklich nur der Mehrwert besteuert, weil Sie sich die auf das leere Buch erhobene Steuer zurückholen können.

Praktischer ist es aber, die Steuer als Umsatzsteuer zu bezeichnen. Damit wird klarer, wie man sie berechnet: aus dem Umsatz (also dem Verkaufspreis), ganz einfach.

2. Wie berechnet man die Umsatzsteuer?

Der Name sagt es schon: aus dem Umsatz. Angenommen, Ihr Buch kostet netto (also ohne Umsatzsteuer) 10 Euro, die Umsatzsteuer liegt bei Büchern bei 7 Prozent, also sind 70 Cent Umsatzsteuer fällig (10 * 0,07). Die einzige Schwierigkeit liegt darin, dass Sie Endkunden immer Bruttopreise inklusive Steuern angeben müssen. Dadurch müssen Sie rückwärts rechnen. Und zwar so:

- Nettopreis = (Bruttopreis / (100 + Steuerrate)) * 100
- Umsatzsteuer = Bruttopreis minus Nettopreis

Zwei Beispiele:

Buch, Verkaufspreis 9,99 €:

- Nettopreis 9,99 € / 107 * 100 = 9,34 €
- Umsatzsteuer = 55 Cent

E-Book, Verkaufspreis 2,99 €:

- Nettopreis 2,99 € / 107 * 100 = 2,79 €
- Umsatzsteuer = 20 Cent

3. Muss jeder die Umsatzsteuer zahlen?

Ja. Unternehmer können sich die gezahlte Umsatzsteuer allerdings vom Finanzamt zurückholen. Es sei denn, sie beanspruchen den Kleinunternehmer-Status.

4. Was ist der Kleinunternehmer-Status?

Wenn Sie im Jahr nicht mehr als 22.500 Euro einnehmen (damit ist nicht der Gewinn gemeint!), können Sie den Kleinunternehmer-Status beanspruchen. Damit können und dürfen Sie keine Umsatzsteuer berechnen, dürfen sich aber auch keine gezahlte Umsatzsteuer zurückholen.

Die 22.500 Euro gelten für Deutschland, in Österreich liegt der Satz bei 30.000 Euro.

5. Wer zahlt beim Buchverkauf über deutsche Händler die Umsatzsteuer?

Der Kunde zahlt, wenn er Ihr Buch oder E-Book bei Tolino-Händlern oder im Buchladen um die Ecke kauft, auch die Umsatzsteuer darauf. Der Händler reicht diesen Anteil seiner Einnahmen an das Finanzamt weiter. Damit haben Sie als Autor nichts zu tun.

Die Firma, die Ihr Buch in den Handel gebracht hat (also etwa BoD, Bookrix, Neobooks oder Tolino Media), zahlt Ihnen Tantiemen aus, also Ihre Anteile an den Erlösen. Dafür sind Sie dem Finanzamt Umsatzsteuer schuldig. Eigentlich müssten Sie nun eine Rechnung an den Distributor schreiben, auf der Sie die Umsatzsteuer auf den Rechnungsbetrag aufschlagen. Das ist allerdings unpraktisch, stellen Sie sich vor, Neobooks & Co. müssten Rechnungen von Tausenden Kunden verarbeiten. Deshalb erhalten stattdessen Sie eine automatisierte Gutschrift, bei der die Umsatzsteuer zusätzlich auf den Honorarbetrag aufgeschlagen wird. Tolino & Co. können sich das Geld vom Finanzamt zurückholen, das kostet diese Firmen also nichts. Die Gutschriften geben Sie Ihrem Steuerberater wie normale Rechnungen.

Falls Sie Kleinunternehmer sind, können Sie das in der Regel bei dem Anbieter angeben. Dann erhalten Sie Ihr Honorar ohne Umsatzsteuer.

6. Wer zahlt beim Buchverkauf über die eigene Website die Umsatzsteuer?

In diesem Fall zahlt der Kunde, der Käufer, die Umsatzsteuer, die Sie von ihm kassieren und an Ihr Finanzamt weiterleiten müssen.

Als Kleinunternehmer dürfen Sie das allerdings nicht. Sie dürfen Ihre Bücher aber wegen der Preisbindung auch nicht günstiger verkaufen. Die Preisbindung gilt immer für den Bruttopreis inklusive Umsatzsteuer.

7. Wer zahlt beim E-Book-Verkauf über Amazon KDP die Umsatzsteuer?

Jetzt wird es so kompliziert, dass selbst Steuerberater gern die Hände über dem Kopf zusammenschlagen. Im ersten Schritt ändert sich aber nichts: Der Kunde zahlt, wenn er Ihr E-Book bei Amazon kauft, auch die Umsatzsteuer darauf. Und zwar in einer Höhe, die von seinem Herkunftsland abhängt (Deutschland 7 Prozent, Österreich 10 Prozent…). Der Verkäufer, also Amazon (genauer gesagt: die Amazon Media S.a.r.l. in Luxemburg), reicht diesen Anteil der Einnahmen an sein zuständiges Finanzamt weiter. Damit haben Sie als Autor nichts zu tun, darum müssen Sie sich nicht kümmern, und dieser Schritt geht auch Ihr Finanzamt nichts an. Sie bemerken diesen Schritt nur daran, dass Ihr Honorar pro Buch leicht schwankt, weil unterschiedliche Umsatzsteuersätze abgezogen wurden.

Der zweite Schritt ist Ihre Honorarabrechnung. Die Firma, mit der Sie einen Vertrag geschlossen haben, sitzt in Luxemburg, in der Europäischen Union. Damit tritt für Ihre an Amazon erbrachten Leistungen eine so genannte Umkehrung der Steuerschuldnerschaft in Kraft (geregelt in § 13b UStG), EU-weit »Reverse Charge« genannt. Das heißt, nicht Sie sind die Umsatzsteuer schuldig, sondern Amazon. Die Firma muss also – anders als Tolino & Co. in Deutschland – auf alle an Sie ausgezahlten Honorare Umsatzsteuer an das eigene Finanzamt abführen. Sie bekommen Ihr Honorar netto ausgezahlt, ganz egal, ob es um E-Book-Verkäufe, AllStar-Boni oder KU-Tantiemen geht.

Das gilt im übrigen auch für Kleinunternehmer: Die Kleinunternehmer-Eigenschaft gibt es international gar nicht, sie gilt nur innerhalb Deutschlands.

Damit Ihr Finanzamt den Sachverhalt leichter verstehen kann, sollten Sie eine entsprechende Rechnung an Amazon erstellen.

8. Warum berechnet Bookrix dann 7 Prozent, Tolino aber 19 Prozent?

Der konkret fällige Umsatzsteuersatz hängt von der Art der Leistung ab. Für schriftstellerische Tätigkeit gilt eigentlich der ermäßigte Steuersatz von 7 Prozent. Verlage berechnen denn auch immer 7 Prozent Umsatzsteuer in den Gutschriften. Auch Bookrix orientiert sich daran. Tolino Media jedoch sieht sich als Kommissionär, der die Bücher seiner Autoren stellvertretend für diese verkauft. Der Tolino-Media-Nutzer liefert also keine kreative Leistung (7 %), sondern ein Produkt (19 %). Da Sie die Umsatzsteuer sowieso an das Finanzamt weiterleiten müssen, spielt das jedoch keine finanzielle Rolle, es ist ein durchlaufender Posten.

9. Hat das Steuerformular von KDP etwas mit der Umsatzsteuer zu tun?

Nein. Dieses Steuerformular (W8-BEN) müssen Sie ausfüllen, damit Ihnen Amazon für Verkäufe in den USA keine pauschale Einkommenssteuer in Höhe von 30 Prozent abzieht. Deutschland hat mit den USA ein Doppelbesteuerungs-Abkommen. Mit Hilfe des Formulars weisen Sie nach, dass Sie Nutznießer dieses Abkommens sind und Ihre Einnahmen komplett in Deutschland versteuern. Darum braucht Amazon hier auch Ihre normale Steuer-ID (und nicht die Umsatzsteuer-ID).

Freiberufler oder Gewerbe? Worauf Sie achten müssen

SPÄTESTENS, wenn die erste Steuererklärung fällig ist (eigentlich schon eher, nämlich bevor das erste Honorar geflossen ist), sollten sich Selfpublisher über ihren eigenen Status klar werden. **Muss ich als Autor*in ein Gewerbe anmelden?** Die gute Nachricht: Nein. Autorinnen und Autoren sind klassischerweise Freiberufler, wie es explizit der Paragraph 18 des Einkommenssteuergesetzes festlegt. Daraus ergeben sich folgende Pflichten:

- Vor der Aufnahme der freiberuflichen Tätigkeit müssen Sie diese beim Finanzamt anzeigen. Eine Gewerbeanmeldung (beim Gewerbe- oder Ordnungsamt) ist nicht notwendig.
- Sie müssen Ihre Einnahmen in der Einkommenssteuer versteuern, als Einnahmen aus selbständiger Tätigkeit. Dazu müssen Sie eine simple **Einnahme-Überschuss-Rechnung** (EÜR) vorlegen (als Gewerbetreibender müssten Sie ab bestimmten Gewinnen doppelte Buchführung betreiben, Bilanzen aufstellen und Gewerbesteuer zahlen).
- Sie müssen Ihren Kund*innen Umsatzsteuer berechnen, dürfen sich aber auch gezahlte

> Mehrwertsteuer rückerstatten lassen. Es sei denn, Sie nehmen weniger als 22.000 Euro pro Jahr ein. Dann können Sie sich als Kleinunternehmer*in von der Umsatzsteuer befreien lassen.

Vorsicht: Freiberufler sind Sie unter Umständen dann nicht mehr, wenn Sie eigene Bücher selbst verkaufen, also etwa mit einem Bauchladen (unwahrscheinlich), auf Ihrer Website oder auch bei Lesungen. Solche Einnahmen sind dann gewerblicher Natur. Fallen sie mehr als in einem geringen Umfang an, müssten Sie zusätzlich (!) ein Gewerbe anmelden. Das ist generell kein Problem, Sie müssen dann nur Einnahmen und Ausgaben der beiden Tätigkeiten sauber trennen. Wie wenig »gering« bedeutet, ist nicht klar definiert, fragen Sie dazu am besten die Dame oder den Herrn vom Finanzamt.

Vorsicht, die zweite: Hauptberuflich tätige Autorinnen und Autoren können (und müssen) sich bei der Künstlersozialkasse (KSK) versichern. Diese zahlt den Arbeitgeberbetrag der Sozialversicherung, also Kranken- und Rentenversicherung und ist eine Pflichtversicherung. Sie sparen im Monat also etwa die Hälfte der Beiträge. Allerdings kann (muss aber nicht) eine parallele gewerbliche Tätigkeit hier schaden, wenn Sie damit mehr als die Geringfügigkeitsgrenze von 450 Euro im Monat verdienen: Ihre KSK-Mitgliedschaft ist dann gefährdet.

Freiberufler haben übrigens einen weiteren Vorteil: Sie werden nicht wie Gewerbetreibende Zwangsmitglied in der IHK.

Kleinunternehmer – was zu beachten ist

WENN SIE IHRE Brötchen mit Schreiben verdienen, sind Sie normalerweise Freiberufler. Das heißt, Sie brauchen kein Gewerbe anzumelden, müssen Ihre Tätigkeit aber beim Finanzamt anmelden. Wenn es um die Umsatzsteuer (beim Verkauf an Endverbraucher auch Mehrwertsteuer genannt) geht, sind Sie aber trotzdem Unternehmer*in. Und Unternehmer*innen haben Pflichten – unter anderem die, Umsatzsteuer auf Ihre Leistungen zu berechnen.

Dafür gibt es eine Ausnahme. Falls Ihre Umsätze im vorigen Jahr unter 17.500 Euro **und** im aktuellen Jahr voraussichtlich unter 50.000 Euro liegen, können Sie die so genannte **Kleinunternehmer-Regelung** in Anspruch nehmen. Wichtig: Herangezogen wird nicht Ihr Gewinn, sondern Ihr Umsatz, also die Summe all Ihrer Einnahmen.

Kleinunternehmer*innen **brauchen keine Umsatzsteuer zu berechnen – und dürfen das auch gar nicht**. Vorsicht: Sobald Sie auf einer Rechnung Umsatzsteuer ausweisen, verlassen Sie den Kleinunternehmer-Status. Damit entfällt auch die Notwendigkeit von Umsatzsteuer-Voranmeldungen. Einmal jährlich ist eine Umsatzsteuer-Erklärung fällig, mit der Sie Ihr Kleinunternehmertum quasi »beweisen«. Falls Sie darauf über 17.500 Euro Umsatz erklären, sind Sie im folgenden Jahr kein Kleinunternehmer mehr.

Im Gründungsjahr reduziert sich die Grenze je nach Startmonat anteilig.

Als Kleinunternehmer*in sollten Ihre Rechnungen stets den Hinweis enthalten: »*Kein Umsatzsteuerausweis aufgrund Anwendung der Kleinunternehmerregelung gemäß § 19 UStG.*«

Vorteile des Kleinunternehmer-Status

- Keine Umsatzsteuer berechnen zu müssen, **bringt Ihnen mehr Geld** – zumindest, wenn Sie direkt an Endkund*innen verkaufen. Falls Sie also Bücher für je 10 Euro über die eigene Website anbieten, können Sie die kompletten Einnahmen behalten. Anderenfalls müssten Sie 7 Prozent Umsatzsteuer abführen. Beim Verkauf über Drittanbieter (Amazon, Tolino, Neobooks…) sparen Sie allerdings nicht, denn diese müssen immer Umsatzsteuer abführen.
- Sie brauchen keine Umsatzsteuer-Voranmeldungen abzugeben.

Nachteile des Kleinunternehmer-Status

- Sie können sich für Ihre Investitionen (Computer, Lektorat, Coverdesign, Werbung…) die **Umsatzsteuer nicht vom Finanzamt zurückholen**. Je nach Umfang Ihrer Einkäufe und Art der Ausgaben kann sich bei Autoren sogar ein Minus ergeben, obwohl Sie Gewinn machen. Das liegt daran, dass Sie für schriftstellerische Arbeit nur 7 Prozent Umsatzsteuer berechnen müssen, aber für Ihren Computer oder für Werbung 19 Prozent Umsatzsteuer gezahlt haben.
- Google- und Facebook-Werbung sind 19 Prozent teurer (siehe unten).

Besonderheiten bei Autorinnen und Autoren

Die Kleinunternehmer-Regelung gilt nur im Inland. Falls Sie direkt über Amazon oder Apple veröffentlichen oder Werbung bei Google oder Facebook schalten, machen Sie Geschäfte mit Unternehmen in EU-Ländern beziehungsweise im sonstigen Ausland. Dabei gibt es zwei Fälle:

- **E-Book-Verkauf bei Amazon/Apple usw.**: Sie erbringen eine innergemeinschaftliche Dienstleistung (»sonstige Leistung«) für diese Unternehmen. Amazon und Co. müssen auf Ihre Leistungen (Honorare) Umsatzsteuer abführen, in dem Land, in dem sie ihren Sitz haben (sog. »Reverse Charge«-Verfahren). Das müssen Sie in der Rechnung berücksichtigen (Details hier). Umsatzsteuer fällt aber für Sie nicht an.
- **Werbung bei Google etc.**: Google und Facebook (Sitz in Irland) erbringen eine innergemeinschaftliche Dienstleistung (»sonstige Leistung«) für Sie. Sie (!) müssen auf Googles Leistungen (Werbung) Umsatzsteuer abführen, und zwar in Ihrem Heimatland, also Deutschland/Österreich/Schweiz (ebenfalls sog. »Reverse Charge«-Verfahren). Das heißt, Sie müssen auf den Rechnungsbetrag noch 19 Prozent Umsatzsteuer aufschlagen (!) und diese an Ihr Finanzamt abführen. »Normale« Unternehmer können diese 19 Prozent anschließend gleich wieder als Vorsteuer abziehen, es handelt sich also für diese um ein Nullsummenspiel. Kleinunternehmer jedoch bleiben auf den 19 Prozent sitzen. **Facebook- und Google-Werbung ist damit für Kleinunternehmer stets 19 Prozent teurer als auf der Rechnung ausgewiesen**!

Für beide Fälle benötigen Sie eine Umsatzsteuer-ID, die Sie beim BZST beantragen können. Die Vergabe der Umsatzsteuer-ID bewirkt nicht, dass Sie umsatzsteuerpflichtig werden. Sie können sie auf Rechnungen z.B. auch statt ihrer normalen Steuernummer verwenden.

Lohnt sich der Kleinunternehmer-Status?

AUTOREN SIND FREIBERUFLER. Als solche sind sie Unternehmer, die unter Umständen den Kleinunternehmer-Status beanspruchen können. Das heißt, dass sie weder Umsatzsteuer berechnen noch vom Finanzamt zurückfordern können. Kleinunternehmer kann sein, wer im Vorhjahr weniger als 17.500 Euro Umsatz hatte und im aktuellen Jahr voraussichtlich unter 50.000 Euro Umsatz bleibt. Praktisch spart das auf jeden Fall ein bisschen Arbeit, denn es sind keine Umsatzsteuer-Voranmeldungen fällig.

Aber lohnt es sich, finanziell? Das hängt davon ab, wie Ihre Umsätze verteilt sind. Auf Verkäufe bei Amazon, Apple, Kobo und Google müssen nämlich diese Unternehmen die Umsatzsteuer abführen, nicht Sie (vorausgesetzt, Sie stellen ihre Bücher direkt dort ein, also nicht über einen Distributor wie Neobooks oder Bookrix). Verkäufe über Distributoren oder über Tolino Media werden meist mit 19 Prozent abgerechnet. Gleichzeitig können Sie sich gezahlte Umsatzsteuer zurückholen.

Angenommen, Sie nehmen bei Tolino Media im Jahr 500 Euro ein, haben aber Kosten für zwei Lektorate (2500 Euro) und 500 Euro Materialkosten. Dann ist der Kleinunternehmer-Status ungünstig für Sie: Sie verlieren 130 Euro. Das ist unabhängig davon, wie hoch Ihre Amazon-Umsätze sind.

In dieser Google-Tabelle können Sie Ihre eigenen Angaben eintragen und prüfen, was für Sie günstiger ist:

https://docs.google.com/spreadsheets/d/1AkoRv9rCmyP9JPqcOw8EOcLPbghjrHQtP9htCT0jsRk/edit?usp=sharing

Öffnen Sie die Datei und erstellen Sie eine Kopie (Datei - > Kopie erstellen). Wenn der Wert ganz rechts negativ ist, erhalten Sie vom Finanzamt mehr Geld zurück, als Sie gezahlt haben.

Wie Sie eine korrekte Rechnung an Amazon stellen

NEUERDINGS VERLANGT AUCH Amazon von KDP-Nutzer*innen, Umsatzsteuer-Rechnungen hochzuladen. Diese sind für die interne Buchhaltung gedacht. Die entspr. E-Mail von Amazon erklärt das Vorgehen. Die Rechnung ist dieselbe, die Sie auch für das Finanzamt brauchen.

Die Abrechnungen, die Amazon in KDP zur Verfügung stellt, sind nicht unbedingt dazu geeignet, Steuerberater oder Finanzbeamte in Entzücken zu versetzen. Was da wofür und von wem gezahlt wird und wie es sich mit der Umsatzsteuer verhält, wird aus den Excel-Sheets nicht wirklich klar. Es gibt aber eine gute Nachricht: Da es sich um Einnahmen handelt, müssen Sie diese zwar sauber dokumentieren, doch große Probleme entstehen dabei nicht.

Anders ist es in Sachen Umsatzsteuer. Auch hier gibt es eine gute Nachricht: Nicht Sie schulden die Umsatzsteuer, sondern Amazon. Hier finden Sie eine verständliche Handreichung dazu, die Sie auch dem Steuerberater oder Finanzbeamten zeigen können. Kurzfassung: Da es sich um elektronisch im Ausland erbrachte Leistungen handelt, kommt das so genannte Reverse-Charge-Verfahren zur Anwendung. Sie brauchen also keine Umsatzsteuer abzuführen, das erledigt Amazon für Sie. Ihre einzige Aufgabe: Sie müssen dem Finanzamt beibringen, dass es sich genau so verhält. Dazu schreiben Sie Amazon eine Rechnung. Diese muss – zusätzlich zu den üblichen Angaben – folgendes enthalten:

- Umsatzsteuer-ID von Amazon
- Ihre Umsatzsteuer-ID
- Den Hinweis, dass Amazon die Umsatzsteuer schuldet, etwa mit dem Satz »Gemäß dem Reverse-Charge-Verfahren bzw. gemäß Artikel 21.1(b) der 6. EU-Richtlinie bzw. §13b UStg. ist der Empfänger dieser Dienste verpflichtet, Mehrwertsteuer für diesen Dienst zu zahlen (Steuerschuldnerschaft des Leistungsempfängers).«

Hier finden Sie eine Musterrechnung im Word-Format, die Sie gern verwenden können.

Wichtig: In die Rechnung nehmen Sie **nur Einnahmen aus EU-Ländern** auf. Weltweite Einnahmen sind sowieso umsatzsteuerfrei. Wenn Sie hier unbedingt eine Rechnung vorlegen müssen, adressieren Sie diese an Amazon Digital Services Inc, PO Box 80683, Seattle WA 98108-0683, USA.

Die Rechnungen müssen Sie allesamt nicht abschicken und auch nicht unterschreiben (Rechnungen brauchen Sie nie zu unterschreiben).

Muss ich die Einnahmen nach Ländern aufsplitten?

Wenn Sie eine noch klarere Übereinstimmung mit ihren Kontoauszügen erreichen wollen, können Sie die Einnahmen auf der Rechnung auch nach Ländern aufsplitten. Zwingend ist das aber nicht – ein Zahlungspflichtiger kann eine Rechnung auch in mehreren Überweisungen begleichen. Die Summe muss natürlich mit Ihren Einnahmen übereinstimmen.

Was passiert mit den AllStar-Boni?

Einen eventuellen AllStar-Bonus (Glückwunsch!) führen Sie unter den Honoraren auf. Es handelt sich ja auch um ein (zusätzliches) Honorar, das genauso behandelt wird.

Muss ich als Kleinunternehmer dieselbe Rechnung schreiben?

Ja. Dass Sie die Kleinunternehmer-Regelung in Anspruch nehmen, gilt nur im Inland. Grenzüberschreitend gibt es diese Regelung nicht. Sie müssen also grundsätzlich die gleichen Rechnungen schreiben. Da allerdings Amazon die Umsatzsteuer unabhängig von Ihrer Rechnung sowieso abführt, könnte man sich fragen, ob unbedingt eine Umsatzsteuer-ID nötig ist. Formell ja – aber rein praktisch nicht. Das sollten Sie aber am besten mit Ihrem freundlichen Finanzbeamten klären. Grundsätzlich dürfen jedenfalls auch Kleinunternehmer eine Umsatzsteuer-ID beantragen.

Gilt dieses Verfahren auch bei anderen Anbietern?

Ja, auch an Apple, Google und Kobo müssen Sie vergleichbare Rechnungen stellen.

Amazon und die Umsatzsteuer – eine Handreichung

AUF AMAZON-HONORARE MÜSSEN Sie als Autorin oder Autor keine Umsatzsteuer zahlen. Das ist praktisch, aber Menschen, die sich mit der Autorentätigkeit nicht auskennen, manchmal schwer zu erklären. Denn für Honorare von Tolino, BoD oder Neobooks gilt das nicht. Im folgenden deshalb eine Handreichung, die Sie Zweiflern (dem neuen Steuerberater, dem skeptischen Finanzbeamten) in die Hand drücken können.

Das Autorendasein bei Amazon besteht aus zwei Schritten. Der Kund*innen schließen, wenn sie etwas bei Amazon kaufen, einen Vertrag mit Amazon. Entsprechend zahlen sie, wenn sie Ihr E-Book bei Amazon kaufen, auch die Umsatzsteuer darauf. Und zwar in einer Höhe, die von deren Herkunftsland abhängt (Deutschland 19 Prozent, Österreich 20 Prozent…). Der Verkäufer, also Amazon (genauer gesagt: die Amazon Media S.a.r.l. in Luxemburg), reicht diesen Anteil der Einnahmen an sein zuständiges Finanzamt weiter. Damit haben Sie als Autor*in nichts zu tun, darum müssen Sie sich nicht kümmern, und dieser Schritt geht auch nur Amazons Finanzamt etwas an. Sie bemerken als Autor*in diesen Schritt nur daran, dass Ihr Honorar pro Buch leicht schwankt, weil unterschiedliche Umsatzsteuersätze abgezogen wurden.

Der zweite Schritt ist Ihre Honorarabrechnung. Amazon, die Firma, mit der Sie einen Vertrag geschlossen haben, sitzt in Luxemburg, in der Europäischen Union. Damit tritt für Ihre an Amazon erbrachten Leistungen eine so genannte Umkehrung der Steuerschuldnerschaft in Kraft (geregelt in § 13b UStG), EU-weit »Reverse Charge« genannt. Das heißt, nicht Sie sind die Umsatzsteuer auf Ihr Honorar (gilt als »sonstige Leistung«) schuldig, sondern Amazon. Die Firma muss also – anders als Tolino & Co. in Deutschland – auf alle an Sie ausgezahlten Honorare Umsatzsteuer an das eigene Finanzamt abführen. Sie bekommen Ihr Honorar immer netto ausgezahlt, ganz egal, ob es um E-Book-Verkäufe, AllStar-Boni oder KU-Tantiemen geht, weil eben Amazon der Steuerschuldner ist. Damit Ihr Finanzamt den Sachverhalt leichter verstehen kann, sollten Sie eine entsprechende Rechnung an Amazon erstellen.

Dabei ist auch völlig unerheblich (!), auf welchem Weg das Geld Sie erreicht, also wer auf Ihrem Kontoauszug als »Absender« der Zahlung angegeben ist. Sie haben Ihren Vertrag mit der Amazon Media S.a.r.l. in Luxemburg, mit niemand anderem, und diese Firma schuldet Ihnen das Honorar. Wenn ich Ihnen Geld schulde, aber meinen Kumpel Benni bitte, Ihnen das Geld zu überweisen, bleibe trotzdem ich Ihr Vertragspartner – genauso ist es im Fall von Amazon. Egal ob Amazon Italien oder Spanien Ihnen das Geld überweist – Ihr Vertragspartner ist die Amazon Media S.a.r.l. in Luxemburg, und an die stellen Sie Ihre Rechnung für die gesamte Summe.

Das gilt im übrigen auch für Kleinunternehmer: Die Kleinunternehmer-Eigenschaft gibt es international gar nicht, sie gilt nur innerhalb Deutschlands.

Umsatzsteuer-Rechnungen an Apple, Kobo und Google stellen

Nicht nur an Amazon müssen Sie eine Rechnung mit »Reverse Charge«-Hinweis stellen. Auch für Apple und Kobo brauchen Sie das Verfahren. Austauschen müssen Sie hierbei lediglich Adresse und Umsatzsteuer-ID. Schreiben Sie mit dem Musterformular an:

Apple:

- iTunes s.à r. l., 8 rue Heinrich Heine, L-1720 Luxembourg,
- VAT-Number: LU20165772

Kobo:

- KOBO EUROPE SA, 4-6 Avenue de la Gare, L-1610 Luxembourg,
- VAT-Number: LU25257178

Google:

- Google Ireland, Gordon House, Barrow Street, Dublin 4, Ireland
- VAT-Number: IE6388047V

Das gilt allerdings nur, wenn Sie die Anbieter selbst beliefern. Falls Sie einen Distributor nutzen, erspart Ihnen das diese Rechnungen.

Liedzitate im Buch – was ist erlaubt, und wie muss ich vorgehen?

Menschen singen unter der Dusche oder im Chor, romantische Musik von CD oder aus dem Radio untermalt ebensolche Szenen, oder jemand bekommt zum Geburtstag ein Ständchen: Es gibt viele Gelegenheiten, auch im Roman Zeilen oder Strophen aus bekannten Liedern unterzubringen. Die zugehörige Melodie erklingt dann fast automatisch in der Phantasie des Lesenden – und der Autor oder die Autorin handelt sich unter Umständen eine hohe Rechnung der Rechteinhaber ein. Denn Zitate aus Liedtexten sind urheberrechtlich geschützt! Lesen Sie im Folgenden, was Sie beachten müssen.

Kann ich einen Songtext in meinem Buch zitieren?

Kurze Antwort: Nein.

Lange Antwort: In der Regel nur mit Genehmigung des Rechteinhabers.

Wie erhalte ich die Erlaubnis?

Schreiben Sie den Rechteinhaber an. Das ist in der Regel die Plattenfirma der Interpreten bzw. Songschreiber. Die GEMA oder die VG Wort sind nicht zuständig. Meist kostet die

Genehmigung etwas und ist befristet. Rechnen Sie mit einem dreistelligen Betrag.

Wann kann ich Songtexte ohne Erlaubnis zitieren?

Wenn der **Urheber seit 70 Jahren tot ist**, erlischt das Urheberrecht. Dann können Sie den Text auch komplett zitieren. Wenn Sie sich mit einem Text wissenschaftlich auseinandersetzen, ist ein Zitat ebenfalls erlaubt. Das trifft auf Belletristik aber nicht zu.

Wie sieht es mit Übersetzungen aus?

Auch Übersetzungen sind geschützt, und zwar bis zu 70 Jahre nach dem Tod des Übersetzers bzw. der Übersetzerin.

Kann ich den Text nicht einfach selbst übersetzen und zitieren?

Nein, auch dann müssen Sie den Rechteinhaber fragen. Falls diese Person aber schon 70 Jahre tot ist, können Sie problemlos selbst übersetzen.

Darf ich den Titel oder Interpreten eines Stückes nennen?

Ja. Den Satz »Das Radio spielte 'Yellow Submarine' von den Beatles« dürfen Sie ohne Genehmigung verwenden. Zu schreiben »Er sang 'We all live in a …' « würde ich hingegen nicht empfehlen. Im Zweifel: Versuchen Sie doch, denselben Zweck ohne wörtliches Zitat erreichen. Wie wäre es etwa mit »Er trällerte den Refrain von 'Yellow Submarine' vor sich hin«? Zumindest bei bekannten Songs setzen Sie so dasselbe Kopfkino beim Leser in Gang.

Was passiert, wenn ich Songtexte ohne Erlaubnis zitiere?

Das kann teuer werden. Tatsächlich gab es schon Fälle, wo Autor*innen mehrere Tausend Euro nachträgliche Lizenzgebühren zahlen mussten. Unwissen schützt vor Strafe nicht.

Und was ist mit Zitaten aus Gedichten, Aphorismen oder Büchern?

Da gilt dasselbe – allerdings sind Buchverlage meist zugänglicher und verlangen weniger oder gar kein Geld für die Genehmigung.

Die zehn wichtigsten Fragen zum Urheberrecht

»COPYRIGHT 2016 BY HEINZ MUSTERMANN«, »Alle Rechte vorbehalten« … oft finden sich in der Titelei von Büchern oder E-Books deutscher Autorinnen und Autoren solche Bemerkungen. Einen rechtlichen Sinn haben diese nicht – meist übernimmt man sie unüberlegt, weil man sie bei anderen so gesehen hat. Welche Rechte haben Autor*innen tatsächlich – und wie nimmt man diese Rechte wahr?

1. Welche Rechte habe ich als Autor*in?

Die deutsche Rechtsordnung geht hier einen Sonderweg. Sie unterscheidet das Urheberrecht von den Nutzungsrechten. Das Urheberrecht ist direkt mit Ihrer Person verbunden. Sie können es weder verkaufen noch kostenlos abtreten. Der einzige Weg, es loszuwerden, besteht darin, dass Sie das Zeitliche segnen – dann geht es auf Ihre Erb*innen über.

Aus dem Urheberrecht leiten sich drei »Unterrechte« ab:

- Das **Urheberpersönlichkeitsrecht** (oder Urheberrecht im engeren Sinn) bestimmt Ihre Ansprüche darauf, ob und wann Ihr Werk veröffentlicht wird (Veröffentlichungsrecht), bei

einer Verbreitung Ihres Werks genannt zu werden und Ihr Werk zu ändern.
- Das **Verwertungsrecht** tritt bei Vervielfältigungen Ihres Werks ein.
- Das **Nutzungsrecht** legt fest, wer Ihre Werke wie verwenden darf.

Bei den abgeleiteten Rechten haben Sie (fast) sämtliche Freiheiten. Sie können sämtliche Nutzungsrechte kostenlos freigeben (das entspricht dann der CC0-Lizenz der Creative Commons), aber Sie können sich auch einzelne Rechte vorbehalten oder nur einzelne Rechte verkaufen. Sie können schließlich auch ein ausschließliches Nutzungsrecht vergeben – in diesem Fall darf nur noch der Käufer oder die Käuferin Ihr Werk nutzen, nicht einmal Sie selbst. Das Urheberrecht behalten Sie aber selbst dann noch.

Eine gewisse Ausnahme ist hier das **Kopierrecht**: In Deutschland gilt das Recht auf eine Privatkopie, also das Herstellen einer Kopie zu privaten Zwecken, ohne dass dafür Ihre Genehmigung nötig ist. Dafür haben Sie als Urheber*in einen Ausgleichsanspruch, für den die Hersteller der Kopiergeräte zur Kasse gebeten werden. Im Fall von Büchern oder Artikeln sammelt die VG Wort die entsprechenden Beträge in Ihrem Namen ein.

Eine weitere Ausnahme bildet das Zitatrecht, das die Übernahme einzelner Stellen in andere Werke unter bestimmten Umständen erlaubt – ein Thema für sich.

2. Wie entsteht mein Urheberrecht?

Ihr Urheberrecht **entsteht, indem Sie etwas schöpfen**. Für Schreibende reicht es also aus, einen Text zu schreiben. Er muss nicht einmal veröffentlicht sein (anderenfalls wäre es ja legal, einen unveröffentlichten Text zu klauen). Es ist nicht nötig, einen Vermerk im Buch anzubringen – ein solcher Hinweis schadet aber auch nicht.

Sprachwerke (Texte) müssen allerdings eine gewisse

Schöpfungshöhe erreichen, ein Maß an Originalität und Individualität. Der Text auf dem Formular Ihrer Einkommenssteuererklärung ist in diesem Sinn vom Urheberrecht nicht erfasst.

3. Wir haben den Roman zusammen geschrieben...

Dann sind alle Autor*innen gemeinsam Urheber*innen. Alle **Entscheidungen müssen dann gemeinsam getroffen werden**. Voraussetzung ist, dass sich die Einzelbeiträge nicht trennen lassen. Wenn etwa alle Schreibenden exakt ein Kapitel oder eine Geschichte einer Anthologie verfasst haben, bleiben sie Einzel-Urheber*innen.

4. Ich habe mein Buch von einer Software schreiben lassen

Das ist zwar noch Zukunftsmusik – könnte aber in ein paar Jahren eine wichtige Frage sein. Ein so verfasster Text würde vom Urheberrecht nicht geschützt, denn **Urheber*innen können nur natürliche Personen sein**. Auch Ihr Haustier können Sie demnach nicht als Urheber einsetzen.

5. Sind schon meine Ideen geschützt?

Nein, **nur Werke** genießen den Schutz des Urheberrechts. Allerdings können bereits eine Skizze, ein Entwurf, ein Exposé als Werk gelten. Wenn Sie jedoch Ihrem besten Freund den spannenden Plot erzählen, der Ihnen gestern Nacht eingefallen ist, und der macht daraus einen Bestseller – dann haben Sie wohl einen Freund und eine Idee verloren.

6. Habe ich auch als Angestellte*r das Urheberrecht?

Ja, selbst wenn Sie ein Werk im Auftrag eines anderen schaffen, steht Ihnen das Urheberrecht daran zu. Allerdings sind die Nutzungsrechte dann meist mit Ihrem Arbeitslohn abgegolten. Sie haben aber zum Beispiel das Recht auf Namensnennung (wenn Sie nicht schriftlich darauf verzichten).

7. Wie kann ich mein Urheberrecht nachweisen?

Am besten in Form einer datierten Veröffentlichung. Bei einem unveröffentlichten Manuskript können Sie Indizien sammeln, die im Streitfall für Sie sprechen, z. B. den Text zusammen mit einer aktuellen Tageszeitung fotografieren, Entwürfe aufbewahren, sich das Manuskript per Einschreiben mit der Post zuschicken (Poststempel) und Ähnliches. Schließlich könnten Sie Ihren Text auch bei einer Anwalts- oder Notarkanzlei hinterlegen (kostenpflichtig).

8. Wie lange gilt das Urheberrecht?

Das Urheberrecht erlischt 70 Jahre nach dem Tod. Bei unter Pseudonym oder anonym veröffentlichten Werken erlischt das Urheberrecht 70 Jahre nach der Veröffentlichung – es sei denn, Sie lassen es im Register anonymer und pseudonymer Werke eintragen.

9. Welche Nutzungsrechte kann ich vergeben?

Wenn Sie Ihr Werk nicht selbst ausdrucken und auf dem Flohmarkt verkaufen wollen, müssen Sie anderen gewisse Nutzungsrechte erteilen. Dazu gehört bei E-Book-Plattformen etwa das Recht, Ihr Werk auf deren Server zu speichern. Verlage werden das Verbreitungsrecht für bestimmte Verwertungsarten von Ihnen fordern. Dafür steht Ihnen jeweils ein **angemessenes Honorar** zu. Was »angemessen« heißt, steht allerdings nicht konkret im Gesetz, sondern wird in der Regel branchenüblich bestimmt, etwa durch gemeinsame Vergütungsregeln der Branchenbeteiligten (weitere Details dazu). Wichtig: Vergeben Sie Nutzungsrechte immer zeitlich begrenzt.

10. Erwerben Übersetzer*innen oder Lektor*innen ebenfalls Urheberrechte?

Eine Bearbeitung Ihres Werkes, die selbst eine geistige Schöpfung darstellt, genießt ebenfalls den Schutz des Urheberrechts. Das deutsche UrhG nennt **Übersetzungen** ausdrücklich als Beispiel. Die Bearbeitung selbst kann zwar auch ohne die Genehmigung des Urhebers erfolgen, aber nicht die Veröffentlichung dieser Bearbeitung.

Beim **Lektorat** ist die Frage schwerer zu beantworten. Ein simples Korrektorat erfüllt die Voraussetzungen sicher nicht. Wenn der Lektorierende jedoch tiefgreifende Änderungen am Buch vornimmt, vielleicht sogar ganze Absätze oder Kapitel neu schreibt, dann erwirbt er dadurch ebenfalls den Schutz des Urheberrechts. Auch bei der Dramatisierung (für das Theater) oder der Verfilmung entstehen neue Urheberrechte.

Was das Preisbindungsgesetz verbietet – und was nicht

DEUTSCHLAND IST eines von wenigen Ländern weltweit, das über den Endkundenpreis von Büchern ein eigenes Gesetz verabschiedet hat, das »Gesetz über die Preisbindung für Bücher», (kurz: Buchpreisbindungsgesetz, BuchPrG). Das Ziel des Gesetzes besteht ausdrücklich darin, das **Kulturgut Buch zu schützen**, indem über Beschränkungen der freien Preisgestaltung ein möglichst breites Angebot gesichert wird.

Man kann darüber streiten, für wen das Gesetz gut ist, was es bewirkt und ob es gar abgeschafft gehört. Tatsache ist aber: Es gilt. Und zwar nicht nur für Verlage, **sondern auch für Self-Publisher**, genauer gesagt: für alle, die »gewerbs- oder geschäftsmäßig Bücher an Letztabnehmer« verkaufen.

Es gilt also **nicht im rein privaten Bereich**. Wer über eBay ein als Geburtstagsgeschenk erhaltenes Buch anbietet, braucht sich nicht an das Gesetz zu halten. Nach einem Gerichtsurteil handelt jedoch schon geschäftsmäßig, wer über einen Zeitraum von sechs Wochen mehr als 40 Bücher über eBay verkauft. Dasselbe gilt, wenn eine Vielzahl von Büchern angeboten wird oder derselbe Titel mehrfach.

Die **Preisbindung gilt auch für E-Books**. Das steht in der neuesten Fassung nun auch ausdrücklich im Gesetz.

Was erlaubt die Preisbindung?

Das Preisbindungsgesetz ist im Grunde einfach konstruiert. **Alle Bücher müssen bei allen Anbietern jederzeit den gleichen Verkaufspreis haben**. Nicht mehr und nicht weniger fordert das Gesetz. Es ergeben sich trotzdem oft Fragen.

- Darf ich den **Preis meines Werkes ändern**, nachdem es veröffentlicht wurde? Ja. Sie müssen nur darauf achten, den Preis bei allen Anbietern zu ändern.
- Wie **oft darf ich den Preis meines Werkes ändern**? Im Grunde beliebig oft. In der Diskussion ist die Legalität so genannter Preisschaukeleien, also eines ständigen Herauf- und Herabsetzens des Preises. Mit einer Preisaktion alle drei Monate sind Sie aber auf der sicheren Seite. Amazons »Countdown Deals« hingegen, bei denen sich der Buchpreis im Tagesrythmus ändert, stellen vermutlich einen Verstoß gegen die Preisbindung dar, deshalb hat Amazon sie bisher wohl auf Amazon.de nicht eingeführt.
- Darf ich für **Buch und E-Book verschiedene** Preise verlangen? Auf jeden Fall. Die Preisbindung gilt immer nur für eine bestimmte Ausgabe. Taschenbuch, Hardcover, Großschrift-Ausgabe, E-Book etc. dürfen alle unterschiedliche Preise haben, die nicht voneinander abhängen (es gibt, was viele glauben, auch keine Vorschrift, dass E-Books 80 % des Taschenbuchpreises kosten müssten).
- Darf ich mein **E-Book exklusiv bei Amazon** (also über KDP Select) anbieten? Ja. Das Preisbindungsgesetz schreibt nicht vor, wo Sie Ihr Werk verkaufen.

- Darf ich mein **E-Book oder Buch verschenken**, z. B. an Blogger oder Rezensentinnen? Ja, das Verschenken wird von der Preisbindung gar nicht erfasst. Sie dürfen Ihr Geschenk aber nicht von Bedingungen abhängig machen – sonst ist es kein Geschenk (etwa »Wer mein Buch X kauft, bekommt Buch Y geschenkt«). Amazon verbietet zudem, dass Sie eine Rezension als Bedingung setzen.
- Darf ich meine **Bücher im Ausland zu beliebigen Preisen anbieten**? Meistens. In den meisten Ländern gilt die Preisbindung nicht, insbesondere in den USA und Großbritannien. In diesen europäischen Ländern müssen Sie die Preisbindung beachten: Dänemark, Deutschland, Frankreich, Griechenland, Italien, Niederlande, Norwegen, Österreich, Portugal, Spanien und Ungarn.
- Darf ich Käufer*innen, die mein Buch schon vor Erscheinen erwerben, günstigere Preise bieten? Ja. Der sogenannte **Subskriptionspreis** darf aber maximal 25 Prozent unter dem Normalpreis liegen. Sie können Ihr Buch aber auch ganz legal günstig auf den Markt bringen und den Preis später erhöhen.
- Darf ich mein **E-Book in Bibliotheken anbieten**? Ja. Die Leser*innen bezahlen dort zwar nicht, aber die Bibliothek selbst muss das Werk zuvor kaufen, um es verleihen zu können.
- Darf ich mein **E-Book in Flatrate-Modellen** wie Skoobe oder KindleUnlimited anbieten? Ja. Bei diesen Modellen werden E-Books nur gestreamt, nicht verkauft. Dafür gilt die Preisbindung nicht.

Was verbietet die Preisbindung?

- Darf ich die **Käufer*innen den Preis des Buches bestimmen lassen**? Nein. Für ein Buch muss vom Rechteinhaber ein fester Preis vorgegeben sein. Angebote wie das »Humble Bundle« in den USA sind in Deutschland nicht möglich.
- Darf ich **Gutscheine für den Kauf meiner Bücher verschenken**? Nein. Gutscheine dürfen keine Minderung des festgesetzten Buchpreises ermöglichen. Sie können also nicht Käufer*innen von Buch X (oder Jedermann) einen Gutschein von 1 Euro für Buch Y anbieten (wenn Buch Y mehr als einen Euro kostet). Sie dürfen Bücher bzw. E-Books aber verschenken, das heißt, auf den kompletten Kaufpreis verzichten (ohne weitere Bedingungen).
- Darf ich mit einem **Gewinnspiel für den Kauf meines Buches werben**? Nein. Sie dürfen das Gewinnspiel jedenfalls nicht an den Kauf Ihres Buches binden (»Jeder Zehnte erhält ein Geschenk«). Sie dürfen aber Gewinnspiele veranstalten, bei denen der Buchkauf nicht Bedingung ist.
- Darf ich mit **Zugaben für den Kauf meines Buches werben**? Nein. Kostenlos dürfen Sie nur »Waren von geringem Wert oder Waren, die im Hinblick auf den Wert des gekauften Buches wirtschaftlich nicht ins Gewicht fallen« zum Buch dazugeben. Die Grenze liegt bei zwei Prozent des Buchpreises.
- Darf ich mit **Spenden für den Kauf meines Buches werben**? Nein. Es ist nicht zulässig, etwa damit zu werben, dass ein bestimmter Teil des Kaufpreises für eine gute Sache gespendet wird.

Denn auch die Spende ist im Grunde ein Geschenk an den Käufer. Was allerdings möglich ist: Sie können die Einnahmen aus dem Buch spenden (das darf nur nicht konkret an den Kauf geknüpft sein).

- Darf ich **bestimmten Personengruppen Rabatte für den Kauf** meines Buches anbieten? Nein. Die Anwendung von Affiliate-Systemen auf preisgebundene Produkte für Endverbraucher ist nicht zulässig. Das Amazon Partnernet ist deshalb zum Beispiel nur für gewerbliche Anbieter zugänglich. Rabatte dürfen Sie aber Bibliotheken und Schulen geben, die genaue Höhe legt das BuchPrG fest.
- Darf ich die Preisbindung umgehen, indem ich mein E-Book **von US-Anbietern wie Smashwords** verteilen lasse? Nein. Wenn das Werk primär für den deutschen Markt geschaffen wurde, gilt die Preisbindung.

Wie lange gilt die Buchpreisbindung?

18 Monate nach Erscheinen eines Titels ist es möglich, die Buchpreisbindung aufzuheben. Das erfolgt normalerweise über das VLB.

Was passiert, wenn ich gegen die Preisbindung verstoße?

Sie können von Buchhändler*innen oder aber den Preisbindungstreuhändern des Börsenvereins auf Unterlassung und Schadenersatz verklagt werden. Rechnen Sie selbst im günstigsten Fall mit vierstelligen Anwaltskosten.

Die DSGVO für Schreibende - und wie Sie das Gesetz umsetzen

Am 25. Mai 2018 wurde in ganz Europa ein Gesetz umgesetzt, das schon seit zwei Jahren galt – die berüchtigte Datenschutz-Grundverordnung (DSGVO). In Deutschland galten sehr ähnliche Paragrafen sogar schon seit 2009, dank des Bundesdatenschutz-Gesetzes, das für die europaweit gültige DSGVO ein wichtiges Vorbild war.

Die DSGVO kam also nicht plötzlich, und es änderte sich auch nicht alles. Trotzdem herrschte bei manchen Website-Betreibern Panik, die bis hin zu der Kurzschlussreaktion »Ich schalte meine Website ab« ging. Woran liegt das?

1. Es kursieren sehr viele falsche Gerüchte und Halbwahrheiten über die DSGVO.
2. Die DSGVO ist, wie wohl leider jedes Gesetz, in nicht wirklich verständlicher Sprache formuliert.
3. Es fehlt an Verständnis für den Zweck des Gesetzes.

DSGVO - was soll das überhaupt?

Die DSGVO dient dem Verbraucherschutz. Sie möchten nicht, dass Facebook Ihre Daten von Cambridge Analytica missbrauchen lässt. Sie möchten vermutlich auch nicht, dass Dritte mit Ihren Daten Handel treiben. Autor*innen profitieren als Verbraucher von der DSGVO, weil Firmen beim Umgang mit Ihren Daten enge Grenzen gezogen werden.

Nun sind Autor*innen aber nicht nur Verbraucher. Wenn Sie mit Ihren Leser*innen in Verbindung treten, stehen Sie plötzlich auf der anderen Seite. Wie jeder Unternehmer (das sind Sie auch als Freiberufler) müssen Sie den Menschen, deren Daten Sie verarbeiten, Rede und Antwort stehen. Vor dem Gesetz sind alle gleich, ob nun Megakonzern oder Schreibender.

Aber das ist kein Problem. Es ist eine Chance. Vielen Autor*innen war bisher gar nicht bewusst, dass sie Daten erheben und an wen sie diese weitergeben. Die DSGVO zwingt dazu, sich damit zu beschäftigen. Und das kann sehr interessant sein, auch und gerade unter dem Aspekt, dass Sie als Verbraucher ja wohl auch ein Interesse an einer vernünftigen Behandlung Ihrer eigenen Daten haben.

Was fordert die DSGVO konkret?

Das komplette Gesetz lässt sich auf drei Forderungen reduzieren, deren Umsetzung wir im folgenden genauer ansehen werden.

1. Sparsame Erhebung von Daten
2. Transparenz beim Umgang mit den Daten
3. Schutz der Daten der Nutzer*innen

Schritt 1: Inventur Ihrer Datenerfassung – Verzeichnis von Verarbeitungstätigkeiten

Der allererste Schritt sollte darin bestehen, dass Sie sich überlegen, welche Daten Ihrer Website-Nutzer*innen Sie erfassen – und warum. Das könnte eine solche Liste sein:

- Die IP-Adresse Ihrer Nutzer*innen (trifft in 99 %

der Fälle zu, wird meist beim Hoster (Strato, 1&1, Wix, Jimdo…) automatisch erfasst, bei Google Analytics aber ebenso)
- E-Mail-Adressen: bei Kommentaren, im Gästebuch, bei Gewinnspielen
- Physische Adressen: Versand von signierten Büchern, bei Gewinnspielen
- Geburtsdatum: zum Gratulieren / zur Altersprüfung

Hilfsmittel zur Recherche der von Ihrer Website übertragenen Daten finden Sie in Schritt 6.

Die DSGVO fordert nun, dass Sie nur Daten erfassen, die Sie aus irgendeinem wichtigen Grund **erfassen müssen**. Der Kontostand in dem fiktiven Beispiel gehört sicher nicht dazu – den dürfen Sie also nicht speichern. Den Leser*innen zum Geburtstag zu gratulieren ist zwar nett, aber es muss ganz sicher nicht sein. Wenn Sie jedoch (auch) Bücher für Erwachsene schreiben, könnte das ein Grund sein, das Geburtsjahr zu speichern, um nicht Minderjährigen ungeeignete Informationen zu schicken.

E-Mail-Adressen müssen Sie speichern, wenn Nutzer*innen Ihren Newsletter angefordert haben. Bei Kommentaren könnte Spamschutz ein Grund sein. Bei Gewinnspielen brauchen Sie die E-Mail-Adresse nur, bis das Gewinnspiel vorüber ist. Physische Adressen brauchen Sie, wenn Sie etwas verschickt haben. Da Sie die Ausgabe beim Finanzamt geltend machen, müssen Sie auch die Adresse der Kund*innen speichern, und zwar bis zum Ende der gesetzlichen Frist. Das gilt auch bei den bei Gewinnspielen verschickten Preisen (deren Kosten Sie sich ja vom Finanzamt erstatten lassen).

Generell ist das Gesetz logisch aufgebaut: Speichern Sie nur, was notwendig ist, und zwar nur so lange, wie es notwendig ist.

Zusätzliche Daten können Sie speichern, wenn Ihre

Nutzer*innen explizit zugestimmt haben. Diese Zustimmung müssen Sie beweisen können. Und wenn Nutzer*innen die Zustimmung zurückziehen, müssen Sie die entsprechenden Daten löschen.

Überlegen Sie auch, welche Daten Sie wirklich brauchen. Ich habe zum Beispiel festgestellt, dass ich auf Google Analytics sehr gut verzichten kann.

Die Art der erhobenen Daten schreiben Sie am besten in einer simplen Excel-Liste auf. Damit haben Sie auch schon das vom Gesetz geforderte »Verzeichnis von Verarbeitungstätigkeiten« erstellt. Einsicht in die Liste erhalten nur die zuständigen Aufsichtsbehörden (auf Anforderung).

Ein Beispieleintrag (bezogen auf das oben verlinkte PDF):

- Verantwortlich: Ihr Name, Telefon, E-Mail
- Bezeichnung der Verarbeitungstätigkeit: Besucher-Statistiken
- Zwecke der Verarbeitung: anonymisierte Statistik
- Beschreibung der Kategorien betroffener Personen: Website-Besucher
- Beschreibung der Datenkategorien: IP-Adressen
- Kategorien von Empfängern, gegenüber denen die personenbezogenen Daten offengelegt worden sind oder noch werden: keine (hier eintragen, falls Sie Ihre Website von Dritten bearbeiten lassen, Techniker, Admin o. Ä.)
- Datenübermittlung findet wie folgt statt:
- Nennung der konkreten Datenempfänger: Website-Hoster (Strato, 1&1, WordPress, Jimdo…)
- Verarbeitungsauftrag ist am … abgeschlossen worden
- Fristen für die Löschung der verschiedenen Datenkategorien: wöchentlich

Wie verhält es sich mit Ihrer Autorenseite bei Amazon (Authorcentral)? Erfassen Sie dort Daten? Nein, dort erfasst Amazon Daten, Sie bekommen davon nie etwas zu sehen.

Also muss sich dort Amazon um die DSGVO kümmern. Ähnlich verhält es sich mit der Fan-Seite bei Facebook. Da Nutzer*innen dort allerdings mit Ihnen in Kontakt treten können, sollte ein Hinweis auf Ihre Datenschutzerklärung nicht fehlen. Das gilt dann besonders auch für Gewinnspiele, bei denen Sie um Kontaktaufnahme bitten.

Schritt 2: Wer kommt noch an die Daten? Verarbeitungsaufträge abschließen

In Ihrer persönlichen Datenliste aus Punkt 1 gibt es ganz gewiss Daten, die nicht bei Ihnen bleiben, sondern die an andere Unternehmen übermittelt werden. Das sind immer die IP-Adressen, die Ihr Hoster sammelt. Oft sind es auch E-Mail-Adressen, die Ihr Newsletter-Provider sammelt. Mit allen Firmen, die in Ihrem Auftrag Daten verarbeiten, müssen Sie einen Verarbeitungsauftrag (englisch: data processing agreement) abschließen. Die meisten deutschen Anbieter und viele große internationale Firmen wissen das schon. Bei den Hostern wie Strato oder 1&1 liegen diese Verträge in Ihrem Account bereit, bei Mailchimp finden Sie den Vertrag hier, bei Jimdo hier.

Schwierig kann es bei kleineren Firmen im Ausland werden, die wenige EU-Kunden haben. Fragen Sie dann beim Support nach einem »data processing agreement according to the new European gdpr legislation«). Ohne diesen Vertrag dürfen Sie Daten Ihrer Kund*innen nicht weitergeben, müssen also die Zusammenarbeit mit diesen Firmen beenden.

Schritt 3: Daten der User schützen – https aktivieren

Die DSGVO fordert, dass Sie Daten Ihrer Nutzer*innen bestmöglich schützen. Datenübermittlung sollte im Web immer verschlüsselt erfolgen. Viele Browser bezeichnen Websites mit unverschlüsselter Übertragung (am »http://« zu erkennen) längst als unsicher. Schon deshalb hätten Sie längst auf die Alternative https umstellen sollen. Das ist bei den meisten Hostern kostenlos und wird auf den Hilfeseiten Ihres Hosters erklärt. Manche (wie etwa WordPress.com) aktivieren es schon von sich aus. Wenn Sie Ihre Seite selbst unter Word-

Press oder einem anderen CMS betreiben, müssen Sie aktiv werden.

Schritt 4: Nutzer-Genehmigungen einholen

Beim Newsletter ist in Deutschland schon seit langem Double-Optin Pflicht. Dabei bleibt es auch. Wer Ihren Newsletter haben will, muss ihn also erst unter Angabe der Adresse anfordern und dies dann über eine Bestätigungsmail noch einmal bestätigen. Die Newsletter-Provider erfassen den Zeitpunkt der Zustimmung, das ist also kein Problem. Nur in dem Fall, dass Sie den Newsletter per Hand pflegen und per normaler Mail versenden, müssen Sie also etwas ändern (ich würde von solchen Newslettern sowieso abraten).

Bestehende Einwilligungen gelten übrigens weiter, Sie müssen Ihren Newsletter also nicht neu anlegen!

Wenn Sie eine Kommentarmöglichkeit anbieten, können Sie bei Verwendung von WordPress die Nutzer*innen sehr leicht zur Genehmigung des Erfassens ihrer Adresse auffordern, indem Sie das kostenlose Plugin WP GDPR Compliance verwenden.

Genehmigungen müssen freiwillig sein und dürfen nicht voreingestellt sein – Nutzer*innen müssen das Häkchen selbst setzen.

Schritt 5: Die Datenschutzerklärung aktualisieren

Die DSGVO will Transparenz herstellen. Das heißt, Sie müssen die Nutzer*innen in klarer Sprache darüber informieren, welche ihrer Daten wie und eventuell von wem verarbeitet werden und welche Rechte sie diesbezüglich haben (dazu gehört das Recht, die über sie gespeicherten Daten einzusehen und löschen zu lassen – wenn dem rechtlich nichts entgegensteht).

Als Grundlage empfehle ich den kostenlosen Generator der Deutschen Gesellschaft für Datenschutz, den Generator von mein-datenschutzbeauftragter.de oder den Generator von ActiveMinds.

Sie verwenden einen Dienst, der dort nicht abgefragt wird? Dann nutzen Sie einen anderen Dienst als Vorlage. Also etwa so:

Wir verwenden zum (Zweck der Verarbeitung) die Komponente X (Name des Dienstes). Bei X handelt es sich um eine Dienstleistung der Firma (Name und Adresse der Firma) mit dem Zweck … . Wir haben mit der Firma … einen Verarbeitungsauftrag abgeschlossen.

Ihre bei (Anlass) gespeicherten Daten (Aufzählung der Daten) werden an einen Server der Firma (Name) in den (Land) übertragen und dort unter Beachtung des »EU-US Privacy Shield« und der DSGVO gespeichert und verarbeitet.

Weitere Informationen zum Datenschutz bei Firmenname finden Sie unter: (URL der Datenschutzerklärung der Firma).

Eine Alternative wären bezahlte Generatoren, etwa von eRecht24.

Wichtig: Sie müssen die Datenschutzerklärung so einbinden, dass Ihre Nutzer*innen sie auch von jeder Unterseite aus sehen, also genauso prominent wie das Impressum.

Schritt 6: Datendiebe abschalten – unnötige Übermittlung verhindern

Nicht alle Übermittlungen von Daten finden mit Ihrem Wissen statt. Überprüfen Sie Ihre Website doch einmal mit dem kostenlosen Ghostery-Plugin für diverse Webbrowser. Dieses Tool zeigt Ihnen, wohin Daten übermittelt werden. Mit dem Webbrowser Chrome können Sie auf Ihrer Website nach einem Rechtsklick »Untersuchen« aufrufen. Danach klicken Sie rechts auf »Sources«, dann zeigt Ihnen der Browser an, von welchen externen Websites sich Ihre Website außerdem Daten holt.

Ich kann an dieser Stelle nicht für jedes CMS und jeden Fall Hinweise geben, wo Sie auf welche Weise tätig werden müssen. Aber es gibt es ein paar oft auftauchende Übeltäter. Diesen Punkt würde ich mir allerdings für den Schluss aufheben, da hier noch vieles in Arbeit ist.

Google Analytics: Den Verarbeitungsauftrag finden Sie hier. Außerdem sollten Sie die Übertragung von IP-Daten anonymisieren (bei WordPress u. a. mit diesem Plugin möglich).

Soziale Medien: Wenn Sie Buttons oder Skripte sozialer Medien einsetzen, werden oft schon beim Laden Ihrer Seite Daten an diese Dienste übermittelt, also bevor Ihre Nutzer*innen überhaupt Gelegenheit hatten, dem zuzustimmen. Das können Sie unter WordPress mit dem kostenlosen Shariff-Plugin verhindern.

Werbe-Netzwerke: Sobald Sie Skripte von Drittanbietern einbinden (das gilt sowohl für Google Adwords als auch das Amazon Partnernet) riskieren Sie eine Übertragung der Daten Ihrer Nutzer*innen. Sie brauchen also einen Verarbeitungsauftrag und die Zustimmung der Nutzer*innen. Für reine Links (etwa von Amazon) gilt das aber nicht!

E-Book-Einbettungsfunktion von Amazon: Kindle-E-Books lassen sich mit der Funktion »Einbetten« samt Leseprobe in die eigene Website einfügen. Dadurch werden allerdings ungefragt IP-Adressen an Amazon übertragen – und Sie bräuchten einen Verarbeitungsauftrag mit Amazon. Ob es den geben wird, ist noch nicht klar. Bis dahin können Sie gefahrlos nach dem Klick auf »Einbetten« den Link unter »Link (URL) abrufen« benutzen und ihn über das (selbst gehostete) Cover verlinken.

Entwarnung: Falsche Gerüchte

Wie beim Spiel »Stille Post« machen auch falsche Gerüchte die Runde. Diese entstehen oft aus einer Übertreibung richtiger Fakten. Hier, was mir bisher begegnet ist:

- Ich darf keine Daten ins Nicht-EU-Ausland transferieren (falsch, wenn der Empfänger sich – wie die meisten Unternehmen mit vielen EU-Kunden – an die DSGVO hält und ich einen Verarbeitungsauftrag abgeschlossen habe)
- Ich darf keine Amazon-Partner-Links mehr verwenden (falsch – nur Skripte sind problematisch, wenn Bilder vom Amazon-Server geladen werden)
- Ich muss alle externen Links auf https umstellen

(falsch – ein korrekt konfigurierter Server nutzt automatisch https)

- Ich muss bei allen Links darauf achten, ob der Zielserver sich an die DSGVO hält (falsch, ich bin nicht für fremde Websites verantwortlich)
- Ich muss alle erhobenen Daten in einer Liste erfassen (falsch – ich muss nur die **Art** der erhobenen Daten in einem Verzeichnis erfassen)
- Ich darf nicht mehr mit Geschenken für Newsletter-Abos werben (falsch)

Fazit

Mit den oben beschriebenen sechs Schritten erreichen Sie als Autor*in sehr wahrscheinlich eine Umsetzung der DSGVO (eine Garantie gibt es nicht). Ich gehe dabei davon aus, dass Sie Ihre Leser*innen per Website und Newsletter über Ihre Bücher informieren und dass Sie bei der Analyse vorhandener Plugins gründlich sind. Es kommen weitere Pflichten auf Sie zu, wenn Sie zum Beispiel einen eigenen Shop betreiben oder das Einrichten von Nutzer-Profilen (etwa für ein allgemeines Diskussionsforum) ermöglichen.

Und wenn ich mich nicht daran halte?

Hier gibt es zwei Gefahren. Zum einen sind bei mangelnder Umsetzung Strafen vorgesehen, und zwar bis in Höhe von 4 Prozent des Jahresumsatzes. Allerdings sind die für die Aufsicht zuständigen Datenschutzbehörden stark unterbesetzt – warum sollten sie sich zuerst ein paar Autor*innen vornehmen? Und nur die Datenschutz-Behörden können solche Strafen verhängen.

Die größere Gefahr könnten Abmahn-Anwält*innen sein. Ob das eine reale Gefahr ist, wird man sehen. Nach der Einführung des Telemediengesetzes mit seiner Impressumspflicht für Websites gab es tatächlich eine Abmahnwelle. Allerdings lohnen sich solche Massen-Abmahnungen heute weniger als damals, dazu gab es einige Urteile. Abmahn-Anwält*innen können aber generell nur beurteilen, was sie sehen. Das betrifft damit vor allem die Datenschutz-Erklärung, die auf jeden Fall vollständig sein muss, und die Übertragung persönlicher Daten per https. Typische Kosten bei einer Abmahnung liegen im oberen dreistelligen Bereich. Es gibt diverse Versicherungen, die davor schützen bzw. dann die Kosten übernehmen (und selbst ab ca. 10 € pro Monat kosten).

Zehn Fragen und Antworten – was Sie zur ISBN wissen müssen

SPÄTESTENS, wenn Sie Ihre E-Books nicht mehr nur bei Amazon, sondern auch über andere Kanäle anbieten wollen, werden Sie auf sie stoßen: die ISBN (Internationale Standardbuchnummer), eine 13-stellige Zahl, die ein bestimmtes Werk eindeutig kennzeichnet. Nicht über Titel oder Autor*in unterscheidet der Buchhandel Bücher, sondern über diese Nummer, die seit den 1970-er Jahren auch in Deutschland Standard ist. Was müssen Sie über die ISBN wissen? Die folgenden Fragen greifen die wichtigsten Fakten zur ISBN auf.

1. Wie ist eine ISBN aufgebaut?

Eine ISBN besteht heute aus 13 Stellen (siehe Bild). Ihr grundlegender Aufbau orientiert sich am internationalen **System der EAN-Codes** (die allgemein als Artikelnummern Verwendung finden). Dass es sich bei einem Artikel um ein Buch oder E-Book handelt, erkennt man schon an den **ersten drei Ziffern**, die »978« oder »979« lauten (derzeit fast immer noch 978).

Es folgt ein Ländercode (ein- bis fünfstellig je nach »Wichtigkeit« des Sprachraums, Eritrea hat zum Beispiel den Ländercode 99948). Je größer ein Verlag ist (genauer: je mehr

Titel er hat), desto **kürzer ist der Verlagscode** und desto länger ist der darauf folgende Artikelcode. Bei einem Kleinverlag etwa hat der Artikelcode nur zwei Stellen. Verlage haben oft auch mehrere Verlagscodes (bis zu siebenstellig).

Die letzte Stelle ist eine Prüfziffer. Sie errechnet sich, indem man **links beginnend die Ziffern abwechselnd mit 1 beziehungsweise 3 multipliziert**, die Produkte addiert und die Differenz der Summe zum nächstgrößeren Vielfachen von 10 ermittelt. Bei der ISBN im Bild rechnet man also (9*1+7*3+8*1+3*3+7*1+3*3+0*1+9*3+9*1+7*3+1*1+7*3) und subtrahiert die Summe vom nächsthöheren Vielfachen von 10.

2. Wann brauche ich eine ISBN?

Eine ISBN benötigen Sie, wenn Sie ein gedrucktes Buch oder E-Book im deutschen Buchhandel anbieten wollen. Sie benötigen für jede signifikant unterschiedliche Ausgabe eines Werkes eine eigene ISBN, also etwa für Taschenbuch, Hardcover oder E-Book.

3. Wann kann ich auf die ISBN verzichten?

Sie brauchen keine ISBN, wenn Sie ein Buch drucken, um es zu verschenken oder über Ihre eigene Website zu verkaufen. Sie brauchen ebenfalls keine ISBN, wenn Sie ein E-Book (nur) über die Selfpublishing-Plattformen von Amazon, Apple (iTunesConnect), B&N, Kobo, Beam-E-Books oder Google verkaufen. Diese Anbieter vergeben dann eigene Nummern (Amazon etwa die ASIN), über die das E-Book auffindbar ist.

4. Verbessert eine ISBN die Verkaufschancen meines Werks?

Nein. Eine ISBN ist lediglich die Voraussetzung, mit einem Buch oder E-Book bestimmte Kanäle zu beliefern. Wenn Sie nur Amazon als Plattform nutzen, nutzt Ihnen eine ISBN sehr wenig – Ihr Buch wird sich dadurch nicht besser verkaufen. Wenn Sie ein Werk aber auch bei Thalia oder Weltbild anbieten wollen, haben Sie ohne ISBN gar nicht die Möglichkeit dazu. Noch wichtiger ist eine (eigene) ISBN, wenn Sie das Buch selbst drucken und über ein Barsortiment in den Handel bringen wollen.

5. Woher bekomme ich die ISBN und was kostet sie?

Einige Anbieter »schenken« Ihnen die ISBN. Das ist zum Beispiel bei den E-Book-Distributoren Neobooks und Bookrix und bei der Selfpublishing-Plattform der Tolino-Shops (Tolino Media) der Fall. XinXii vergibt ISBNs für Belletristik-Titel kostenlos. Bei anderen Anbietern ist die ISBN im Preis des Veröffentlichungspakets enthalten oder günstig hinzuzubuchen.

Für gedruckte Bücher vergibt der Amazon-Dienst KDP Print kostenlose ISBNs. Allerdings handelt es sich dabei um amerikanische Nummern, die Amazon nicht in das Verzeichnis lieferbarer Bücher (VLB) des deutschen Buchhandels einträgt und die Sie auch nicht selbst ins VLB eintragen können, sie gehören Ihnen ja nicht.

Die ISBNs, die Sie kostenlos oder günstig bei den oben genannten Dienstleistern erhalten, tragen stets deren Verlagsnummern im Code. Wenn Sie den Anbieter wechseln, können Sie die Nummern nicht mitnehmen. Diese ISBNs gehören nicht Ihnen, sondern den Firmen, die sie für Sie besorgt haben.

Bei der deutschen ISBN-Vergabestelle können Sie aber auch **eigene ISBNs** kaufen. Das war früher mit 90,98 Euro inkl. Mehrwertsteuer recht teuer. Vor einiger Zeit wurde hier allerdings die Preisgestaltung geändert. Nun zahlen Selfpublisher*innen denselben Preis wie Verlage und können z. B. 100 ISB-Nummern für nur 220 Euro netto kaufen, also für nur noch 2,20 Euro pro Stück.

6. Warum eine eigene ISBN?

Nur mit einer eigenen ISBN können Sie Ihr Buch im VLB so eintragen, dass es vom Buchhandel gefunden und bei Ihnen bestellt werden kann. Nur Ihre eigene ISBN gehört Ihnen (wichtig bei Anbieterwechsel). Viele Anbieter, u. a. KDP, Tolino Media, BoD, ePubli und KDP, erlauben es, die eigene ISBN für Bücher und E-Books zu verwenden. Bei KDP können Sie im Nachhinein allerdings nicht mehr wechseln, d. h. Sie müssen das Buch, für das Sie nun eine eigene ISBN verwenden wollen, neu anlegen.

7. Wann brauche ich eine neue ISBN?

Wenn Sie Ihr Buch wesentlich überarbeiten (also mehr als nur Tippfehler korrigieren oder den Preis ändern), brauchen Sie eine neue ISBN. Wenn Sie nur den Titel ändern, benötigen Sie ebenfalls eine neue ISBN.

8. Welche ISBN brauche ich für ein Buch in englischer Sprache?

Wenn Sie beziehungsweise Ihr Verlag den Sitz in Deutschland haben, brauchen Sie eine deutsche ISBN – egal, in welcher Sprache Ihr Werk erscheint.

9. Was ist der Unterschied zwischen ISBN-10 und ISBN-13?

Die ISBN-13 ist die in der aktuellen DIN-Norm 2108 festgelegte Form der ISBN. Sie lässt sich aber leicht in die ältere Form ISBN-10 umrechnen, etwa mit dem ISBN-Converter.

10. Was hat die ISBN mit dem VLB zu tun?

Ein Buchhändler, der von einer Kundin gebeten wird, Ihr Buch zu bestellen, sieht im Verzeichnis lieferbarer

Bücher (VLB) nach, wo er es bekommen kann und was es kostet. Eine ISBN, die Ihnen gehört. ist Voraussetzung, um im VLB gelistet zu werden. Der Eintrag kostet allerdings extra (im günstigsten Fall 2,70 € pro Buch und Jahr mit einer Mindest-Pauschale von 69 Euro, alles netto). Wenn Sie Ihr Buch über einen Dienstleister veröffentlichen, der Ihnen die ISBN spendiert, wird es normalerweise auch im VLB eingetragen. Wenn Sie die ISBN jedoch selbst organisiert haben, müssen Sie auch den VLB-Eintrag selbst durchführen. Die ISBN allein hilft dem Buchhändler noch wenig.

Die VG Wort als Einnahmequelle für Self Publisher

Ob Kopierer, Drucker oder auch PCs: Wenn Geräte dazu geeignet sind, **Kopien von urheberrechtsgeschützten Werken** anzufertigen, müssen deren Hersteller in Deutschland Abgaben zahlen – pro Jahr sind das dreistellige Millionenbeträge. Diese sind dazu gedacht, die Rechteinhaber*innen für entgangene Einnahmen zu kompensieren. Die Verwaltung dieser Einnahmen übernimmt die Verwertungsgesellschaft Wort (VG Wort).

VG-Wort-Einnahmen für Belletristik

Bei Belletristik und Kinderbüchern ist es notwendig, dass Sie einen Wahrnehmungsvertrag mit der VG Wort abschließen. Dieser gilt nicht rückwirkend, Sie sollten also schnell handeln. Die VG Wort prüft, wie oft Ihr Buch in bestimmten, vorher festgelegten Bibliotheken ausgeliehen wurde, und verteilt die Einnahmen dann anteilig. Dazu **müssen Sie nichts tun** – wohl aber regelmäßig neue Pseudonyme melden (Sie können auch Bücher melden, wenn Sie sichergehen wollen). Es gibt zudem alle paar Jahre eine Sonderausschüttung für alle, die keine normalen Ausschüttungen erhalten haben.

VG-Wort-Einnahmen für Sachbücher

Hier funktioniert das Verfahren wie bei Belletristik. Sie brauchen also einen **Wahrnehmungsvertrag** und müssen ansonsten nichts tun. Falls Ihr Sachbuch allerdings wissenschaftlicher Natur ist, sollten Sie es im Bereich Wissenschaft melden (s. u.).

VG-Einnahmen im Bereich Wissenschaft

Wissenschaftliche Publikationen sind nach Definition der VG Wort »Fach- und Sachbücher, kartographische Werke, Loseblatt- und Lieferungswerke sowie Fachbeiträge und -artikel in Fach- und Sachbüchern oder Fachzeitschriften.« Wenn Ihr Buch in diesen Bereich fällt, müssen Sie es als Autor*in über ein Formular der VG Wort **schriftlich melden**. Ob Sie etwas ausgezahlt bekommen, hängt aber auch davon ab, ob Ihr Werk in wissenschaftlichen Bibliotheken »angemessen verbreitet« wurde.

VG-Wort-Einnahmen für Texte im Internet

Dieser Bereich ist noch recht neu. Die VG Wort verteilt Tantiemen für Texte beliebiger Art, die frei (also ohne Kopierschutz/DRM) im Netz verbreitet wurden, und zwar als Entschädigung dafür, dass diese Texte ausgedruckt werden könnten. Das gilt auch für Texte im PDF-Format oder für ePub-E-Books ohne DRM. Es gilt ebenso für kopierschutzfreie Texte hinter einer Bezahlschranke (die natürlich trotzdem den Mindestabruf erreichen müssen). Wenn Sie selbst bloggen oder Fanfiction veröffentlichen, sollten Sie diese Einnahmemöglichkeit nutzen. Sie brauchen keinen Wahrnehmungsvertrag, müssen sich aber bei tom.vgwort.de registrieren.

Voraussetzung ist, dass Sie auf Ihrer Website so genannte Zählpixel einbauen können, mit denen die VG Wort die Abrufzahlen ermitteln kann. WordPress hilft Ihnen dabei mit einem VG-Wort-Plugin. Die Texte müssen **mindestens 1800 Zeichen lang** sein (gilt nicht für Lyrik) und eine Jahr für Jahr wechselnde Mindestzahl von Abrufen erreichen (meist 1500 oder mehr). Abrufe von Suchmaschinen-Robots werden dabei ebensowenig gezählt wie Abrufe aus dem Ausland.

Die Auszahlung erfolgt anteilig nach Abrufen in bestimmten Staffelungen – rechnen Sie mit Beträgen ab 10 Euro pro Artikel (es gab aber auch schon 30 Euro). Die genaue Höhe liegt am Gesamt-Fonds und der Gesamtzahl der Meldungen. Wenn Sie im Monat also fünf Blogbeiträge schreiben, die lang genug sind und die Mindest-Abrufzahl erreichen, können Sie im Jahr darüber 600 Euro einnehmen.

Um überhaupt eine Auszahlung zu erhalten, müssen Sie allerdings fristgerecht handeln. Igendwann im Nachfolgejahr legt die VG Wort die Mindest-Abrufzahl fest. Danach können Sie in Ihrem TOM-Account ermitteln, welche Ihrer Beiträge diese Zahl erreicht haben, und müssen diese **spätestens bis zum 1. Juli** online gemeldet haben, sonst verlieren Sie in diesem Jahr ihre Ansprüche (Nachmeldungen sind aber im nächsten Jahr möglich).

Fotografen, Grafiker, Designer und ähnliche Berufe können zudem über die VG Bild-Kunst an Kopiervergütung oder Bibliothekstantieme partizipieren.

Ein Arbeitgeber für Freie: Was die Künstlersozialkasse für Sie tut

Wer als Autorin oder Autor selbständig arbeitet, ob nun im Selfpublishing oder für Verlage, hat oft Anspruch darauf, der Künstlersozialkasse beizutreten. Was müssen Sie dazu wissen?

Was ist die Künstlersozialkasse?

Die Künstlersozialkasse (KSK) übernimmt wie ein Arbeitgeber die Hälfte Ihrer Beiträge zur Kranken-, Pflege- und Rentenversicherung. Das bedeutet im Umkehrschluss, dass Sie mit ihrer Hilfe Ihre eigene Beitragslast in der Regel halbieren können.

Die KSK ist dabei selbst **keine Krankenkasse**. Sie bleiben bei Ihrer gewohnten Versicherung (privat oder gesetzlich), und die KSK übernimmt die Hälfte der gesetzlichen Beiträge.

Wer hat Anspruch auf Mitgliedschaft?

Anspruch auf Unterstützung durch die KSK hat, wer hauptberuflich (!) einer künstlerischen oder publizistischen Tätigkeit nachgeht und damit mindestens 3900 Euro im Jahr verdient. Es gibt Ausnahmen für Berufseinsteiger*innen, und man darf auch ab und an die Mindestgrenze unterschreiten (zweimal in sechs Jahren). Sie dürfen dabei maximal eine/n Angestellte/n haben. Wer Anspruch auf KSK-Mitgliedschaft hat, ist zugleich auch dort versicherungspflichtig (!).

Wie hoch sind die Beiträge?

Die Versicherungsbeiträge errechnen sich wie bei Arbeitnehmer*innen aus dem Einkommen, es gelten auch die gleichen Beitragsbemessungsgrenzen. Das Einkommen melden Sie der KSK einmal im Jahr. Sie brauchen dafür zunächst keine Beweise vorzulegen, müssen aber mit einer Prüfung rechnen.

Wie meldet man sich zur KSK an?

Die nötigen Anträge sind online abrufbar. Die Prüfung dauert eine Weile (zwischen vier Wochen und einigen Monaten). Bei positivem Bescheid ist man ab Zeitpunkt der Antragstellung Mitglied.

Lohnt sich eine Mitgliedschaft in der Künstlersozialkasse?

Auf jeden Fall. Als Selbständige(r) müssen Sie sich ja sowieso in einer Krankenkasse versichern. Die KSK übernimmt hier immerhin die Hälfte der Beiträge. Nach sechs Wochen gibt es dann auch Krankengeld. Rentenversicherungspflichtig sind Sie als Selbständige(r) zwar nicht, aber da Sie mit der KSK nur die halben Beiträge zahlen, sollte sich das auch rentieren.

Wie finanziert sich die Künstlersozialkasse?

Die KSK wird aus Steuermitteln und aus Zahlungen von abgabepflichtigen Unternehmen finanziert. Wenn Sie Covergrafiker oder Lektor*innen beschäftigen, sind Sie sehr wahrscheinlich auch selbst abgabepflichtig. Näheres zur Abgabepflicht finden Sie im nächsten Kapitel.

Zehn Fragen und Antworten zur Abgabepflicht an die Künstlersozialkasse

Wer schon länger als Journalist*in oder Autor*in freiberuflich arbeitet, kennt sie schon: die Künstlersozialkasse (KSK). Selfpublisher sind hingegen oft überrascht, dass sie an diese ihnen völlig unbekannte Institution Abgaben entrichten sollen. Was ist die KSK, und vor allem: Wer muss dafür zahlen – und warum?

1. Was ist die Künstlersozialkasse?

Die Künstlersozialkasse ist eine zur Förderung künstlerischer und publizistischer Tätigkeit geschaffene Institution, die für freiberufliche Künstler*innen und Publizist*innen die Arbeitgeberbeiträge zur Sozialversicherung übernimmt. Sie finanziert sich unter anderem aus Abgaben derjenigen, die solche Freiberufler beschäftigen, aber auch zu einem Fünftel aus Steuermitteln.

2. Wer muss in die KSK einzahlen?

Alle, die an Künstler*innen oder Publizist*innen Aufträge vergeben. Einen Katalog der abgabepflichtigen Tätigkeiten stellt die KSK als PDF bereit. Dazu gehören unter anderem Grafik, Lektorat oder auch Texte und Werbetexte. Wichtig ist, dass eine schöpferische Leistung ausgeführt wird. Ein reines Korrektorat gilt in diesem Sinne nicht als schöpferische Leistung, ein Lektorat aber schon.

3. Gibt es eine Bagatellgrenze?

Abgabepflichtig ist, wer »nicht nur gelegentlich« solche Leistungen beauftragt. Das ist konkret anhand einer Geringfügigkeitsgrenze definiert: Nur wer pro Jahr insgesamt Aufträge in Höhe von weniger als **450 Euro** vergibt, ist nicht abgabepflichtig.

4. Muss ich auch für Aufträge zu privaten Zwecken zahlen?

Rein private Zwecke (Texte oder Illustrationen für eine Hochzeitszeitung…) sind generell von der Abgabepflicht ausgenommen.

5. Wie viel muss ich an die KSK entrichten?

Derzeit (2022) 4,2 Prozent des Netto-Rechnungsbetrages (ohne Umsatzsteueranteil).

6. Muss ich zahlen, obwohl ich selbst Mitglied bin?

Ja, die Abgabepflicht hat mit der Mitgliedschaft in der KSK nichts zu tun.

7. Muss ich zahlen, obwohl mein Auftragnehmer nicht KSK-Mitglied ist?

Ja, die Abgabepflicht entscheidet sich rein nach der Art des Auftrags. Allerdings sind **nur Aufträge an natürliche Personen** abgabepflichtig, nicht aber Aufträge an GmbHs, KGs, OHGs usw.

8. Muss ich zahlen, wenn mein Grafiker im Ausland wohnt?

Ja, der Wohnsitz des Auftragnehmers ist nicht entscheidend.

9. Wer ist für die Zahlung der Künstlersozialabgabe zuständig?

Der Auftraggeber (also Sie). Auftragnehmer (also Ihr Grafiker oder Ihre Lektorin) müssen die Zahlungspflicht nicht in ihren Rechnungen erwähnen.

10. Ich arbeite mit Co-Autor*innen. Was ist mit der KSK?

Wenn die Co-Autor*innen Ihnen eine Rechnung über ihre Leistung stellen, müssen Sie darauf KSK-Abgaben entrichten. Hier wäre es sinnvoll, das Honorar gleich vom Gesamt-Auftraggeber aufteilen zu lassen (der dann natürlich ebenfalls KSK-Abgaben zahlen muss).

11. Kann ich als Autor*in selbst von der KSK profitieren, und wie?

Ja, aber das ist ein anderes Thema. Kurzfassung: Grundvoraussetzung ist eine erwerbsmäßige und auf Dauer angelegte künstlerische oder publizistische Tätigkeit. Damit verbunden ist ein jährliches Mindesteinkommen von 3900 Euro für diese Tätigkeit (bei Berufsanfängern in den ersten drei Jahren auch weniger). Die KSK übernimmt dann die Rolle des Arbeitgebers und zahlt die Hälfte Ihrer Sozialbeträge (Kranken-, Pflege- und Rentenversicherung) an die zuständigen Kassen.

Titelschutz beantragen – warum, wo und zu welchen Kosten?

Sie stecken noch mitten im Schreiben Ihres neuen Romans, da fällt Ihnen schon ein, was auf dem Cover stehen wird: der Titel, der Ihr Buch perfekt beschreibt, ohne zu viel über den Inhalt zu verraten. Doch bis zur Veröffentlichung rechnen Sie noch mit Wochen oder gar Monaten – was passiert, wenn jemand anderes in der kommenden Zeit die gleiche Idee hat? Können Sie Ihren Titel irgendwie schützen? Tatsächlich verdienen gleich mehrere Dienstleister gutes Geld mit dieser Befürchtung, die natürlich nicht nur Autor*innen, sondern auch Verlage hegen.

Bevor Sie jedoch daran gehen, Ihre Idee zu schützen, sollten Sie prüfen, ob sie überhaupt so einzigartig ist, wie Sie glauben. Erste Recherchequelle dafür ist das Verzeichnis lieferbarer Bücher (VLB), in dem Sie allerdings unangemeldet nicht so ohne weiteres stöbern können. Mit der Recherche im VLB wirbt zum Beispiel Buchhandel.de, das damit eine gute Alternative ist. Der Eintrag ins VLB ist allerdings nicht Pflicht. Gerade viele bei Amazon veröffentlichende Autor*innen verzichten darauf, deshalb gehört eine Suche bei diesem Anbieter unbedingt zu Ihren Vorab-Prüfungen.

Vielleicht stoßen Sie dabei auf einen Titel, der dem Ihren zwar nicht zu 100 Prozent gleicht, aber doch sehr ähnlich klingt. Können Sie Ihre Idee dann immer noch verwenden? Für die Antwort auf diese Frage müssen wir uns ein wenig mit dem Markenrecht befassen. Werktitel sind, vereinfacht gesagt, Marken, jedoch für ein ganz bestimmtes Produkt. Den rechtlichen Rahmen bieten die Paragraphen 5 und 15 des Markengesetzes.

Oft bekomme ich Fragen wie: »Ich würde mein Buch gern soundso nennen. Es gibt schon eines, dessen Titel ähnlich klingt. Kann ich meinen Titel trotzdem nutzen?« Eine Antwort darauf ist unmöglich. Deutschland ist ein Rechtsstaat. Das heißt auch, dass jede und jeder Sie jederzeit verklagen kann. Das gehört zum Lebensrisiko, und vor Gericht und auf hoher See … Werktitel müssen grundsätzlich, damit sie schutzfähig sind, **kennzeichnungskräftig** sein. Vereinfacht ausgedrückt darf die in Frage kommende Zielgruppe das Werk nicht über den Titel mit einem anderen verwechseln können. Ob zwei Titel verwechselbar sind, ist aber natürlich subjektiv – und müsste damit im Ernstfall vor Gericht geklärt werden. Selbst Rechtskundige können hier nur eine Meinung liefern, keine Sicherheit. Ich würde im Zweifel dann lieber einen deutlich abweichenden Titel wählen oder aber eine Zusatzbezeichnung anfügen. »Schöner Sterben« etwa existiert als Titel bereits – doch »Schöner Sterben – kleine Mordkunde für Krimi-Fans« ist im Titelschutz-Sinn kennzeichnungskräftig. Ein Untertitel hilft Ihnen allerdings nicht, denn der ist nun mal nicht Teil des Titels, das sagt schon der Begriff.

Wie erfolgt der Titelschutz?

Am einfachsten, indem Sie Ihr Buch veröffentlichen, also zum Verkauf anbieten. Wenn Ihnen das zu riskant ist, können Sie auf diverse Dienste zugreifen, die eine so genannte Titelschutzanzeige veröffentlichen. Mein persönlicher Tipp dafür ist der Buchmarkt – für 30 Euro netto geht Ihre Anzeige fast sofort online. Ein paar Wochen später kommt die Rechnung –

fertig. Weitere Anbieter liste ich am Ende dieses Beitrags auf. Es kann auch nicht schaden, in den Datenbanken dieser Anbieter nach bereits geschützten Titeln zu fahnden.

Wie lange besteht Titelschutz?

Eine Titelschutzanzeige bleibt für **fünf bis sechs Monate wirksam**. Wenn Ihr Buch dann immer noch nicht erschienen ist, müssen Sie sie erneuern, sonst erlischt der Schutz. Für ein bereits erschienenes Buch gilt der Schutz, solange der Werktitel genutzt wird. Der Titel eines Buches, das laut VLB noch lieferbar ist, ist auch noch geschützt. Wie lange ein Buch nicht mehr lieferbar sein muss, damit der Titelschutz erlischt, ist nirgends eindeutig geregelt. Meist geht man von etwa **fünf Jahren** Schonfrist aus. Im Zweifel hilft immer, beim Besitzer des Titels anzufragen.

Wer bietet Titelschutzanzeigen an?

- Buchmarkt (30 Euro netto, weitere 2,50 Euro)
- Titelschutz-Magazin (45 Euro netto)
- Börsenblatt (50 Euro netto für Nichtmitglieder des Börsenvereins, weitere 5,80 €)
- Der Titelschutz Anzeiger (110 Euro netto, weitere 20 €) – auch für Software, TV etc.
- Rundy Titelschutz Journal (110 Euro netto, weitere 20 €) – auch für Software, TV etc.

Die Preise gelten dabei jeweils für einen Titel, für weitere (etwa Varianten) kommen Kosten hinzu. Achtung: Der Titelschutz-Anbieter muss eine »branchenübliche Verbreitung« haben. Ob das auf irgendwelche kostenlosen Angebote aus anderen Ländern zutrifft, müssen Sie selbst beurteilen. Ich würde eher zu einem der großen Anbieter raten.

Was passiert, wenn ich einen geschützten Titel verwende?

Im ungünstigsten Fall kann der Inhaber des geschützten Titels über einen Rechtsanwalt von Ihnen verlangen, die Nutzung des Titels einzustellen. Diese Aufforderung kostet Sie je nach Streitwert um die 1200 Euro. Hinzu kommen evtl. Ihre eigenen Anwaltskosten, und Sie müssen bereits gedruckte Bücher einstampfen.

Was passiert, wenn jemand meinen geschützten Titel verwendet?

Theoretisch könnten Sie die Person nun selbst kostenpflichtig abmahnen. Ich plädiere hier für einen Austausch. Es kommt durchaus auch bei großen Verlagen vor, dass bei der Titelrecherche geschlampt wird. Schreiben Sie den Nutzer des Titels an. Weisen Sie auf die Rechtsverletzung hin – und einigen sich auf einen Kompromiss. Der Verlag könnte ja z. B. im Gegenzug auf Ihr Buch hinweisen. Es ist immer gut, bei jemandem einen Stein im Brett zu haben.

Gilt auch eine Vorbestellung dem Titelschutz?

Tatsächlich könnte auch die Nutzung des Titels in einer Vorbestellung den Titelschutz begründen (siehe hier).

Geheimtipp: Mein Lieblingstitel ist schon vergeben – was nun?

Wenn Sie vor oder nach der Veröffentlichung merken, dass Ihr Buchtitel schon verwendet wurde, gibt es einen absolut geheimen Trick, Schaden zu vermeiden: Reden Sie miteinander! Am allerbesten vorher, aber notfalls auch nachher. Fragen Sie den Autor oder die Autorin bzw. den Rechteinhaber (Verlag). Wenn Sie nett fragen und es keine allzu direkte Konkurrenz gibt, werden Sie vermutlich die Genehmigung erhalten. Sie können ja auch anbieten, in Ihrem Buch für das gleichnamige zu werben. Wenn der fragliche Titel allerdings sehr erfolgreich ist, werden Sie mit einer solchen Bitte kaum Erfolg haben. Aber dann hätten Sie ihn bei der Vorab-Recherche wohl auch kaum übersehen.

Wann und wie darf ich Marken und Namen in meinem Buch verwenden?

»Am Nachmittag checkte er in dem heruntergekommenen Hilton in … ein. Im Gang der 19. Etage zog er seine Nike(R)-Turnschuhe aus und erschlug damit den Sänger der Boyband …, der gerade aus dem Zimmer seines heimlichen Liebhabers kam.«

Der Satz enthält drei Fehler im Umgang mit Namen und Marken – haben Sie sie erkannt? Doch zunächst ein paar beruhigende Worte: Sehr wahrscheinlich müssen Sie an Ihrem Buch nichts ändern. Sie dürfen sowohl die Namen von Personen aus der Öffentlichkeit verwenden als auch Begriffe, die von Firmen als Marken eingetragen wurden. Das kann auch absolut sinnvoll sein – es ist eben ein Unterschied, ob jemand mit Gucci- oder Bogner-Tasche durch die Welt läuft. Ihre Figuren dürfen einen BMW lenken, bei Aldi einkaufen oder mit einer Bosch-Bohrmaschine jemanden umbringen. Und wenn die Protagonistin durch New York fährt, wirkt es glaubwürdiger, wenn sie dem echten Präsidenten begegnet als einem erfundenen Namen. Sie dürfen beschreiben, wie man unter Windows einen neuen Benutzer anlegt oder einen alten VW repariert, und Sie dürfen Samsung- und Apple-Handys testen und vergleichen. Bei einem weitgehend neutralen, sachlichen Gebrauch machen Sie keine Fehler. Sie dürfen auch Ihre Meinung über die mit den Marken bezeichneten

Objekte (oder auch über Personen) kundtun. Aber was können Sie dann falsch machen?

Was darf ich über Marken und Personen schreiben?

Kurzgefasst: Ihre Meinung und **zutreffende** Tatsachen. »Nike-Schuhe sind zu teuer« ist eine Meinung. »Nike-Schuhe sind immer teurer als Adidas« ist eine Tatsachenbehauptung, die wahrscheinlich nicht zutrifft. Der Unterschied zwischen Tatsachenbehauptung und Meinung ist leicht herauszufinden: Eine Tatsachenbehauptung lässt sich beweisen (oder widerlegen). Sie sollten also in der Lage sein, den Beweis anzutreten. Wenn ein Mensch wegen einer Straftat verurteilt wurde, gilt das als Beweis. Vorher dürfen Sie ihn aber z. B. nicht »Steuerhinterzieher« nennen. Wenn das Liebesleben des Boyband-Sängers durch sämtliche Zeitungen gegangen ist, können Sie darauf Bezug nehmen. Aber Sie können ihm nicht einfach eine Affäre unterstellen.

Eine Meinung ist nicht beweisbar, es ist eben Ihre Meinung, die auch durchaus kritisch sein darf. Es darf allerdings weder eine Beleidigung noch eine Verleumdung oder üble Nachrede sein – das sind Straftaten. Und es muss Leser*innen klar sein, dass Sie eine Meinung äußern und keine Tatsachenbehauptung. »Das Hotel X in Y ist heruntergekommen« ist eine Tatsachenbehauptung. »Mir kommt das Hotel X heruntergekommen vor« ist eine Meinung.

Darf ich mich über Marken und Personen lustig machen?

Wenn es als Satire erkennbar ist – ja. Sie sollten allerdings nicht die Schwelle zur Beleidigung überschreiten (siehe Erdogan). Wo die sich befindet, entscheidet im Zweifel ein Gericht.

Muss ich Marken irgendwie kennzeichnen?

Nein. Das »(R)« oder »(TM)«, das man manchmal hinter Markennamen sieht, ist völlig unnötig. Eine Marke ist eine

Marke, egal ob Sie sie kennzeichnen. Das gilt auch für Sätze wie »Windows ist eine Marke der Firma Microsoft« im Impressum – weglassen!

Kann ich mich mit Disclaimern absichern?

Disclaimer helfen nicht, sie schaden eher, denn sie zeigen im Zweifel, dass Sie beim Verwenden der Marke Unrechtsbewusstsein besessen haben.

Sollte ich beim Inhaber der Marke fragen?

Fragen kostet nichts. Aber Sie werden sehr selten eine befriedigende Antwort erhalten. Markeninhaber*innen versuchen oft stärker, ihre Marke zu schützen, als es das Gesetz vorsieht, also werden Sie im Zweifel ein »Nein« erhalten. Wenn Sie sich dann nicht daran halten, ist Ärger vorprogrammiert, obwohl Sie theoretisch im Recht wären.

Darf ich Marken auf dem Buchtitel verwenden?

Das ist schwierig – eher nicht. Wenn Sie versuchen, von der Bekanntheit einer Marke zu profitieren, ist das wettbewerbsrechtlich problematisch. Dasselbe gilt, wenn Sie den Anschein erwecken, Ihr Buch sei vom Besitzer der Marke unterstützt. Eine neutrale Verwendung im Sachbuch ist allerdings unkritisch: »Die besten Tipps für Windows«, »Wie Nike die Sportwelt eroberte« oder »Mit dem iPhone fotografieren« wären erlaubte Titel.

Darf ich Namen meiner Verwandten benutzen?

Bei Personen, die nicht von öffentlichem Interesse sind, geht das Persönlichkeitsrecht vor. Ohne Genehmigung dürfen Sie z. B. in einer Autobiografie andere Menschen nur so beschreiben, dass diese nicht erkennbar sind. Das kann bei besonderen Schicksalen sehr schwierig sein.

Buch bei der Deutschen Nationalbibliothek abliefern

Die Deutsche Nationalbibliothek sammelt in gesetzlichem Auftrag, was **Autor*innen mit Wohnsitz in Deutschland veröffentlicht** haben. Das betrifft sowohl E-Books als auch gedruckte Bücher.

- E-Books sind
  als **Netzpublikationen** ablieferungspflichtig. Die Ablieferung erfolgt online. Eine ausführliche Anleitung der DNB erklärt den Prozess, das Verfahren ist unkompliziert. Die DNB bevorzugt PDF, auch ePub ist möglich. Die Dateigröße liegt bei maximal 50 Megabyte, wenn Sie das File direkt hochladen, oder bei 500 Megabyte, wenn Sie einen Link zur Datei eingeben.
- E-Books im **Mobi-Format** (Kindle) werden nicht entgegengenommen. E-Books, die nur in diesem Format veröffentlicht wurden, sind nicht ablieferungspflichtig. Sie können jedoch auf freiwilliger Basis im ePub-Format eingereicht werden.
- Bei **ausländischen Dienstleistern** (etwa Smashwords) veröffentlichte Titel sind

ablieferungspflichtig, wenn sich der Autorenwohnsitz in Deutschland befindet.
- Auch **fremdsprachliche** Titel sind ablieferungspflichtig.
- **Webseiten** sind theoretisch ebenfalls ablieferungspflichtig – dazu will die DNB jedoch erst ein passendes Verfahren entwickeln. Rein private und rein gewerbliche Seiten sind von der Ablieferung ausgenommen.
- **Print-on-Demand-Titel**, wie sie etwa BoD, ePubli, KDP Print oder CreateSpace liefern, sind zunächst nur elektronisch abzuliefern. Sobald jedoch mehr als 25 Stück verkauft wurden, müssen auch zwei gedruckte Pflichtexemplare an die DNB geliefert werden.
- Einige **Dienstleister** übernehmen die Ablieferung bei der DNB im Namen des Autors / der Autorin. Dazu gehören Neobooks, ePubli, Bookrix und BoD.

Die Ablieferung gedruckter Bücher

Um Ihrer Rechtspflicht nachzukommen, packen Sie (und zwar spätestens eine Woche nach Erscheinen) **zwei Exemplare** Ihres Buches und einen **formlosen Lieferschein** mit Ihrem Absender in einen Umschlag und verschicken diesen freigemacht.

Wohin, das hängt von Ihrem Wohnsitz ab. Einwohner von Berlin, Nordrhein-Westfalen und der neuen Bundesländer schicken die Sendung an: Deutsche Nationalbibliothek, Deutscher Platz 1, 04103 **Leipzig**. Alle anderen adressieren den Umschlag an: Deutsche Nationalbibliothek, Adickesallee 1, 60322 **Frankfurt am Main**.

Wenn Sie Ihrer Abgabepflicht nicht nachkommen, erfolgen von Seiten der DNB derzeit zumindest bei **Netzpublikationen noch keine Sanktionen**. Bei Verstoß gegen die Abgabepflicht gedruckter Bücher droht ein Bußgeld bis 10.000 Euro. Allerdings ist das praktische Vorgehen der

DNB **weniger drastisch**: Normalerweise folgt ein paar Wochen nach Eintrag eines lieferbaren Titels ins VLB die freundliche Bitte per Post, doch der Ablieferungspflicht zu genügen.

Landesbibliotheken nicht vergessen

In den meisten Bundesländern haben auch Self Publisher die Pflicht, **je zwei Exemplare ihrer Bücher bei der jeweiligen Landesbibliothek** abzuliefern. Das Verfahren läuft ähnlich wie bei der DNB, und wie dort kommt es **auf den Wohnsitz an**, wem Sie etwas schicken müssen.

Nicht ganz so weit sind die Landesbibliotheken bei **elektronischen Veröffentlichungen**; deren Ablieferung ist meist noch freiwillig. Erkundigen Sie sich dazu am besten bei Ihrer zuständigen Staatsbibliothek oder schauen Sie in der Tabelle der Wikipedia nach.

Rechnungen rechtskonform aufbewahren

Schon seit 2015 gelten neue Regeln, die unter anderem die Aufbewahrung von Belegen für die Steuer betreffen, die so genannten »GoBD«. Ich gestehe, ich hatte bis vor kurzem nichts davon gehört. Aber sie betreffen auch Autorinnen und Autoren. Isabel Blank, Geschäftsführerin bei der Haufe Gruppe, beantwortet im folgenden die wichtigsten Fragen dazu.

1. Was hat es mit den GoBD auf sich, worum geht es da überhaupt?

Bei den GoBD handelt es sich um »Grundsätze zur ordnungsmäßigen Führung und Aufbewahrung von Büchern, Aufzeichnungen und Unterlagen in elektronischer Form sowie zum Datenzugriff«. Sie sind zwar schon seit 2015 gültig, bisher gab's allerdings eine Übergangsfrist. Seit **1. Januar 2017 sind sie nun zwingend für die digitale Buchführung** vorgeschrieben. Im Kern geht es darum, dass elektronisch erstellte geschäftliche Belege unveränderbar digital aufbewahrt werden müssen. Zehn Jahre oder länger.

2. Ich habe als Autor nur geringe Einkünfte, muss ich mich dann daran halten?

Betroffen sind alle, die Gewinne erzielen, selbst Rechnungen schreiben und Belege für betriebliche Ausgaben absetzen. Auch wer nicht zur Buchführung verpflichtet ist und Einnahmen und Ausgaben beispielsweise in einer einfachen EÜR (Einnahmen-Überschussrechnung) aufzeichnet. **Auch der nebenerwerbstätige Autor erzielt Gewinneinkünfte** aus selbstständiger Arbeit. Er gilt somit als freiberuflicher Unternehmer und unterliegt den GoBD; eine Bagatellgrenze gibt es nicht!

3. Bisher schreibe ich Rechnungen per Word, kann ich das beibehalten?

Sofern die Rechnungen mit einem Textverarbeitungsprogramm oder einer Tabellenkalkulation geschrieben werden, und beispielsweise die Word- oder Excel-Vorlage nur als Maske dient und die Rechnung dann ausgedruckt wird, gilt diese als Papierrechnung und es gelten dieselben Aufbewahrungsvorschriften für Papierbelege wie von vor 2015. Bei dieser Handhabung kann also die bisherige Vorgehensweise beibehalten werden.

Wird die Rechnung aber auch digital abgespeichert, gilt diese als elektronischer Beleg. Das kann rechtskonform nicht im normalen Dateimanager, etwa dem Windows Explorer oder ähnlichen »Managern« erfolgen, sondern muss zwingend in einem separaten Dokumenten-Management-System (DMS) vorgenommen werden. Nur so werden die GoBD (zum Beispiel die garantierte Unveränderbarkeit) erfüllt.

4. Wenn ich Rechnungen als PDF bekomme, kann ich sie dann einfach ausdrucken und wie immer abheften?

Eingehende elektronische Geschäftsbriefe müssen in dem Format aufbewahrt werden, in dem sie empfangen wurden (beispielsweise Rechnungen oder Kontoauszüge im PDF- oder Bildformat). Zur Aufbewahrung ist eine GoBD-konforme Speicherung (mit digitaler Auswertbarkeit) erforderlich. Ohne Zusatzanschaffungen ist diese rechtskonform nicht zu leisten! Eine Aufbewahrung ausschließlich im Papierformat ist ebenfalls nicht rechtskonform!

5. Wie genau muss ich bei der Ablage elektronischer Belege vorgehen? Was wäre der einfachste Weg?

Bei der Aufbewahrung elektronischer Belege müsste sichergestellt sein, dass Änderungen entweder gar nicht möglich wären oder wenigstens – etwa durch eine sogenannte »Versionierung« – nachvollziehbar bleiben und revisionssicher protokolliert werden. Denkbar wären auch unveränderbare Speichersysteme. Und darüber hinaus müsste der Umgang mit aufbewahrungspflichtigen Belegen und Dokumenten, beispielsweise bei Mitarbeiterwechseln oder Softwareänderungen, lückenlos dokumentiert werden. Eine Sisyphos-Aufgabe, der sich kaum ein Gewerbetreibender oder Freiberufler stellen kann. Von den immensen Kosten mal abgesehen.

Die einfachste Lösung wäre eine GoBD-testierte Software. Wer schon eine Software für seine Buchhaltung oder Einnahmen-Überschussrechnung einsetzt, muss sich beim Hersteller erkundigen, ob dafür ein GoDB-Testat, also eine Art Zulassung vorliegt. Für Kleinunternehmer, Selbstständige und Existenzgründer bietet sich beispielsweise lexoffice an, einfach und selbsterklärend mit zertifizierter Datensicherheit auf Bankenniveau.

6. Bis wann muss ich mein Ablagesystem umstellen?

Wer seine Umsatzsteuervoranmeldung monatlich abgibt, hat den richtigen Zeitpunkt schon verpasst – er hätte spätestens am 10. Februar 2017 bzw. wer eine Dauerfristverlängerung beantragt und erhalten hat, bis 10. März 2017 auf ein

GoBD-testiertes System umstellen und seine Buchungen »festschreiben« müssen. Wer vierteljährlich seine Umsatzsteuer voranmelden muss, hat noch **bis spätestens 10. April 2017 Zeit** dafür.

7. Ich bin Kleinunternehmer und zahle keine Umsatzsteuer, muss ich mich trotzdem daran halten?

Betroffen sind alle, die Gewinne erzielen, selbst Rechnungen schreiben und Belege für betriebliche Ausgaben absetzen. Auch wer nicht zur Buchführung verpflichtet ist und Einnahmen und Ausgaben beispielsweise in einer einfachen EÜR (Einnahmen-Überschussrechnung) aufzeichnet. Das alleine sind nahezu 5 Millionen Kleinunternehmer und Freiberufler in Deutschland.

8. Was passiert, wenn ich die GoBD nicht beachte?

Wer sich nicht an die GoBD-Richtlinien hält, riskiert, dass Betriebsprüfer vom Finanzamt nichts mehr anerkennen und die Steuern schätzen. Und das kann teuer werden.

9. Meine Steuern macht der Steuerberater, bin ich dann fein aus der Sache raus?

Verantwortlich für die Einhaltung der GoBD-Vorschriften ist immer der Steuerpflichtige selbst – nicht sein Steuerberater. Beispielsweise müssen sie auch – unabhängig von der Steuererklärung – bei der Rechnungserstellung oder auch bei eingehenden Rechnungen beachtet werden.

Was gehört ins Impressum eines Buches?

BÜCHER (egal ob gedruckt oder elektronisch) brauchen, wie übrigens auch Zeitungen und Zeitschriften, ein Impressum. Welche Angaben darin stehen müssen, ist nicht bundesweit geregelt, sondern in den Pressegesetzen der Länder. Diese sind hier aufgelistet. Welches für Sie gilt, hängt von Ihrem Wohnsitz ab. Sie können es sich aber sparen, nachzulesen, denn im Grunde wollen alle nur das gleiche:

- Ihren Namen
- eine ladungsfähige Anschrift

Berlin verzichtet auf die Anschrift und will nur den Wohnort.

Muss ich meinen Namen angeben?

Ja. Jedes der Pressegesetze der Bundesländer verlangt den Namen der Selbstverleger*innen. Wohlgemerkt – nicht das Pseudonym, sondern den Namen.

Was ist mit der Druckerei?

Einige Bundesländer verlangen zusätzlich Name / Firma und Anschrift der Druckerei. Sie sind also auf der sicheren Seite, wenn Sie diese mit angeben. KDP-Nutzer*innen brauchen sich darum nicht zu kümmern, da Amazon den Druckort immer automatisch eindruckt.

Kann ich ein Postfach verwenden?

Nein, eine ladungsfähige Anschrift ist eine, unter der Sie »regelmäßig anzutreffen« sind. Es kommt vor allem darauf an, dass Ihnen dort Gerichtspost zugestellt werden kann. Die Adresse des Nachbarn eignet sich nur, wenn Ihr Nachbar dann auch eine entsprechende Vollmacht besitzt.

Ich will aber mein Pseudonym nicht lüften!

Gesetzeskonform ist das im Grunde nur mit einem externen Dienstleister möglich. Die Druck-Dienstleister BoD oder Tredition etwa treten als Verlag auf. Dort brauchen Sie dann nur »Verlag: Firmenname, Anschrift« ins Impressum zu setzen. Pseudonym-Dienste stellen eine ladungsfähige Adresse zur Verfügung. Überlegen Sie, ob Sie Ihren Künstlernamen in Ihren Pass eintragen lassen sollten.

Brauche ich einen Copyright-Vermerk?

Nein. In Deutschland gibt es kein Copyright. Das Urheberrecht entsteht mit dem Verfassen des Werkes. Sie müssen es nicht durch einen Vermerk anmelden oder beanspruchen. Sie brauchen auch nicht zu erklären, dass Ihr Buch urheberrechtlich geschützt ist und nicht vervielfältigt werden darf. Schaden tut's allerdings auch nicht.

Achtung: Wenn Sie Material aus dem Open-Source-Bereich (Wikipedia u. Ä.) verwenden, müssen Sie die verwendeten Lizenzen angeben. Auch dafür eignet sich das Impressum (oft reicht das aber nicht).

Was ist mit der Haftungs-Freistellung?

Eine Behauptung wie »Keine Haftung für …« schadet tatsächlich eher als dass sie nutzt. Wenn Sie haften, dann haften Sie, ganz egal, was Sie dort schreiben. Sie können sich mit einem Haftungsausschluss oder Disclaimer nicht selbst von ihren Verpflichtungen freistellen.

Was ist mit den Namen von Lektorin, Grafiker usw.?

Das Gesetz fordert diese Angaben nicht. Sie sollten die Beteiligten aber schon aus Fairness-Gründen nennen (aber fragen Sie vorher, ob diese Menschen ihre Namen in Ihrem Buch lesen wollen). Zudem fordern manche Online-Bilddatenbanken die Nennung der Urheber*innen von Coverfotos, auch bei Fotograf*innen ist das die Regel.

Gehört die ISBN ins Impressum?

Wenn Sie möchten – sie ist aber kein Pflichtbestandteil.

Die bibliografischen Informationen der Deutschen Nationalbibliothek …

… liest man ziemlich häufig, sind aber nicht Pflicht. Pflicht ist aber die Abgabe von Belegexemplaren an die DNB.

Wo gehört das Impressum hin?

Dazu gibt es keine Vorschriften. Oft ist es nach dem Innentitel zu finden, aber auch am Ende des Buches ist ein guter Platz dafür.

Sind weitere Angaben erlaubt?

Absolut! Ich würde auf jeden Fall meine Kontaktdaten komplett hinzufügen. Wo es sinnvoll ist, könnte man auch die Auflage (1., 2., …) erwähnen.

Wie sähe denn ein Beispiel-Impressum aus?

- Name der Autorin bzw. des Autors
- Anschrift
- Webadresse, Facebook-Seite
- E-Mail
- Lektorat/Korrektorat:
- Umschlaggestaltung: … unter Verwendung eines Fotos von …

Und was ist mit meiner Website?

Hier sind die Anforderungen umfangreicher, das klären andere Websites ausführlich.

Acht Fragen zum Impressum im Buch und auf der Website

Gerade wer sich erst langsam an das Selfpublishing herantastet, wird oft von der Frage überrascht: Wie bitte, ich soll in meinem Buch meine komplette Anschrift angeben? Habe ich denn kein Recht auf Datenschutz?

Nein – wenn Sie ein Druckwerk veröffentlichen, begeben Sie sich damit in die Öffentlichkeit und unterliegen unter anderem dem Presserecht. Und das fordert von Ihnen verschiedene Angaben. Eine komplett anonyme Veröffentlichung ist rechtlich nicht möglich (wohl aber eine unter Pseudonym, was viele verwechseln).

1. Welche Angaben müssen unbedingt in mein Buch?

Das regeln in Deutschland Landesgesetze – es hängt also eigentlich davon ab, wo Sie wohnen. »Eigentlich«, weil die Bundesländer, sonst so zerstritten, sich geeinigt haben auf:

Name oder Firma und Anschrift des (Selbst-)Verlegers und des Druckers (!)

Nur Berlin macht eine Ausnahme – hier sollen es Wohnort oder Geschäftssitz sein. »Name« ist dabei Ihr Name, nicht Ihr Pseudonym.

2. Gibt es Unterschiede zwischen Buch und E-Book?

Nein, die Impressumspflicht ist dieselbe, E-Books gelten in diesem Sinn auch als Druckwerke.

3. Ich veröffentliche ausschließlich bei Amazon...

Auch dann braucht Ihr E-Book rechtlich gesehen ein Impressum. Amazon fordert allerdings keines.

4. Ich weiß gar nicht, wo Amazon mein Buch druckt

Bei CreateSpace und KDP Print wechseln tatsächlich die Druckereien – oft ist es Leipzig, aber oft auch Polen oder London. Geben Sie doch Amazon Europe in Luxemburg als Drucker an, das ist schließlich laut Member Agreement Ihr Vertragspartner (Amazon Media EU S.à r.l., 5 Rue Plaetis, L-2338, Luxembourg).

5. An welcher Stelle muss das Impressum erscheinen?

Das ist gesetzlich nicht vorgeschrieben. Strittig ist, ob es bei E-Books innerhalb der kostenlosen Leseprobe erreichbar sein muss.

6. Welche Pflicht-Angaben muss ich auf meiner Website machen?

Die Impressumspflicht bei Websites (übrigens auch auf Facebook-Seiten gültig) ist ein ganz eigenes Thema. Sie wird zum einen vom Telemediengesetz (TMG) bestimmt, bei Veröffentlichung journalistischer Inhalte aber auch vom Rundfunkdienste-Staatsvertrag. Benutzen Sie am besten einen Impressum-Generator wie den von e-recht24, damit Sie keine der vorgeschriebenen Angaben verpassen.

Sie sind zu einem **Impressum verpflichtet**, wenn Sie

nicht nur rein private Inhalte veröffentlichen, also zum Beispiel für Ihre Bücher werben.

Das Impressum muss von jeder Seite aus erreichbar sein und Ihren kompletten Namen und Ihre ladungsfähige Adresse enthalten.

Falls Sie journalistische Inhalte veröffentlichen, müssen Sie auch einen dafür Verantwortlichen angeben (Name und Adresse, etwa »Verantwortlich für den Inhalt nach § 55 Abs. 2 RStV: Name, Anschrift«. Das gilt u. a. auch für Bloginhalte.

7. Kann mir ein Pseudonym-Service helfen?

Ein professioneller Pseudonym-Service kann unter drei Bedingungen helfen.

- Er wird über eine echte Straßen-Adresse abgewickelt – eine Postfach-Adresse erfüllt die Anforderungen definitiv nicht.
- Sie erteilen den dort tätigen Personen / dem Unternehmer eine schriftliche Zustellvollmacht.
- Die dort eintreffende Post wird Ihnen zeitnah zugestellt.

8. Welche Angaben kann ich – freiwillig – sonst noch ins Impressum eintragen?

Bildquellen, Lektoren, Korrektorat, auch andere Dienstleister – all das sollten Sie nicht zu erwähnen vergessen. Es ist aber rechtlich nicht vorgeschrieben, dass dies im Impressum passiert. Gerade Bildquellen werden oft auch direkt beim Bild genannt. Ebenfalls üblich sind Druckauflage oder ein Hinweis auf die Deutsche Nationalbibliothek.

Ein Urheberrechtshinweis ist unnötig, das Urheberrecht ensteht automatisch.

Eine Haftungseinschränkung ist in der Regel unwirksam – also unnötig. Dinge, für die Sie haften, können Sie nicht per Erklärung ausschließen.

Sieben Fragen und Antworten zur AWV-Meldepflicht

Wer bei KDP einen AllStar-Bonus von 5000 oder 7500 Euro erreicht, muss diese Zahlung nicht nur brav versteuern. Es gibt auch eine Meldepflicht, auf die Ihre Bank meist kleingedruckt auf dem Kontoauszug hinweist: Die »Meldepflicht nach § 11 Außenwirtschaftsgesetz (AWG)«. Ihr unterliegt, wer Zahlungen aus dem Ausland erhält oder ins Ausland leistet. Hier interessieren uns natürlich nur die Honorarzahlungen ausländischer E-Book-Anbieter, für weitere Fälle (Erbe, Lotto, Schwarzgeld, Aktien usw.) konsultieren Sie bitte Ihren Finanzberater.

Wer muss melden?

In Deutschland ansässige natürliche und juristische Personen, also Privatpersonen ebenso wie Firmen. Steuerberater können diese Meldung auch im Namen ihrer Kund*innen vornehmen.

Was ist zu melden?

Einzelzahlungen (bei Amazon und Apple üblicherweise Überweisungen) aus dem Ausland von **mehr als 12.500 Euro**, ganz egal, ob es sich um Boni oder E-Book-Sales handelt.

Entscheidend ist der konkrete **Zahlungsbetrag einer einzelnen Überweisung**, NICHT die Monats- oder Jahressumme oder ähnliches.

Wie müssen Sie melden?

Elektronisch über AMS, das »Allgemeine Meldeportal Statistik« der Bundesbank. Sie müssen sich dort zunächst anmelden und erhalten dabei eine Meldenummer. Dann füllen Sie Formular Z4 aus. Kennziffer 624 (»Veröffentlichungsrechte von Texten und Bildern«) ist korrekt.

Wenn es nur um einzelne Meldungen geht, können Sie diese auch telefonisch über 0800/1234 111 (kostenfrei, nur aus dem Festnetz erreichbar) abgeben. Die Nummer ist eigentlich speziell für Privatpersonen gedacht. Hier können Sie auch Fragen stellen. Bei regelmäßigen Vorfällen kommen Sie jedoch um die elektronische Meldung nicht herum.

Wann ist zu melden?

Bis zum **7. Kalendertag** nach Ende des Monats, in dem Sie die Zahlung erhalten haben. Es ist **keine Fristverlängerung** möglich.

Was passiert, wenn ich nicht melde?

Die vorsätzliche oder fahrlässige Missachtung der Meldevorschriften kann ein **Bußgeld von bis zu 30.000 Euro** zur Folge haben – pro Verstoß!

Ich habe vergessen, die Zahlung rechtzeitig zu melden

Die Bundesbank empfiehlt, die Meldung baldmöglichst nachzuholen. Der Verstoß ist zwar bereits eine Ordnungswidrigkeit. Diese wird aber nicht verfolgt, wenn der Meldepflichtige fahrlässig (also etwa aus Unwissen) gehandelt und »den

Vorgang selbst im Wege der Eigenkontrolle aufgedeckt und den zuständigen Behörden angezeigt hat.« (Selbstanzeige)

Warum gibt es die Meldepflicht?

Die Bundesbank erstellt auf Grundlage dieser Daten die Außenwirtschaftsbilanz der Bundesrepublik. Über die Meldungen ist die Bundesbank zur Verschwiegenheit verpflichtet, auch z. B. gegenüber den Finanzämtern.

Wenn aus einem Tausch ein Betrug wird – fünf Fakten zum Rezitausch

»Hallo …, seit gestern ist mein neues Buch online. Du würdest mir einen großen Gefallen tun, wenn du es einmal runterlädst. Im Austausch lade ich auch gerne dein Buch und schreibe dir auch eine Rezension. Wenn du auch an einem Rezensionstausch interessiert bist, dann schreib mir einfach eine PN.«

Es ist nicht ungewöhnlich, über Facebook solche Anfragen zu bekommen. Wenn man etwas genauer nachfragt, wird man gern auch in entsprechende (in der Regel geheime) Gruppen eingeladen, wo sich 50 oder 250 »Autoren« gegenseitig Rezensionen schreiben.

Tauschen – ein unschuldiges Wort. Die Zivilisation hat mit Tauschgeschäften begonnen, das Geld haben die Menschen erst später erfunden. Und doch können Sie sich als Autorin oder Autor ganz schnell Ihren guten Ruf verderben, wenn Sie auf derartige Methoden zurückgreifen. Diese fünf Tatsachen sollten Sie berücksichtigen:

1. Rezensionstausch verstößt gegen die Amazon-Richtlinien

Amazon erlaubt nur Rezensionen, die ohne Gegenleistung erbracht wurden. Ein Tausch ist immer eine Gegenleistung.

Das gleiche gilt natürlich für den Kauf von Rezensionen. Aber es muss kein Geld fließen. **Jede Gegenleistung** (Teilnahme an Gewinnspielen, Rückerstattung des Kaufpreises, Zusenden des Taschenbuchs …) ist ein Verstoß, der Sie Ihren KDP-Account kosten kann.

2. Man wird Ihnen auf die Schliche kommen

Ein Kollege, der die Aktivität der ach so geheimen Facebook-Gruppe dokumentiert, weil er sich über den Rezi-Tausch ärgert, eine Leserin, die sich wundert, und nicht zuletzt die schlauen Amazon-Algorithmen, die gegenseitige Bewertungen bemerken – wie peinlich ist es denn, wenn Sie beim Betrug erwischt werden?

3. Rezensionstausch ist Betrug

Leserinnen und Leser erwarten, dass die Rezensionen unter Ihren Büchern fair und korrekt zustandegekommen sind. Was werden Ihre Fans sagen, wenn Ihr Betrug auffliegt?

4. Rezensionstausch verstößt gegen das Wettbewerbsrecht

Jede andere Autorin, jeder Autor, kann Sie wegen im Rezensionstausch erworbener Rezensionen kostenpflichtig abmahnen. Ein solcher Tausch stellt eine im Wettbewerbsrecht verbotene Irreführung dar. Zudem ist das freie Erfinden und Fälschen von Rezensionen unlauter.

5. Ist Tauschen immer illegal?

Überhaupt nicht. Es gibt viele Möglichkeiten, mit anderen Autorinnen und Autoren zu kooperieren. Die meisten Leser lesen schneller, als Sie schreiben können. Also helfen Sie Ihren Fans, wenn Sie ihnen ab und zu auch die Bücher anderer empfehlen. Empfehlungs-Tausch ist nicht illegal. Sie sollten aber darauf achten, glaubwürdig zu bleiben und in

Ihrem Newsletter oder auf Ihrer Facebook-Seite nur Werke empfehlen, von denen Sie selbst überzeugt sind. Tauschen können Sie außerdem Dienstleistungen wie etwa gegenseitiges Korrekturlesen. Und natürlich können Sie gern auch gemeinsam ganze Bücher verfassen.

Der Unterschied zwischen Plagiat und Urheberrechtsverletzung

Bis es sich herumgesprochen hat, dass Abschreiben immer irgendwann ans Tageslicht kommt, werden wohl noch einige Plagiatsfälle aufgedeckt werden. Dabei wird oft die Frage gestellt: Ist das überhaupt ein Plagiat? Was ist ein Plagiat eigentlich, und worin besteht der Unterschied zu einer Verletzung des Urheberrechts?

Die Antwort ist auf den ersten Blick einfach: Das Urheberrecht und seine Verletzung sind juristische Begriffe. Sie sind sehr klar definiert und in Deutschland in vom Bundestag verabschiedeten Gesetzen niedergelegt. Ein Plagiat hingegen ist ein ethisch-moralischer Begriff: Jemand gibt fremdes geistiges Eigentum als eigenes aus.

Plagiate gibt es in vielen Bereichen, in denen das Urheberrecht keine Rolle spielt, dafür aber gewerbliche Schutzrechte (etwa das Patent- oder Gebrauchsmusterrecht). Wer den Text eines anderen kopiert und dabei das Zitatrecht nicht beachtet, verstößt damit in der Regel gegen das Urheberrecht. **Plagiate verstoßen aber nicht zwangsläufig gegen Gesetze** – einen Roman von Karl May zu plagiieren wäre zum Beispiel nicht verboten, da das Urheberrecht des Autors 70 Jahre nach seinem Tod abgelaufen ist. Trotzdem würde es von den meisten Leser*innen als illegitim betrachtet, gäben Autor*innen einen Karl-May-Western als eigenes Werk aus. Ähnliches gilt für Dinge, die gar nicht unter dem Schutz des Urheberrechts stehen, wie zum Beispiel Ideen. Ideen (etwa eine grobe Romanhandlung) sind für sich nicht schutzfähig, werden aber trotzdem gern plagiiert. Das ist dann ein moralisches Problem, kein rechtliches.

Nicht jede Verletzung des Urheberrechts ist indessen ein Plagiat. Verletzer*innen müssen muss auch kein Plagiat begehen, um das Urheberrecht zu verletzen. Ein Buch illegal zu kopieren und anzubieten, stellt definitiv eine **Urheberrechts-Verletzung dar – aber kein Plagiat**, solange Verbreitende das Werk nicht auch noch unter eigenem Namen feilbieten. In letzterem Fall würden aber gleich zwei Rechte verletzt. Aber auch das seitenlange Zitat eines berühmten Autors unter Namensnennung in einem Roman wäre zwar kein Plagiat (der wahre Autor ist ja genannt), aber eine Verletzung des Urheberrechts.

Was Plagiator*innen droht, hängt also davon ab, ob es eine Urheberrechtsverletzung gab und welche weiteren Rechte eventuell verletzt wurden. Darüber öffentlich zu berichten, steht übrigens im Einklang mit dem allgemeinen Persönlichkeitsrecht. Ein veröffentlichter Text, und darum geht es ja hier in der Regel, ist der Öffentlichkeitssphäre zuzuordnen, die den schwächsten Schutz genießt. Lediglich bei einem Eingriff in die Privatsphäre müsste man sich vorab die Frage stellen, ob es sich um eine Person öffentlichen Interesses handelt. Natürlich müssen die in diesem Zusammenhang getroffenen Behauptungen wahr (beweisbar) sein oder klar als Meinung erkennbar (Meinungsfreiheit) – und nicht zur diffamierenden Schmähkritik werden.

Mein Urheberrecht wurde verletzt – was ist zu tun?

Urheberrechtsverletzungen, z. B. in Form von Raubkopien, verursachen jedes Jahr Schäden in Millionenhöhe. Das geschieht, obwohl jedes Werk und jeder Urheber durch das Urheberrecht geschützt wird. In einem solchen Fall stehen dem Urheber vor allem auf zivilrechtlichem Weg viele Optionen offen, um gegen eine Urheberrechtsverletzung vorzugehen. Der folgende Text klärt auf.

Fällt dem Urheber eines Werkes auf, dass das eigene Urheberrecht verletzt wurde, sollte dieser sofort damit beginnen, Beweise zu sichern. Wird beispielsweise ein E-Book auf einer fremden Website veröffentlicht, hat der Urheber des E-Books die Möglichkeit, Fotos oder Screenshots davon anzufertigen. Es ist ratsam, dies in Gegenwart eines Anwaltes oder eines anderen Zeugen vorzunehmen. Zudem sollte der Geschädigte das Original vorzeigen können, um zu beweisen, dass es sich um eine Urheberrechtsverletzung seines Werkes handelt. Im nächsten Schritt sollte der Schädiger ausfindig gemacht und kontaktiert werden. Wichtig ist es auch, sich mit dem Schädiger auseinanderzusetzen und herauszufinden, ob es sich dabei um einen Konzern oder eine Privatperson handelt. Das kann im späteren Verlauf von Bedeutung sein, da der Schadensersatz unterschiedlich hoch ausfällt. Zudem lassen sich urheberrechtliche Streitigkeiten mit Konzernen meist schwerer klären als mit Privatpersonen. Während Betroffene bei einer Urheberrechtsverletzung durch einen Konzern am besten einen Anwalt hinzuziehen sollten, lassen sich solche Streitigkeiten mit Privatpersonen meist auf zivilrechtlichen Weg klären.

Möchte der Betroffene also keinen Anwalt einschalten, hat er die Möglichkeit, dem Schädiger eine Rechnung zu schicken, durch die die Nutzungsrechte im Nachhinein übertragen werden. Auf diesem Weg sollte aber zusätzlich ein Vertrag beigelegt werden, der die Rechte des Nutzers abklärt. Möchte der Geschädigte dem Schädiger jedoch gar keine Rechte übertragen, kann dieser eine Abmahnung aussprechen. Dadurch kann einem gerichtlichen Verfahren aus dem Weg gegangen werden. Zudem kann das Abmahnschreiben weitere Forderungen enthalten, wie z. B. eine Unterlassungserklärung, die eine Vertragsstrafe bei zukünftigen Verstößen fordert. Des Weiteren können mit der Abmahnung Schadensersatzforderungen einhergehen. Diese ergeben sich aus den Gebühren des nicht bestehenden Lizenzvertrages, also aus der Summe, die der Geschädigte für die Nutzungsrechte verlangt hätte.

Hat auch eine Abmahnung keinen Erfolg, kann der Geschädigte bei Gericht eine Unterlassungserklärung einreichen. Daraufhin überprüft das Gericht die Ansprüche des Urhebers und verklagt den Abgemahnten auf Unterlassung. Folgende Ansprüche können gegebenenfalls geltend gemacht werden:

- Anspruch auf Vernichtung
- Anspruch auf Auskunft
- Anspruch auf Vorlage und Besichtigung

Komplizierter wird es jedoch, wenn es sich bei den Schädigern um Raubkopierer aus dem Ausland handelt. Diese sitzen meist in Russland oder Togo und sind nur schwer ausfindig zu machen. Zudem stellt sich in einem solchen Fall die Frage nach dem zuständigen Gericht. Grundsätzlich ist das Gericht des Geschädigten zuständig, d. h. dass die Klage im Heimatland des Urhebers erfolgen kann. Dazu müssen jedoch bestimmte Voraussetzungen gegeben sein. Zum einem muss die Webseite des Schädigers auch in Deutschland abrufbar sein und zum anderen muss diese sich auch an Inländer richtigen. Um herauszufinden, ob dies der Fall ist, sind folgende Hinweise zu beachten:

- Sprache der Website
- Lieferungen nach Deutschland
- Die Zahlungsweise

Um gegen den Schädiger vorzugehen, muss also ein ausreichender Inlandsbezug hergestellt werden können. Das deutsche Urheberrecht greift zudem, wenn die maßgeblichen Handlungen zumindest teilweise im Inland stattgefunden haben. Ist das der Fall, gilt das sogenannte Schutzlandprinzip, wonach das Urheberrecht desjenigen Landes gilt, für dessen Territorium urheberrechtlicher Schutz beansprucht wird.

Um vor Urheberrechtsverletzungen aus dem Ausland zu schützen, dient ein sogenannter Kopierschutz. Dieser gilt als effektivste technische Maßnahme. Auch das Anbringen von Copyright-Vermerken oder Wasserzeichen kann sehr hilfreich sein. Zwar verhindern diese keine Urheberrechtsverletzungen, können jedoch helfen, diese aufzudecken und später nachzuweisen.

Weitere Informationen zum Thema »Urheberrechtsverletzung« finden Sie hier (PDF). Zudem bietet das kostenlose Ratgeberportal www.urheberrecht.de viele weitere Informationen und Ratgeber zu verschiedenen urheberrechtlichen Themen, wie Privatkopie, GEMA oder Copyright.

Disclaimer: Der Gastbeitrag wurde uns kostenlos vom Berufsverband der Rechtsjournalisten zur Verfügung gestellt.

Über den Berufsverband der Rechtsjournalisten e. V.

Der BvdR. e. V. ist der Zusammenschluss von Rechtsjournalisten und Rechtsanwälten aus ganz Deutschland, die

Rechtsbeiträge zu verschiedensten Themen auf den Portalen arbeitsvertrag.org, scheidung.org, abmahnung.org und rechtsanwaltfachangestellte.org veröffentlichen.

Der Verband wurde im August 2015 von dem Rechtsanwalt Mathis Ruff in Berlin ins Leben gerufen. Übergeordnetes Ziel ist es, umfassende Informationsportale zu schaffen, auf denen sich interessierte Bürgerinnen und Bürger über sämtliche relevanten Rechtsbereiche in Deutschland informieren können. Zudem wird ein deutschlandweites Anwaltsverzeichnis aufgebaut und gepflegt. Der Verband sieht sich an dieser Stelle ausschließlich als Informationsplattform und bietet daher keine Rechtsberatung an.

Was tun, wenn Sie ein Plagiat Ihres Textes finden?

PLAGIATE SIND KEIN MASSEN-PHÄNOMEN. 99,9 Prozent aller Bücher und E-Books dürften auf originären Leistungen ihrer Autor*innen beruhen. Aber ab und zu vergessen Menschen unter dem Lockruf schnellen Geldes eben doch Recht und Anstand – was tun Sie also als Urheber*in, wenn Sie einem Plagiat auf die Schliche gekommen sind?

1. Beweise sichern

Wenn die beschuldigte Person vom Vorwurf erfährt, könnte es sein, dass sie versucht, alle Spuren zu tilgen. Sie müssen also schneller sein. **Fertigen Sie Bildschirmfotos vom geklauten Text an**. Amazon stellt zum Beispiel den »Blick ins Buch« bereit, aber auch die Volltextsuche von Google Books ist hier sehr hilfreich. Die Beweissicherung sollte stets der erste Schritt sein, bevor Sie jemanden über Ihren Verdacht informieren.

2. Verantwortliche Person suchen

Wer ist verantwortlich dafür, dass der verdächtige Text veröffentlicht wurde? Bei Websites gibt es normalerweise ein Impressum, bei .de-Adressen auch einen Eintrag bei Denic.

An dieser Stelle geht es nicht darum, den Schuldigen zu finden: Es kann ja durchaus sein, dass die verantwortliche Person ebenso betrogen wurde wie Sie. Aber das ist nicht Ihr Problem. Sie brauchen den rechtlich Zuständigen, und das kann ein Verlag sein oder ein Autor bzw. eine Autorin, wenn es ein selbst publiziertes Werk ist.

Falls es weder Buch- noch Website-Impressum gibt und auch sonst keine Spuren des Autors oder der Autorin, **brauchen Sie einen sekundären Verantwortlichen, den »Mitstörer«**. Das kann zum Beispiel Amazon sein oder allgemein der E-Book-Shop, in dem der geklaute Text veröffentlicht wurde. Diese Unternehmen haben in der Regel eine eigene Abteilung für Urheberrechts-Verletzungen. Bei Amazon füllen Sie dazu ein spezielles Formular aus, und zwar mit möglichst genauen Informationen.

3. Öffentlichkeit suchen

Ein probates Mittel insbesondere beim Inhalte-Klau besteht darin, die **Öffentlichkeit darauf aufmerksam zu machen**. Leser*innen reagieren oft schneller als Unternehmen. Ein Shitstorm auf Facebook, Twitter oder in den Produkt-Rezensionen bewirkt oft mehr als eine Abmahnung durch einen Rechtsanwalt oder eine Rechtsanwältin, weil auch andere Titel des Autors bzw. der Firma betroffen sind. Allerdings sollten Ihre Beweise dann auch hieb- und stichfest sein – anderenfalls beschwören Sie Probleme für sich selbst herauf, etwa den Vorwurf der üblen Nachrede.

4. Rechtsanwaltskanzlei beauftragen

Den nächsten Schritt können Sie theoretisch auch allein gehen – allerdings nur, wenn Sie eine Adresse des Textdiebs gefunden haben: Sie schicken dem **Verletzer Ihrer Rechte eine strafbewehrte Unterlassungserklärung und fordern ihn zur Zahlung von Schadenersatz auf** –

Mustertexte dazu finden Sie hier: http://www.akademie.de/wissen/urheberrechtsverletzung-text-was-tun

Wenn Sie zunächst auf anwaltliche Hilfe verzichten, gehen Sie kein Kostenrisiko ein. Sie müssen allerdings damit rechnen, dass die Gegenseite Ihr Schreiben dann weniger ernst nimmt. Mitglieder des Selfpublisher-Verband e.V. können das Erstschreiben kostenlos vom Verbandsjustiziar erstellen lassen. Auf den Anwaltskosten bleiben Sie (beim Vorliegen klarer Beweise) nur dann sitzen, wenn die Gegenseite zahlungsunfähig ist. Ihre private Rechtsschutzversicherung wird die Anwaltskosten bei Urheberrechtsproblemen in der Regel nicht zahlen.

Bei der Bemessung des Schadenersatzes dürfen Sie großzügig sein und auf normale Buchhonorare 100 Prozent aufschlagen.

Sie müssen selbst an dieser Stelle übrigens nicht nachweisen, dass Sie das Urheberrecht am Text besitzen – das ist erst nötig, wenn Sie vor Gericht ziehen. Allerdings schmälert es dann Ihre Chancen doch deutlich.

Ein vernünftiger Dieb wird an dieser Stelle die Unterlassungserklärung unterschreiben und vielleicht allenfalls versuchen, über den Schadenersatz zu verhandeln. Wenn aber absolut keine Einigung zu erreichen ist, folgt der Gang vor Gericht. Eventuell reagiert die angeschriebene Person oder Firma überhaupt nicht – dann empfiehlt sich eine einstweilige Verfügung.

5. Einstweilige Verfügung beantragen

Der Antrag auf eine einstweilige Verfügung **zwingt den Gegner zur Reaktion**, denn wenn er sich weiterhin stumm stellt, wird sie einfach erteilt – und kann dann von Ihnen per Gerichtsvollzieher durchgesetzt werden. Spätestens an dieser Stelle würde ich allerdings auf anwaltliche Hilfe zurückgreifen, auch wenn Sie das theoretisch ebenfalls noch selbst erledigen können.

6. Gang vor Gericht

Eine Klage beim Amts- oder Landgericht kann nur Ihr Anwalt bzw. Ihre Anwältin einreichen. Unter Umständen können Sie Prozesskostenhilfe beantragen. Ein komplettes **Verfahren kann sich über Monate bis Jahre hinziehen**, wenn alle Instanzen ausgeschöpft werden. Ein guter Anwalt bzw. eine gute Anwältin wird Sie realistisch über Ihre Chancen informieren, bevor die Klage eingereicht wird. Wenn der Fall eindeutig ist und Sie Ihre eigene Urheberschaft nachweisen können, ist das Verlustrisiko gering. Allerdings könnte gerade bei längerem Prozessverlauf irgendwann der Beklagte abhanden kommen, wenn etwa dessen Firma in Konkurs geht. In diesem Fall blieben Sie auf den Kosten sitzen, auch wenn Sie gewonnen haben.

Crowdfunding für Schreibende

Ohne **Crowdfunding gäbe es die Selfpublisherbibel nicht**: Wer uns schon von Anfang an verfolgt, weiß, dass das Blog auf einer (nicht erfolgreichen) Crowdfunding-Kampagne beim deutschen Anbieter Startnext zurückgeht. Inzwischen haben sich die Zeiten gewandelt: Auch Autor*innen gehen inzwischen erfolgreich mit diesem Werkzeug um, das eine Buchveröffentlichung zumindest teilweise vorfinanzieren kann.

Die Grundidee von Crowdfunding ist immer dieselbe, egal um welche Art von Projekt es sich handelt: Der Starter versucht, **Menschen davon zu überzeugen, ihn bei der Verwirklichung seiner Idee zu unterstützen**. Die Fans geben etwas (meist einen mehr oder weniger hohen Geldbetrag) und erhalten dafür das Produkt oder/und ein Dankeschön. Dabei kann es sich auch um Dinge ohne Geldwert handeln, etwa eine Widmung oder die Möglichkeit, die Hauptfigur des Buches zu benennen.

Da auch soziale oder künstlerische Projekte auf diese Weise finanziert werden können, halten manche ihre Einzahlung für eine Art Spende. Tatsächlich handelt es sich jedoch bei fast keinem Anbieter darum – vielmehr verpflichtet sich der Projektstarter, dafür eine **Gegenleistung zu liefern** (was bei einer Spende nun gerade nicht der Fall ist).

Regel Nummer 1: Die meiste Arbeit haben Sie vor dem Start der Kampagne

Aber natürlich spielt, ähnlich wie beim Spenden, die Beziehung zwischen Unterstützer*innen und Projektstarter*innen eine große Rolle. Daraus leitet sich auch schon **Regel Nummer 1** ab: Diese Beziehung erst auf der Crowdfunding-Plattform schaffen zu wollen, funktioniert selten. Der Projektstarter, also Autorin oder Autor, sollte bereits eine Fan-Gemeinde mitbringen, von der Unterstützung zu erwarten ist.

Ja, auch die Nutzer*innen des entsprechenden Portals lassen sich oft aktivieren, sind sie doch dem Thema gegenüber schon einmal aufgeschlossen. Doch zum Erfolg genügen sie allein meist nicht. Andererseits können die bei der Finanzierung vielleicht neu gewonnen Fans hilfreich sein, wenn das Buch dann wirklich startet. Entspricht das Ergebnis ihren Erwartungen, tragen sie ihr Lob in ihre eigenen Kreise.

Regel Nummer 2: Crowdfunding kostet Zeit

Während der Kampagne müssen Sie mit Fans und potenziellen **Fans in Kontakt bleiben**, auf allen Kanälen. Das kostet Zeit, die Ihnen zum Schreiben fehlt. Wenn die Kampagne abgeschlossen ist, müssen Sie Ihre Fans auf dem Laufenden halten. Und ist das Buch schließlich fertig, müssen Sie sich um die Dankeschöns kümmern.

Regel Nummer 3: Crowdfunding kostet Geld

Zunächst müssen Sie eine perfekte Präsentation erstellen. Brauchen Sie vielleicht Spezialist*innen für Bilder und Video? Zwar ist das Einstellen eines Projekts meist kostenlos, doch bei erfolgreichem Abschluss werden oft Gebühren fällig, die **bis zu zehn Prozent** betragen können. Noch gieriger ist meist das Finanzamt; je nach Ihrer persönlichen Steuerlast müssen

Sie die finanzierte Summe versteuern. Und dann sind da noch die Dankeschöns, die Sie produzieren und verschicken müssen.

Regel Nummer 4: Crowdfunding braucht Werbung

Haben Sie schon immer gern **Freunde und Verwandte um ein paar Euro gebeten**? Genau das wird beim Crowdfunding Ihre erste Sorge sein. Potenzielle Fans, die Sie noch nicht kennen, sehen sich die Dynamik Ihrer Aktion an. Niemand investiert gern in ein Projekt, das nicht vom ersten Tag an Geld sammelt. Die US-Seite Rockethub schätzt, dass Sie zum Einwerben von 10.000 Dollar pro Tag bis zu zwei Stunden investieren müssen – in E-Mails, Telefonate, persönliche Gespräche.

Regel Nummer 5: Crowdfunding verpflichtet

Nicht nur, dass Sie sich bei erfolgreicher Finanzierung verpflichten, das versprochene Produkt zu liefern: Sie müssen auch, zumindest **ungefähr, die Deadline einhalten**, die Sie angegeben haben. Ein, zwei Monate Verspätung sind Crowdfunding-Profis zwar gewohnt, und auch sechs Monate kommen vor – doch Sie sollten mit dem Gefühl leben können, dass Ihnen da jemand im Nacken sitzt und auf das versprochene Buch wartet.

Regel Nummer 6: Crowdfunding braucht die passende Plattform

Jede Plattform hat ihre **Vor- und Nachteile**. Kickstarter nimmt keine Starter mit deutscher Adresse. Auf Indiegogo gehen Sie vielleicht in der Vielfalt unter, beim deutschen Krautreporter haben Sie mit Belletristik keine Chance. Vergleichen Sie die Gebühren – und prüfen Sie, **wo Sie Ihre Zielgruppe am besten erreichen**. Sie bringen schon viele Fans mit? Dann braucht die Crowdfunding-Plattform nicht groß zu sein. Sie hoffen auf Unterstützung aus der Community? Dann gehen Sie dorthin, wo alle sind (und bereiten sich darauf vor, auch mal laut werden zu müssen, damit man Sie hört).

Braucht mein Buch einen Haftungsausschluss oder Disclaimer?

VOR ALLEM IN SACHBÜCHERN, aber zunehmend auch in Romanen finden sich Absätze, in denen Autor*innen jede Haftung für die zusammengetragenen Informationen ablehnen. Darüber steht dann so etwas wie »Haftungsausschluss« oder »Disclaimer«. Die Idee dahinter ist: Was passiert, wenn ich mich geirrt habe, der Leser folgt aber meinem Rat und erleidet einen Schaden?

Das ist allerdings eine relativ naive Vorstellung. Das BGB erlaubt zwar in Verträgen, die Haftung auszuschließen, bis hin zur groben Fahrlässigkeit. Aber Sie können Käufer*innen Ihres Buches, die diese bei einem Shop erworben haben, nicht einfach einen Vertrag aufzwingen. Allenfalls ließe sich so etwas über Allgemeine Geschäftsbedingungen regeln, aber über die müssen Sie VOR Vertragsabschluss informieren und nicht erst im Buch. Wenn die Kunden den Vertrag schon eingegangen sind, ist es zu spät. Hinzu kommt, dass gegenüber Privatkunden der Haftungsausschluss im AGB nach Paragraph 309 des BGB (Absatz 7) in vielen Fällen verboten ist.

Grundsätzlich gilt also: Entweder Sie haften, dann haften Sie und können sich auch nicht davon mit ein paar Sätzen freisprechen. Oder Sie haften eben nicht. Die Frage, wer wann und wofür haftet, ist höchst komplex und wird final erst vor Gericht geklärt – wobei spezialisierte Rechtsanwaltskanzleien beratend hilfreich sein können. Es gehört insofern zum Berufsrisiko insb. von Sachbuchautor*innen, zu Recht (oder zu Unrecht) in die Haftung genommen zu werden. Ein Satz in Ihrem Buch kann das nicht verhindern – wäre das so, gäbe es keine Haftpflichtversicherungen, die im Fall des Falles einspringen. Achtung: Ihre Privathaftpflicht wird hier i. d. R. nicht zahlen. Und Sie müssen die Versicherung vor Eintreten des Versicherungsfalles abschließen.

Was tun, wenn ein Auftrag nicht gelingt?

MAN KANN NOCH SO SORGFÄLTIG nach der perfekten Lektorin, dem erfahrensten Layouter oder der begabtesten Grafikerin suchen – es wird unweigerlich auch mal passieren, dass das **Ergebnis nicht so ausfällt wie erhofft**. Das bedeutet oft Ärger, fast immer Zeitverlust und manchmal auch finanzielle Einbußen. Dieser Artikel stellt Ihnen hilfreiche Tipps vor, wie Sie den Ärger wieder aus der Welt schaffen.

Was ist passiert?

Wenn Ihnen Ihr Dienstleister das Ergebnis seiner Arbeit übergeben hat, sollten Sie sie prüfen. Nicht nur aus rechtlichen Gründen und auch, wenn Sie dem Menschen blind vertrauen: Denn **jeder hat mal einen schlechten Tag**, und Sie sollten es nicht Ihren Leser*innen zumuten, etwa einen Haufen Tippfehler zu monieren. Falls Sie dabei feststellen, dass Ihre Erwartungen nicht erfüllt wurden, halten Sie zunächst einmal inne und beantworten Sie sich zwei Fragen.

1. Was genau haben Sie als Ihre Erwartung an das Arbeitsergebnis mitgeteilt?
2. Ist Ihre Erwartung realistisch?

Wünsche, die eine Designerin nicht kennt, kann sie nicht

erfüllen. Und unrealistische Forderungen wie zum Beispiel völlige Fehlerfreiheit eines Manuskripts sind eben das, unrealistisch. Gerade beim Lektorat hängt das Ergebnis sehr vom Input ab. Falls Ihr Manuskript 2000 Fehler hatte und davon 95 Prozent entfernt wurden, dann ist das eine ziemlich gute Quote, obwohl immer noch 100 Fehler darin stecken.

Falls Sie also bei Punkt 1 zu wenig erzählt haben oder auf Frage 2 mit Nein antworten müssen, bleibt Ihnen gar nichts anderes übrig, als das Gespräch zu suchen.

Entscheidend: Werk- oder Dienstvertrag

Doch selbst wenn das nicht der Fall ist, ist ein Gespräch immer eine gute Idee. Streit macht schlechte Laune, ein Rechtsstreit kostet außerdem noch Geld und endet nicht immer wie gewünscht. Nur wenn Ihr Gegenüber überhaupt nicht zum Reden bereit ist, sollten Sie weitere Schritte in Betracht ziehen.

An dieser Stelle wird dann wichtig, welche Art von Vertrag Sie geschlossen haben: einen **Dienst- oder einen Werkvertrag**? Bei einem Dienstvertrag verpflichten Sie sich, eine Vergütung zu zahlen und dafür eine bestimmte Dienstleistung zu erhalten. Das Ergebnis der Arbeit spielt hier keine Rolle. Die Vergütung ist fällig, wenn die Dienstleistung erbracht wurde. Bei einem Werkvertrag hingegen verpflichtet sich der Dienstleister, ein Werk herzustellen, und Sie verpflichten sich, das Werk abzunehmen und zu bezahlen. Im Unterschied zum Dienstvertrag garantiert der Auftragnehmer für die einwandfreie Beschaffenheit des Werkes. Wenn dieses nicht den Anforderungen entspricht, können Sie eine Nachfrist setzen und bei Nichterfüllung schließlich auch die Bezahlung mindern.

Die Abgrenzung ist hier leider nicht immer ganz einfach. Ein Cover dürfte zum Beispiel eher in einem Werk- als in einem Dienstvertrag entstehen. Ein Buchlayout hingegen könnte einen Dienstvertrag als Grundlage haben. Beim Lektorat wird's kompliziert. Manche Lektor*innen nehmen deshalb von vornherein in ihre AGB auf, dass sie nach Dienstvertrag tätig werden. Aber selbst dann könnte man sich noch mit anwaltlicher Hilfe streiten. Ein Dienstvertrag liegt auf jeden Fall immer dann vor, wenn sich das Ergebnis gar nicht garantieren lässt – wenn Sie sich also zum Beispiel ein Horoskop erstellen lassen… Ein Autorenvertrag ist in diesem Sinne übrigens in der Regel ein Werkvertrag.

Das Problem: Ein **Dienstvertrag stellt Sie als Auftraggeber*in deutlich schlechter als ein Werkvertrag**. Bei einem Dienstvertrag müssen Sie im Grunde nachweisen, dass die Dienstleitung nicht erbracht wurde. Falls Ihnen das gelingt, müssen Sie trotzdem zahlen, können dann aber Schadensersatz geltend machen. Bei einem Werkvertrag hingegen können Sie zunächst eine Frist zur Nachbesserung setzen und dann das Honorar mindern.

Ärger lieber vermeiden

Ein Tipp zum Schluss: Am besten fahren Sie natürlich, wenn Sie Ärger von vornherein vermeiden. Deshalb:

- Machen Sie möglichst genau aus, was Sie erwarten und was der Auftragnehmer erbringen soll.
- Legen Sie das Vereinbarte schriftlich nieder.
- Planen Sie genug Zeit für Nacharbeit ein.

Darf ich Font … in meinem E-Book oder Taschenbuch verwenden?

VIELLEICHT. Gut, die Antwort ist etwas kurz und unbefriedigend. Man könnte auch sagen: Es hängt davon ab, was Sie mit bestimmten Schriftarten tun dürfen und was nicht. Aber wovon genau? Dazu müssen wir zunächst gedruckte Bücher und E-Books unterscheiden.

Bei gedruckten Bücher ist die Antwort relativ einfach. Wenn Sie eine Schriftart mit einem kommerziellen Programm erworben haben, dürfen Sie sie im Druck-PDF verwenden. Ausgenommen sind allerdings in der Regel Studenten- oder reine Privat-Versionen (»Home«). Microsoft etwa beschreibt das hier. »In der Regel« heißt natürlich auch, dass es Ausnahmen geben kann. Im Zweifel müssen Sie beim Hersteller nachfragen.

Bei E-Books ist es etwas komplizierter. Die Frage ist jedoch: Brauchen Sie den Font überhaupt im fertigen E-Book? Der Kindle und der Tolino-E-Reader etwa besitzen mehrere eingebaute Schriftarten, zwischen denen die Leser*innen wählen können. Amazon verbietet es explizit, andere Schriftarten für den Lauftext zu verwenden.

Lediglich bei Schmuckelementen (Überschriften u. Ä.) dürfen Sie die Schriftart Ihrer Wahl einsetzen. Dazu müssen Sie sie in das fertige E-Book einbetten; das funktioniert mit Programmen wie Jutoh gut. Der Font ist dann innerhalb des

E-Books gespeichert, und hier beginnen die Probleme. Denn die Lizenz zum Einbetten (embedding) ist nicht bei jeder Schriftart inklusive. Sie müssen sie also für jeden Font separat prüfen und u. U. kaufen (was durchaus 100 Euro und mehr kosten kann). Eine Alternative sind dann freie Schriftarten, die Sie im Internet in großer Zahl finden, etwa bei Fontsquirrel.com.

Technik

Was habe ich verkauft? Sieben Statistik-Tools für Selfpublisher im Vergleich

ALS UNABHÄNGIGER AUTOR den Überblick über die Einnahmen für die eigenen Werke zu behalten, ist gar nicht so einfach – selbst, wenn man exklusiv bei Amazon veröffentlicht. Denn es gibt nicht nur Honorar für verkaufte E-Books, sondern auch für Taschenbücher und für gelesene Seiten. Und Letzteres sogar noch mit einer Quote, die Amazon immer erst Wochen später verrät. Kommen dann noch weitere Shops hinzu, ist Excel-Talent gefragt. Oder Sie bedienen sich eines Tools, das die Einnahmen für Sie erfasst.

Inzwischen gibt es eine ganze Reihe solcher Werkzeuge. Eines aber muss ich vorausschicken: Wer über Tolino Media, Neobooks, ePubli, Feiyr oder auch BoD veröffentlicht, wird damit nicht viel anfangen können. Die Tools kommen meist aus den USA, und dort spielen einfach Smashwords bzw. Draft2Digital (D2D) als Distributoren und die Selfpublishing-Angebote von Apple, Barnes&Noble, Google und Kobo die wichtigste Rolle.

Was können die Programme? Da gibt es große Unterschiede. Sie erfassen mindestens die Einnahmen via KDP. Meist arbeiten sie dazu mit Bookmarklets oder Browser-Erweiterungen. Sie klinken sich in die offene Seite von KDP ein. Der Vorteil: Sie müssen dem Programm Ihr Kennwort nicht verraten (das dürfen Sie nach Amazon-Regeln auch gar nicht). Aber wenn die Software neue Zahlen abrufen soll, müssen Sie zuerst auf die KDP-Seite navigieren. Die Programme, bei denen das nicht nötig ist, brauchen Ihr Kennwort.

Aber die Zahlen sind nur das eine. Neue Rezensionen und veränderte Rankings sind natürlich auch wichtige Informationen, die von manchen Tools erfasst werden. Oder Sie können Ausgaben für Facebook- und AMS-Werbung hochladen und einzelnen Titeln zuordnen und bekommen dann Ihren Gewinn angezeigt. Die Details habe ich in der Liste unten erfasst. Für die meisten Tools gibt es eine kostenlose Prüfphase, in der Sie alles testen können.

AKReport

- www.akreport.com
- Pro $20 / Monat, Basic $10 / Monat (Jahres-Discount), kostenlos bis $1000 Monatsumsatz
- Bookmarklet (Chrome, FF, Safari)
- Amazon KDP (E-Book, Taschenbuch, KENP, Bewertungen, Bestsellerrang)

AKReport sieht modern aus und erfüllt alle Versprechungen. Der Service hatte in der Vergangenheit allerdings Probleme mit der Privatsphäre seiner Nutzer.

Book Report

- www.getbookreport.com
- $19 / Monat bei Einnahmen über $1000, sonst frei
- Chrome-/Firefox-Extension
- Amazon KDP (E-Book, Taschenbuch, KENP, Bewertungen, Bestsellerrang)

Bookreport war das erste dieser Tools, das rein im

Browser lief. Nach einer Preiserhöhung hat es ein paar Fans verloren. In Deutschland dürfte es zu den bekanntesten Tools dieser Art gehören.

BookTrakr

- www.booktrakr.com
- Preis nach Anzahl der Bücher (0,99 – 99,99 $ / Monat)
- Website
- Amazon, Apple, B&N, D2D, Google, Kobo, Smashwords (alles mit Passwort), Bewertungen, Bestsellerrang

BookTrakrs Oberfläche sieht ein bisschen altmodisch aus. Der Service hat allerdings von allen Diensten die größtmögliche Abdeckung der Shops. Das Preismodell ist ein bisschen intransparent, da es sich nach der Anzahl der erfassten Bücher richtet. Sie können auch Konkurrenztitel verfolgen (ohne Verkaufsdaten).

Datasprout

- www.datasprout.co
- $10 / Monat bei Einnahmen über $1000, sonst frei
- Chrome-/Firefox-Extension
- Amazon KDP (E-Book, Taschenbuch, KENP)

Datasprout ist am ehesten mit Bookreport zu vergleichen. Sie müssen auf Rezensionen und Rankings verzichten, zahlen dafür aber nur $10 im Monat.

Author Helper Suite (ehem. Readerlinks)

- www.readerlinks.com
- $24,99 / Monat
- Bookmarklet (Chrome, Firefox, Safari)
- Amazon KDP (E-Book, Taschenbuch, KENP, AMS, Facebook-Werbung), ACX, Linktracker, Smart Links, Betaleser-Verwaltung

Readerlinks ist mein persönlicher Favorit. Es erfasst nicht nur Einnahmen, sondern auch Werbekosten und Klickzahlen. So lassen sich Aussagen treffen wie »Die Facebook-Anzeige hat Buch X 40 % mehr Verkäufe gebracht«. Praktisch sind auch die schlauen Links, die über ein WordPress-Plugin auch Ihren eigenen Domainnamen verwenden können. Statt www.amazon.de/dp/B01234567 verwenden Sie dann als Link www.ihreseite.de/links/12345678. Wenn jemand darauf klickt, landet er oder sie automatisch im richtigen Amazon-Shop, und die Klicks werden statistisch erfasst. Dadurch wissen Sie, woher Ihre Käufer kommen.

Scribecount

- www.scribecount.com
- $15 / Monat bei Einnahmen über $1000, $20 / Monat bei Einnahmen über $2000
- Bookmarklet (Chrome, Edge, Firefox)
- Amazon, Google Play, Apple, Barnes & Noble, Kobo, Draft2Digital, Smash-words

Scribecount ist der neueste Vertreter dieser Kategorie. Schwerpunkt liegt auf der Einbindung vieler Plattformen. Aber auch Daten wie Bestsellerrang oder Reviews werden erfasst. Die Daten lassen sich als Exceldateien herunterladen.

Trackerbox

- www.storyboxsoftware.com
- $90 (einmalig)Bookmarklet (Chrome, Edge, Firefox)
- Windows-Software (Mac kommt)
- Amazon, Google, Apple, B&N, Kobo, Smashwords, D2D, Xinxii, Streetlib

Trackerbox ist die einzige verbliebene Standalone-Software. Sie müssen das Programm also kaufen und auf Ihrem PC installieren. Eine Mac-Version soll demnächst erscheinen. Trackerbox deckt eine ganze Reihe Shops ab und auch den deutschen Distributor XinXii.

Was sind A+-Inhalte und wer braucht sie?

SCHON SEIT EINIGER Zeit schaltet Amazon immer mehr KDP-Nutzer für ein neues Marketing-Feature frei, das früher nur über das Advantage-Programm zugänglich war. Nach Amazons eigenen Statistiken erhöhen A+-Inhalte die Verkäufe um 5,6 Prozent.

Was gehört nicht in A+ Content?

- Preisangaben / Werbedetails. Sie dürfen weder konkrete Preise nennen noch Begriffe wie »Rabatt« oder »günstig« verwenden.
- Kundenrezensionen. Sind übrigens auch in der Buchbeschreibung nicht erlaubt.
- Zeitkritische Informationen. Ausdrücke wie »neueste« oder »neu« oder der Bezug auf bestimmte Daten und Feiertage sind nicht erlaubt.

Wo erscheint A+ Content?

»A+ Content« erscheint etwa in der Mitte der Seite als »Produktbeschreibung des Verlags«, und zwar auf der Länderplattform, für den sie ihn erstellt haben. A+ Content für

Amazon.de ist also nicht auf Amazon.com zu sehen und umgekehrt.

Wie füge ich A+ Content hinzu?

- www.booktrakr.com
- Preis nach Anzahl der Bücher (0,99–99,99 $ / Monat)
- Website
- Amazon, Apple, B&N, D2D, Google, Kobo, Smashwords (alles mit Passwort), Bewertungen, Bestsellerrang

Wenn A+-Inhalte für Ihren Account freigeschaltet sind, finden Sie sie unter dem »Marketing«-Reiter in KDP.

Wählen Sie zunächst einen Shop aus und klicken Sie auf »Verwalten«.

Einen Shop auswählen:

Amazon.de

A+-Inhalten verwalten

Sie sehen eine (noch leere) Liste Ihrer A+-Inhalte. Klicken Sie rechts auf »Erstellen…«

Erstellen Sie Inhalte für A+

Geben Sie dem neuen Inhalt einen Namen.

Name des Inhalts

RomanX

Fügen Sie dann das erste Modul hinzu.

Modul hinzufügen

»Standard-Bild und Overlay mit hellem Text« ist am beliebtesten.

Wählen Sie es aus, fügen Sie einen Text und ein Bild hinzu. Die Bilddatei darf nicht größer als 3 MB sein.

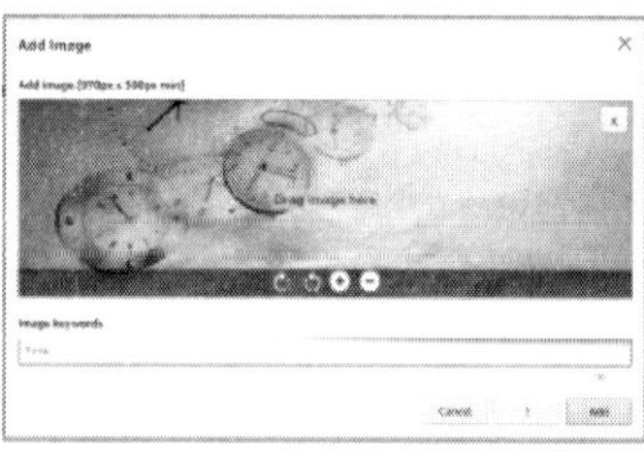

Jetzt müssen Sie noch festlegen, bei welchen Büchern Ihre A+-Inhalte angezeigt werden.

Weiter: ASINs anwenden

Geben Sie die ASIN in das »Hinzufügen«-Feld ein. Sie können beliebig viele ASINs eintragen. Vergessen Sie auch das Taschenbuch nicht.

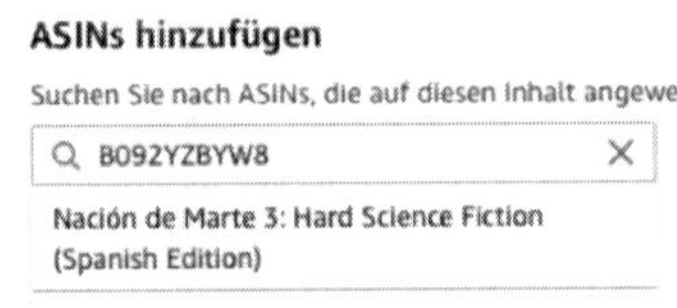

Amazon zeigt eine Vorschau an.

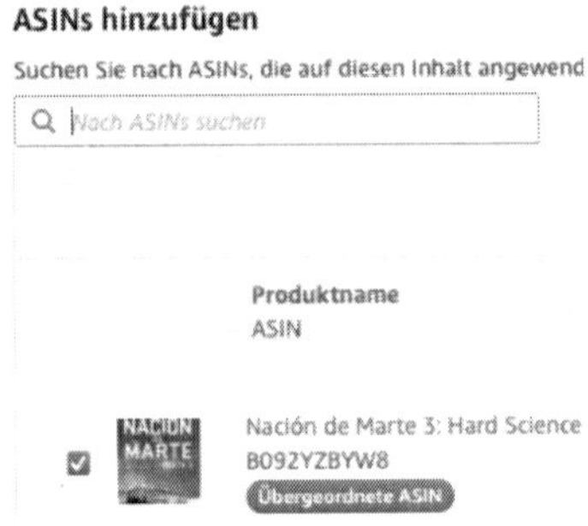

Danach müssen Sie auf »Inhalte verwenden« klicken, damit die ASIN auch übernommen wird!

Das sieht dann so aus:

Angewendete ASINs (1)

Suchen

Produktname
ASIN

Nación de Marte 3: Hard Science
B092YZBYW8
Übergeordnete ASIN

Im letzten Schritt müssen Sie Ihren A+-Inhalt überprüfen lassen. Dazu bekommen Sie zuerst eine Vorschau für Handy und Desktop angezeigt.

Weiter: Überprüfen und absenden

Die Überprüfung kann ein paar Werktage dauern.

Welche A+-Module gibt es?

Alle Modulnamen beginnen mit »Standard«, das lasse ich weg.

- Bildtitelzeile mit Text: breites Bild, darunter eine Überschrift und ein Fließtext
- Firmenlogo: Grafik mit der Größe 600 × 180 (schmaler als die anderen Module!)
- Mehrfach-Abbildung: Ein Mouseover auf den kleinen Previews tauscht das Hauptbild aus.
- Produktbeschreibungstext: ein Textfeld (ohne Überschrift)
- Bild und Overlay mit dunklem Text: für Bilder mit hellem Hintergrund
- Bild und Overlay mit hellem Text: für Bilder mit dunklem Hintergrund
- Einzelbild links: Bild links, Text rechts
- Einzelbild rechts: Bild rechts, Text links

- Einzelbild und Markierungen: Bild links, Textspalte, Textkasten
- Einzelbild und Seitenleiste: Bild links, Textspalte, Randspalte
- Einzelbild und Spezifikationsdetail: Bild links, Haupttext, zwei Untertexte, Liste
- Vergleichstabelle: Maximal sechs Produkte lassen sich in max. zehn Punkten vergleichen. Nutzt mancher gern für Serien-/Reihendarstellungen.
- Drei Bilder und Text: drei Bilder, jeweils mit Textfeld darunter
- Vier Bilder und Text: vier Bilder, jeweils mit Textfeld darunter
- Vier Bilder / Textquadrant: vier Bilder + Text, in 2×2-Muster
- Text: ein Textfeld (mit Überschrift)
- Technische Angaben: 4-16 Listenpunkte, in 1×16- oder 2×8-Muster

Welche A+-Module sind sinnvoll?

Bei Belletristik kommt sehr häufig das Bild + Overlay zum Einsatz. Dazu zerlegen Sie eine Grafik in Form eines stehenden Rechtecks einfach in drei oder vier Streifen und ordnen diese untereinander an. Dabei entstehen zwar weiße Streifen, aber das stört relativ wenig.

Beim Sachbuch kann jedes Modul sinnvoll sein, selbst die technischen Angaben.

Was für und was gegen die Vorbestellungs-Funktion bei Amazon spricht

Schon seit langer Zeit können Autor*innen bei KDP ihre Titel vor dem Veröffentlichungsdatum bei Amazon vorbestellbar machen. Dazu brauchen Sie nicht einmal mehr ein unfertiges Manuskript. Das fertige Buch muss dabei allerdings spätestens drei Tage (72 Stunden) vor dem offiziellen Termin hochgeladen sein. Sie müssen aber nicht bis zu dem von Ihnen eingestellten Termin warten. Wenn Ihr Buch eher fertig ist, laden Sie es hoch und verlegen den Veröffentlichungstermin vor. Insofern empfiehlt es sich, den Termin zunächst so weit in die Zukunft zu legen, dass Sie ihn auf jeden Fall halten können. Maximal ein Jahr ist möglich.

Die Funktion bringt allerdings einen großen Nachteil mit sich: Vorbestellungen werden sofort für das Ranking berücksichtigt. Fans, die möglichst früh kaufen, fallen dann also beim eigentlichen Start weg – und Ihr E-Book schießt weniger weit nach oben. Bei Apple ist das übrigens anders, hier werden alle Vorbestellungen am ersten Verkaufstag für das Ranking gezählt.

Dieser Nachteil wird aber von ein paar Vorteilen ergänzt – und unter Umständen auch aufgewogen.

Vorteile der Vorbestell-Funktion

Zunächst mal sind Sie natürlich eher auf dem Markt. Das kann wichtig sein, wenn Termine eine Rolle spielen, was insbesondere bei Sachbüchern regelmäßig der Fall ist. Bevor Sie das Weihnachtsgeschäft ganz verpassen, sollten Sie lieber zumindest eine Vorbestellung erlauben. Maximal zehn Vorbestellungen gleichzeitig sind möglich.

Ich fasse die Vorteile so zusammen:

- Ihr E-Book ist schon erhältlich, obwohl es noch gar nicht fertig ist.
- Ihr E-Book hat einen Verkaufsrang, bevor es auf den Markt kommt. Es ist auch schon in den Bestenlisten sichtbar.
- Ihr E-Book taucht sofort in den Neuheiten-Listen auf, und es bleibt nicht nur 30 Tage, sondern länger darin, weil Amazon vom Zeitpunkt der Veröffentlichung an zählt.
- Ihr E-Book hat bereits eine Produktseite. Auf diese können Sie verlinken, Google kann sie indexieren, Sie können das E-Book auch mit Link bewerben.
- Am Erstverkaufstag ist der »*Blick ins Buch*« sofort klickbar (dauert sonst ein, zwei Tage)
- Sie können Ihr E-Book schon bei Lovelybooks importieren und eine Leserunde veranstalten.
- Die »*Kunden kauften auch*»-Empfehlungen erscheinen vor dem Verkaufsstart.
- Sie können in Ihren anderen Büchern bereits auf die Vorbestell-Seite des neuen Titels verlinken (wichtig bei Serien).
- Rechtzeitig vor dem Start können Sie prüfen, ob Sie die richtigen Kategorien erwischt haben, und notfalls auch die Kategorien ändern.
- Da in der Vorbestellphase keine Leihen via KindleUnlimited möglich sind, erhalten Sie zu 100 Prozent vollzahlende Käufer.

- Sie können Ihr E-Book rechtzeitig mit dem Taschenbuch verknüpfen.

Nachteile der Vorbestell-Funktion

Den größten Nachteil hatte ich oben schon genannt. Aber es gibt noch andere Aspekte eher nachteiliger Art.

- Da die Vorbestellungen sofort für das Ranking zählen, steigt Ihr Buch am Erstverkaufstag weniger stark.
- Leser-Rezensionen sind erst ab dem Verkaufstag möglich, die Käufer*innen kaufen also die Katze im Sack.
- Geld gibt es erst 60 Tage nach dem Erstverkaufstag.
- Sie dürfen den Preis in der Vorbestellphase nicht verändern, sonst **storniert Amazon die Vorbestellung**.
- Sie müssen den gesetzten Termin einhalten, stehen also unter Druck. Falls Sie den Termin nicht einhalten (egal ob sie ihn verschieben oder stornieren), werden Sie für ein Jahr für die Funktion gesperrt. Eine einmalige Verschiebung um 30 Tage ist erlaubt.
- Vorbestellungen für gedruckte Bücher sind nicht möglich.

Tipp: Solange Sie keine E-Book-Datei hochgeladen haben, tut Amazon so, als wäre Ihr E-Book riesig und gibt eine recht niedrige Tantieme an. Sie erhalten trotzdem, was Ihnen zusteht, keine Sorge.

E-Mail von Amazon – wo ist die Nachricht geblieben?

Manchmal passiert es, dass wichtige Nachrichten aus irgendeinem Grund nicht zugestellt werden. So geht es mir manchmal mit den AllStar-Mails. Eine Anfrage beim KDP-Support hat das Problem zwar nicht gelöst, mich aber auf eine interessante Ressource hingewiesen: Alle Nachrichten, die Sie von KDP erhalten, auch die AllStar-Mails, können Sie im Message-Center von Amazon nachlesen. Wie man dort hinkommt, hat mir der Support so beschrieben:

1. Melden Sie sich bitte auf Amazon.COM in Ihrem Konto an, mit der E-Mailadresse und dem Passwort, welches Sie auch für das KDP-Konto verwenden.
2. (Sie lesen richtig, bitte verwenden Sie Amazon.COM, da nur hier die Einstellungen entsprechend geändert werden können.)
3. Klicken Sie oben rechts auf „Hello, NAME Account & List». Unter »Communication and content« finden Sie dann die Nachrichten von Amazon. Die AllStar-Mails liegen dort im Bereich »Messages from Amazon and sellers«. Wenn hier eine Nachricht vorhanden ist, muss sie irgendwo in Ihrem Postfach verlorengegangen sein (etwa im

Spam-Ordner). Wenn sie dort aber auch fehlt, hat Amazon Sie schlichtweg vergessen. Oder Sie haben (ich weiß nicht, ob das aus Versehen passieren kann) den Empfang von Nachrichten von KDP deaktiviert. Dies ändern Sie so: (wieder Originaltext des Supports):

4. Suchen Sie nach dem Bereich mit der Überschrift „Email Subscriptions».
5. Klicken Sie in diesem Bereich auf „Current Subscriptions«.
6. Sollte „Kindle Direct Publishing» nicht als Abonnementoption aufgeführt werden, klicken Sie auf „Browse All Email Subscriptions».
7. Sie können auch „Kindle Direct Publishing» in die Suchleiste eingeben und auf „Go!» (Übersetzung: Los!) klicken.
8. Klicken Sie neben „Kindle Direct Publishing» auf „Subscribe».

Die Mails des KDP-Supports werden im Message-Center ebenfalls erfasst, Sie können also mal eben nachsehen, was Ihnen der Support damals geantwortet hat. Ebenso landen hier Mails von AMS an Ihre Adresse.

Wie Sie zu Rezensionen ermutigen können - und wie nicht

Aussagekräftige Rezensionen gehören zu den wichtigsten Metadaten eines Buches oder E-Books – das heißt zu den Elementen, die potenzielle Käufer*innen vor ihrer Klick-Entscheidung am häufigsten begutachten. Es kommt dabei nicht unbedingt auf die schiere Menge an, und eine absolute Top-Sternezahl von 5,0 ist auch nicht so wichtig. Tatsächlich erregt eine große Zahl von 5-Sterne-Rezensionen, die in kurzer Zeit erfolgt sind, eher den Verdacht der Käufer*innen, dass da nicht alles mit rechten Dingen zugeht. Sieht man sich die Top 100 an, erkennt man, dass alles, wo mindestens vier der maximal fünf Sterne gelb leuchten, von Lesenden akzeptiert wird. Unter einem Schnitt von 3,8 verkaufen sich die meisten Titel deutlich schlechter (von sehr kontroversen Themen abgesehen, die mit Protest-Verrissen rechnen müssen, aber wegen des Themas trotzdem ihre Leser finden, oder von absoluten Top-Autor*innen abgesehen).

Anders als Cover, Klappentext oder Preis, die weiteren drei wichtigen Säulen, haben Sie die Rezensionen zu Ihrem Werk aber nicht unter Kontrolle. Die Leser*innen können und sollen ihre eigene Meinung dazu schreiben (dass das nicht alle verstehen und manchmal etwa die Lieferung oder ihren E-Reader bewerten, steht auf einem anderen Blatt). Aber da Sie ein gutes Buch geschrieben haben (wenn nicht, hätten Sie es sicher nicht veröffentlicht), braucht Sie das nicht zu beunruhigen. Oder?

Doch, durchaus. Was ein »gutes Buch« ist, beurteilen nun einmal nicht Sie. Und es kann passieren, dass Ihr Buch in die falschen Hände gerät, etwa weil:

1. Sie es in die falschen Kategorien einsortiert haben
2. es als Genremix in kein Regal richtig passt
3. Klappentext oder Cover ein anderes Buch versprechen
4. Sie es zu billig oder kostenlos angeboten haben
5. Sie es auf den falschen Kanälen beworben haben

Bis auf Punkt 2 haben Sie all das selbst unter Kontrolle. Und was den Genremix betrifft: Als Autor*in eines solchen Buches muss Ihnen klar sein, dass es seine passende Zielgruppe schwerer erreichen wird. Dieses Problem haben Verlage gleichermaßen. Punkt 4 bezieht sich auf den Kaufimpuls, den ein sehr günstiger Preis beim Schnäppchenkäufer auslöst. Sie kennen das vielleicht selbst – ein schickes Teil, im Schlussverkauf nur noch 5 Euro! Zu Hause dann stellen Sie fest, dass es Ihnen doch nicht so richtig steht, aber nun haben Sie es einmal gekauft, und bei Discountware ist der Umtausch ausgeschlossen… Zwei Beispiele, was die Kanäle für Ihre Werbung anbelangt: Wenn Sie einen normalen Liebesroman auf Pornoseiten im Netz bewerben, werden die Käufer*innen, die Sie dort finden, enttäuscht sein. Ähnliches gilt für Facebook-Werbung mit den falschen Stichworten.

Aber nehmen wir an, Sie haben alles richtig gemacht. Ihr Buch verkauft sich ganz gut, aber trotzdem wollen einfach keine Rezensionen kommen. Das liegt daran, dass Irrtümer über das Rezensieren verbreitet sind. Lesende glauben, dass es Autor*innen eh nicht interessiert, dass sie nicht schreiben können und so weiter. Oft genug fehlt auch einfach der letzte Anstoß. Wie oft haben Sie sich im Urlaub schon vorgenommen, diesem netten Hotel doch mal im Netz eine schöne

Bewertung zu geben, und sind dann zu Hause doch im Alltag stecken geblieben?

Deshalb empfiehlt es sich durchaus, nett daran zu erinnern, dass es die Möglichkeit gibt, Ihr Buch zu rezensieren – und dass das eine gute Tat ist, die nicht nur Ihnen, sondern auch anderen hilft. Dabei gibt es einige Dinge, die Sie besser vermeiden – und andere, auf die Sie unbedingt verzichten sollten.

- **Do**: Am Ende des Buches, im Nachwort, darauf verweisen, dass unter dieser Adresse eine Rezension möglich ist. Bei Amazon-E-Books wird dieser Hinweis zwar automatisch eingeblendet, aber eine Bitte der Autorin erfüllt man doch eher als eine vom großen Jeff Bezos.
- **Don't**: Andere Autor*innen darum bitten, Ihr Buch im Austausch zu rezensieren. Das »Eine Hand wäscht die andere«-Prinzip verstößt gegen die Rezensionsrichtlinien, und das ist auch noch besonders leicht nachzuweisen (ebenso unseriös ist übrigens der Tausch »ich blättere dein Buch durch und du dafür meines« bei KindleUnlimited-Titeln)
- **Do**: Im nächsten Newsletter darauf hinweisen, dass man Ihr Buch unter der Adresse … rezensieren kann (und wem damit geholfen ist)
- **Don't**: In jedem Newsletter und täglich auf Facebook darum zu bitten, Ihr Buch zu rezensieren. Bettelei kommt bei vielen nicht gut an. Vielleicht folgen sie Ihrer dringenden Bitte auch, damit Sie endlich Ruhe geben, so wie Sie dem (schlechten) Straßenmusiker vielleicht spenden, damit er verschwindet. Aber haben Sie dabei ein gutes Gefühl? Vermutlich werden Sie dem Musiker in Zukunft lieber aus dem Weg gehen.
- **Do**: Sich bei besonders netten Rezensent*innen persönlich oder auch öffentlich (dosiert) bedanken.

- **Don't**: Jede positive Rezension stolz auf Facebook präsentieren – Ihr Dank sollte nicht als Schleimerei herüberkommen. Leser mögen Sie als Autor*in, weil Sie ihnen ein paar schöne oder spannende Stunden beschert haben. Sie möchten aber deshalb nicht unbedingt von Ihnen eingeschleimt werden. Wenn Sie Rezensionen zitieren (nicht bloß verlinken), müssen Sie zudem das Urheberrecht beachten – also vorher fragen!
- **Do**: Treuen Fans ab und an nette Andenken zukommen lassen (hübsche Lesezeichen, Postkarten …)
- **Don't**: Solche Geschenke vom Kauf Ihres Buches abhängig machen (widerspricht der Preisbindung).
- **Do**: Interessierten Buchblogs und anderen »Profi-Rezensent*innen« oder Teilnehmenden einer Leserunde Ihr Buch oder E-Book kostenlos zur Verfügung stellen.
- **Don't**: Rezensent*innen nach erfolgter Rezension den Wert des Buches per Gutschein oder bar erstatten. Das hat nicht nur einen unschönen Geruch, sondern widerspricht auch den Amazon-Richtlinien. **Mit Rezensionen dürfen keine Zahlungen oder sonstige Vorteile verknüpft sein**! Zu solchen Vorteilen zählt übrigens auch die Teilnahme an Gewinnspielen.

Sie sehen, gerade bei der Gewinnung ehrlicher Rezensionen bewegen Sie sich oft auf einem schmalen Grat. Wo endet Bitten und wo beginnt Betteln? Was sind geldwerte Vorteile? Am besten, Sie orientieren sich an ihrem eigenen Gewissen. Stellen Sie sich vor, Sie sitzen in einem Straßencafé und ein Fremder schlägt Ihnen das vor, was Sie gerade Ihren Leser*innen vorschlagen wollen. Würden Sie das als unseriös empfinden? Meist landen Sie dadurch auf der richtigen Seite.

Hörbücher verkaufen: Auf welchen Wegen Sie Ihr Audiobook in die Shops bringen

BÜCHER KANN man nicht nur lesen, sondern auch hören. Der Hörbuch-Download-Markt wächst weltweit – Amazon hat daran einen wesentlichen Anteil, denn die Firma hat sich rechtzeitig den Hörbuch-Spezialisten Audible zugelegt. Da Audible sowohl Apple als auch Amazon mit Hörbüchern beliefert, hat das Unternehmen fast so etwas wie ein Monopol.

Selber produzieren oder produzieren lassen?

Doch bevor Sie etwas verkaufen können, brauchen Sie Ihr Buch erst einmal in der richtigen, der gesprochenen Form. Dazu haben Sie zwei Möglichkeiten:

1. Selber machen. Ist gar nicht so schwer, wenn Sie ein vernünftiges Mikrofon, einen ruhigen, echofreien Raum und eine annehmbare Stimme besitzen. Zum Aufnehmen können Sie das Gratis-Programm Audacity einsetzen.
2. Machen lassen. Eine professionelle Hörbuch-Produktion kann je nach Länge des Buches deutlich über 1000 Euro kosten. Sie haben dann zwar ein – wahrscheinlich – hervorragendes

Audiobook, doch diese Kosten müssen Sie erst einmal wieder einspielen.

Was ich auf keinen Fall empfehlen würde: eine Computerstimme zum »Einsprechen« zu verwenden. Das ist heute technisch zwar leicht möglich, führt aber unweigerlich zu einer Produktenttäuschung beim Hörer.

Der Weg in die Hörbuch-Shops

Audible gehört zwar zu Amazon. Und es besitzt auch ein Selfpublishing-Programm, ACX genannt. Doch ACX ist im deutschsprachigen Raum nicht verfügbar, warum auch immer. Eine Zeitlang war es möglich, ACX auch von Deutschland aus zu nutzen, doch dieser Weg funktioniert nicht mehr. Welche Wege in die Stores gibt es also?

1 Bookrix
2 Feiyr
3 Xinxii
4 Liberaudio
5 Hörbuch-Manufaktur Berlin
6 Findaway Voices
7 Author's Republic

In jedem Fall müssen Sie MP3-Dateien anliefern. XinXii erstellt daraus gegen eine geringe Service-Gebühr den Audiobook-Download. Bei den anderen Distributoren sind Sie selbst für alles zuständig.

Die Abkürzung: Auf den Verleger warten

Wenn Ihr E-Book sehr erfolgreich ist, wird sich irgendwann Audible selbst bei Ihnen melden. Das ist natürlich die allerbequemste Variante – Sie haben keinerlei Kosten und erhalten ab dem ersten Download Ihre Prozente.

Ein ähnliches Modell nutzt die Hörbuch-Manufaktur Berlin: Wenn Ihr Roman gefällt, übernimmt die Firma die Produktionskosten gegen Honorarbeteiligung.

Was Sie mit Audiobooks verdienen können

Im Hörbuch-Bereich sind die Bezahl- und Honorarmodelle weitaus vielfältiger als bei E-Books und gedruckten Büchern. Es gibt auch keine Preisbindung. **19 Streams (also etwa eine CD-Länge) bei Spotify bringen Ihnen acht Cent**. Audible zahlt unterschiedliche Beträge aus, je nachdem, ob ein Hörbuch im Abo geladen oder einzeln gekauft wurde, und davon erhält dann je nach Veröffentlichungsweg auch noch der Distributor oder (bei ACX) der Sprecher einen Anteil. Damit kommen Sie dann je Verkauf auf Beträge zwischen 40 Cent und, im allergünstigsten Fall (Vollpreis-Hörbuch-Kauf für 12,99 €), 5 Euro.

Je teurer die Produktion, desto schwieriger wird es letztlich, Geld zu verdienen. Falls Sie ein Angebot von Audible bekommen, würde ich es deshalb tendenziell annehmen. Sachbücher sind günstiger als Audiobooks zu produzieren, verkaufen sich aber nicht so gut wie Romane. Schließlich kommt es natürlich auch darauf an, wie die anderen Formate Ihres Buchs laufen – die drei Formate sind ja direkt miteinander verknüpft.

Eine eigene Website anlegen – Hilfsmittel und Helfer

DER FRISEUR, die Pizzeria, der Schachklub, alle haben sie: eine Präsenz im WorldWideWeb. Also muss wohl auch Ihr neuestes Werk im WWW vertreten sein – oder mindestens Sie als Autor*in, stimmt's? **Müssen Sie also nun auch noch HTML lernen** und sich mit Web-Programmierung befassen? Keine Sorge – es gibt hilfreiche Tools und Menschen, die Sie bei dieser Arbeit unterstützen.

Brauche ich überhaupt eine Website?

Diese Frage sollten Sie zuerst beantworten. Welchen Sinn hat eine Website? Wenn potenzielle Leser*innen Ihren Namen oder den Ihres Buches in einer Suchmaschine eingeben, sollen sie **an den richtigen Ort geleitet** werden. Doch was ist der perfekte Ort? Wenn man weiß, dass jeder zusätzlich nötige Klick die Chancen halbiert, dass Ihr Werk gekauft wird, dann ist das nicht unbedingt Ihre persönliche Webseite. Besser wäre es, Leser*innen **landeten gleich im Online-Shop, der Ihr Buch verkauft**. Dabei stört eine eigene Buch-Seite bloß.

Auf eine Website verzichten sollten Sie aber wirklich nur, wenn Sie Ihr **Buch exklusiv auf einem Kanal** (Amazon) oder in einer Form (E-Book) anbieten. Dann genügt zum

Beispiel die Seite, die Sie über authorcentral.amazon.de pflegen können (Authorcentral). Aber selbst dann sollten Sie spätestens **beim zweiten Buch** über eine Autoren-Website nachdenken – denn irgendwann werden die ersten LeserInnen anfangen, nicht zu Ihren Büchern, sondern zu Ihrer Person Informationen zu suchen.

Hinzu kommt, dass Interessierte bei einem Buch mit professionellem Anspruch inzwischen durchaus erwarten, dass Autor*innen auch im Web dafür werben. Eine solche Seite sollte dann auch professionell wirken. Das Layout muss modern und gefällig sein – und die **Texte dürfen nicht von Fehlern strotzen**. Gleich noch eine Aufgabe für Ihre Lektorin.

Webseiten aus dem Baukasten

Von der Unterstützung durch IT-Freaks unter Verwandten und Bekannten abgesehen, besteht die günstigste Art, eine vernünftige Webseite zu gestalten, sicher in der Nutzung so genannter **Web-Baukästen**. Wenn Sie bei einem Provider wie Strato oder 1&1 eine Domain (Internet-Adresse) reserviert haben, gibt es in der Regel auch einen solchen Baukasten dazu. **Ausgereifter, weil darauf spezialisiert**, sind jedoch Anbieter wie Wix, Weebly oder Jimdo.

Bei Wix.com melden Sie sich kostenlos an und wählen dann eine Kategorie, etwa Kreative Künste -> Autor & Schriftsteller. Dann wählen Sie eine Vorlage aus, die allermeisten sind kostenlos, ersetzen die darin eingefügten Bilder und Texte – und fertig ist Ihre Seite. Die **Möglichkeiten, etwas daran zu ändern, sind begrenzt**. Sie müssen auch damit rechnen, dass andere Autor*innen dieselbe Vorlage nutzen, zudem wird unter Umständen Werbung eingeblendet.

Wenn keine der Vorlagen nach Ihrem Geschmack ist, probieren Sie doch mal einen anderen Anbieter aus. Die fertigen Seiten funktionieren auf Computern und Smartphones und beachten auch die gängigen Regeln, um eine gute Platzierung bei Google zu erreichen. Sie können Ihren **eigenen Domainnamen auf die bei Wix, Weebly oder Jimdo** erstellte Seite umleiten.

Webseiten mit CMS

Die nächste Stufe, was Flexibilität und Aufwand betrifft, stellen Content-Management-Systeme (CMS) wie WordPress, Typo 3 oder Joomla dar. Von den drei genannten ist nach meiner Erfahrung **nur WordPress noch Einsteiger-geeignet**. WordPress ist zwar als Blog-Software bekannt, kann aber inzwischen weitaus mehr als nur Blogs zu verwalten. Vor allem bietet es eine Vielzahl vorgefertigter, grafisch zum Teil sehr aufwändiger Gestaltungs-Vorlagen (Themes), sodass relativ schnell eine ansprechende Website entsteht.

WordPress können Sie auf zwei Wegen nutzen. Zum einen bietet WordPress.com Ihnen das Anlegen von Blogs unter der WordPress.com-Adresse an. Das ist einfach – **bietet jedoch kaum Flexibilität**. Wer mehr Optionen will, soll zahlen. Doch wer Geld ausgeben will, kann ja auch gleich anderswo eine komplette Website mit installierter WordPress-Software mieten. Viele Webspace-Provider installieren die Software schon vor. Wer aus der Vielzahl kostenloser Vorlagen nicht die passende findet, kann sich auch noch bei kommerziellen Anbietern bedienen, etwa bei ElegantThemes.

Webseiten vom Profi

Theoretisch könnten Autor*innen sich die Arbeit auch komplett von Menschen abnehmen lassen, die sich damit auskennen – **Webdesigner*innen** nämlich. Wer eine solche Person in Familie oder Freundeskreis hat, sollte diesen Kontakt hegen und pflegen. Denn diese Dienstleistung ist nicht wirklich billig. Professionelle Agenturen befassen sich eher unwillig mit kleinen Autoren-Seiten – und wenn doch, ist es entsprechend teuer.

Denn es reicht ja nicht, nur die Zeit für die Umsetzung zu berechnen: Man muss mit dem Klienten bzw. der Klientin schließlich auch sprechen und sich abstimmen, später auch Bilder bearbeiten, Texte einpflegen oder einzelne Seiten aktualisieren. Bei all dem kommen Sie deutlich günstiger, wenn Sie sich selbst ausbeuten. Entsprechende **Dienstleister** finden Sie in der Rubrik »Webdesign« des Self-Publishing-Markt.de.

Die sechs häufigsten Verstöße gegen die Amazon-Metadatenrichtlinien

Um am Kindle StoryTeller teilzunehmen, genügt es, das passende Keyword anzugeben. Aber reicht das wirklich? Nein, der Titel muss auch die so genannte Metadatenrichtlinien von KDP erfüllen. Worum geht es da? Die besagte Richtlinie bestimmt, was KDP-Nutzer*innen an welcher Stelle in das Upload-Formular eintragen sollte. Leider gehört sie zu den am häufigsten missachteten Richtlinien von Amazon, in weitaus höherem Maße als die Kindle Publishing Guidelines, die für das E-Book selbst zuständig sind. Deshalb hier eine Auswahl der häufigsten Fehler:

1. Genre im Titel

Manche Autor*innen glauben, es sei sinnvoll, das Genre im Titelfeld zu erwähnen, à la »xxx yyyy: Thriller« oder »zzz: aaaa: Erotischer Liebesroman«. Das ist nicht erlaubt. Die Richtlinien sagen dazu eindeutig: »Das Titelfeld darf nur den tatsächlichen, auf dem Buchcover verwendeten Titel des Buchs enthalten.«

2. Preishinweis in der Beschreibung

»Nur kurze Zeit zum Einführungspreis«, »Osteraktion 99 Cent«: Hinweise zu Preis und Verfügbarkeit sind im Beschreibungstext nicht erlaubt.

3. Zusatzhinweise im Titel

Es ist ja schön, wenn ein E-Book sich gut verkauft hat. Trotzdem sind Hinweise wie »Bestseller« oder »kostenlos« im Titel nicht erlaubt.

4. Leser-Rezensionen in der Beschreibung

»Spannend bis zum Schluss (Leser X. Y.)« – Auszüge aus Rezensionen lesen sich vielleicht gut, verstoßen aber trotzdem gegen die Richtlinien.

5. Konkurrenz-Stichwörter

Es gibt Autor*innen, die glauben, dass es eine gute Idee ist, die Namen von anderen, bekannteren Autoren als Such-Keywords zu verwenden, in der Hoffnung, von deren Bekanntheit zu partizipieren. Das verbietet Amazon.

6. Suchstichwörter als Autoren / Mitwirkende

Vor allem im Sachbuch- und Erotik-Bereich findet man öfter Angaben wie »Erotische Romane« im Autorenfeld, in der Hoffnung, dass das Buch dann besser gefunden wird. Erlaubt ist das nicht.

Warum sollte ich diese Richtlinie einhalten? Amazon kontrolliert das doch gar nicht, und die anderen halten sich auch nicht daran.

Tatsächlich sind diesbezügliche Kontrollen bei KDP eher lasch. Anders als etwa bei Tippfehlern im Buch, die schnell zu einer »Kindle-Qualitätsmitteilung« per E-Mail führen, werden Verstöße gegen die Metadaten-Richtlinie bei der Freischaltung oft toleriert. Das gilt jedoch nur so lange, bis Ihr Buch wegen der Verstöße dem Support gemeldet wird. Immerhin sagen die Metadatenrichtlinien eindeutig: »Aus diesem Grund verfolgen wir eine Null-Toleranz-Politik im Hinblick auf Metadaten, die zu Zwecken der Werbung oder Irreführung vorgesehen sind.«

Das für mich wichtigste Argument ist aber: Karma. Mit unsauberen Tricks zu arbeiten, die am Ende eh wenig bringen, führt – jedenfalls bei den meisten Menschen – doch schließlich bloß zu einem unguten Gefühl. Schreiben soll Spaß machen, und da passt das nicht dazu.

Wie Sie Fehler in Ihrem E-Book finden und beseitigen

Nachdem Sie Ihr E-Book auf Fehler geprüft haben, gibt es zwei mögliche Ergebnisse: Ihr E-Book ist sauber – oder es steckt voller hässlicher Fehler (was nach einer Umwandlung mit Calibre besonders wahrscheinlich ist). Der erste Fall ist nur auf den ersten Blick ein Grund zum Aufatmen, denn Ihr **Werk kann immer noch Fehler aufweisen** – nur handelt es sich nicht um technische Bugs, sondern um Verstöße etwa gegen die Amazon-Richtlinien. Das ist aber ein eigenes Thema. Hier zeige ich Ihnen, was Sie im zweiten Fall tun können: Wie bekommen Sie die Fehlermeldungen des ePub-Checks aus Ihrer Datei heraus?

Zunächst einmal gilt immer: Keine Panik! Betrachten Sie die Liste ganz genau. Wenn Sie Glück haben, ist die Liste zwar lang, enthält aber **immer wieder denselben Fehler**, wie im Bild oben. Ein solches Problem lässt sich leicht bereinigen, selbst wenn sich die Fehler an verschiedenen Stellen im Dokument befinden. Sie brauchen ja nur ein einziges Mal herauszufinden, was dahintersteckt.

Falls die Liste aber ganz unterschiedliche Fehler nennt, sollten Sie vorab eine strategische Entscheidung treffen: Wollen Sie wirklich direkt im ePub auf Fehlersuche gehen – oder nicht doch lieber den Umwandlungsprozess verbessern? Lange Fehlerlisten entstehen oft, wenn das **Eingangsdoku-**

ment (Ihr Manuskript) falsch – meist zu viel – formatiert wurde. Bei einem E-Book bestimmen ja die Leser*innen weitgehend die Darstellung, deshalb müssen Sie auf zu viel Layout verzichten. Haben Sie dabei, das ist am wichtigsten, immer mit Formatvorlagen gearbeitet? Nur dann haben Konvertierprogramme überhaupt die Chance, vernünftige Ergebnisse zu erzielen.

Wenn Ihre Entscheidung für die Fehlersuche im ePub gefallen ist, brauchen Sie zuerst ein hilfreiches Programm: Sigil, den ePub-Editor. Sie können die Software für Windows und Mac kostenlos hier herunterladen: https://sigil-ebook.com/ Installieren Sie das Programm, starten Sie es und öffnen Sie Ihr ePub-Sorgenkind.

Sigil zeigt normalerweise drei Fenster an. Links sehen Sie die Struktur Ihres E-Books, in der Mitte den Inhalt des gerade ausgewählen Kapitels und rechts das Inhaltsverzeichnis. Über das Menü »Ansicht« können Sie diese Fenster auch einzeln ein- und ausschalten.

Jetzt kommt **Zaubertrick Nummer 1**: Klicken Sie links auf irgendein Kapitel, geben Sie dann in der Mitte ein Zeichen ein, löschen es wieder und wählen Sie dann »*Datei*« -> »*Speichern*». Laden Sie die ePub-Datei in den Validator – und voilà, oft erscheinen bereits einige Fehler weniger. Das liegt daran, dass Sigil beim Speichern Ihre Datei schon mal aufräumt, so gut es geht.

Aber vermutlich sind noch nicht alle Fehler beseitigt. Nun müssen Sie der vom Validator angezeigten Fehlerliste folgen. Machen Sie sich nicht allzu viele Sorgen, weil Ihnen die Meldungen nichts sagen. Selbst Expert*innen können mit diesen Texten oft nichts anfangen. Oft geben sie eine eigentliche triviale Nachricht weiter, etwa dass Umlaute in bestimmten Strukturen nicht erlaubt sind. Nur werden Sie das Wort »Umlaut« nie finden… Die Liste gibt aber sehr genau **Auskunft, wo Sie den Fehler finden**, also in welcher Datei, in welcher Zeile und in welcher Position. Suchen Sie dabei auch in den Zeilen drumherum, denn die Position gibt nur wieder, wo sich der Fehler endgültig auswirkt, also gewissermaßen das Satzende des grammatikalisch falsch formulierten Satzes (auch ePubs enthalten eine Art technische Grammatik). Der Fehler selbst kann also auch etwas weiter vorn zu finden sein (aber eigentlich nie weiter hinten).

Bei dem Fehler oben im Bild reicht etwa schon der Eintrag in der Spalte »File«, um auf den Fehler hinzuweisen. Hier wird toc.ncx erwähnt, das Inhaltsverzeichnis. Nun besitzt Sigil praktischerweise im rechten Fenster die Funktion *»Inhaltsverzeichnis aus Überschriften erzeugen«*. Ein Klick auf den Button, und der ePub-Validator zeigt die Datei als fehlerfrei an. Ganz so schnell kommen Sie leider nicht immer zum Ziel. Manchmal hilft auch nur Ausprobieren. **Typische Quellen für Fehlermeldungen** sind etwa:

- Umlaute
- Groß-/Kleinschreibung
- Sonderzeichen

Sie brauchen das ePub bei Änderungen übrigens nicht immer wieder neu beim ePub-Validator hochladen, denn Sigil kann (über den Button mit dem grünen Haken) auch selbst auf Fehler prüfen. Zum Abschluss würde ich aber zur Sicherheit trotzdem immer die letzte Version des Validators auf der Website einsetzen.

Hinweis: Sigil kann zwar Änderungen auch zurücknehmen, bei größeren Korrekturen sollten Sie aber trotzdem in einer Kopie der Datei arbeiten, rein zur Vorsicht.

Wie Sie die Übertragungskosten bei Amazon KDP niedrig halten

DAS GIBT es nur bei Amazon: Wenn Sie in KDP die 70-Prozent-Option wählen, werden Ihnen vom Nettopreis noch Übertragungskosten abgezogen. Wie funktioniert das, und was müssen Sie dazu wissen?

Wie berechnet Amazon das Honorar?

Ihr Honorar berechnet sich so:

((Bruttopreis / 119) * 100 – Übertragungskosten) * 0,7 = Honorar

Wie berechnet Amazon die Übertragungskosten?

Amazon berechnet Ihnen laut Preisliste auf Amazon.de derzeit 12 Cent Übertragungskosten pro Megabyte. Die Angabe der Dateigröße ist verwirrend. **Entscheidend ist, was auf der zweiten Detailseite bei Amazon steht** (siehe Bild oben). Nach der Zahl dort berechnet Amazon die Kosten.

Wie berechnet Amazon die Dateigröße?

Nach dem Hochladen Ihres Manuskripts wird die Datei konvertiert. Amazon erzeugt dabei mehrere Varianten des E-Books: eine, die auf den alten Kindles funktioniert, und mindestens eine für die neueren Modelle. Die **Dateigröße wird dabei aus der Version für die alten Kindles berechnet**. Die Umwandlung passiert sogar dann, wenn Sie schon Mobi-Dateien hochladen. Die Dateigröße auf der Festplatte ist deshalb irrelevant.

Was beeinflusst die Dateigröße?

Der wichtigste Faktor in Sachen Dateigröße ist (bei gleicher Textmenge) die **Anzahl eingebundener Bilder**. Je mehr Bilder, desto größer wird die Datei.

Was beeinflusst die Dateigröße nicht?

Eingebettete Fonts (sind in der Datei für die alten Kindles nicht enthalten) oder CSS-Formatierungen beeinflussen die Dateigröße nicht. Aber auch die Auflösung der Bilder spielt keine Rolle, denn diese werden bei der Umwandlung für die alten Kindles heruntergerechnet. Sie können also getrost hochauflösende Bilder verwenden, die auf den neuen Kindle-Tablets oder in der iPad-Kindle-App gut aussehen.

Das beste Autoren-Schreibprogramm für Sie

Eine Rechnung zu stellen, einen Geschäftsbrief zu verfassen oder ein Manuskript zu schreiben, diese Arbeiten sind sich auf den ersten Blick sehr ähnlich: Der Verfasser tippt, was ihm in den Kopf kommt, und klickt am Ende auf »Drucken«. Auf den zweiten Blick sind die Anforderungen an ein Manuskript aber doch sehr speziell – das liegt einerseits an der Art des Textes, andererseits an seinem weiteren Weg. Viele Autorinnen und Autoren beginnen deshalb zwar mit Word oder OpenOffice, fragen sich aber dann, ob es nicht eine Software gibt, die sie noch besser bei ihren Aufgaben unterstützt, etwa durch:

- Modus für ablenkungsfreies Schreiben
- Text- und Stilanalyse (über Rechtschreibprüfung hinausgehend)
- Hilfe bei Strukturierung der Recherche
- Hilfe bei Strukturierung des Buches
- E-Book-Erstellung aus dem Manuskript

Das sind typische Fähigkeiten von Schreibprogrammen für Autor*innen, deren wichtigste Vertreter ich Ihnen im folgenden mit Vor- und Nachteilen aufzeige. Die Programme sind alphabetisch geordnet.

Papyrus Autor

Papyrus Autor wird von einer Berliner Softwareschmiede entwickelt. Seine Stärke ist die Textanalyse.

Plus:

- Text- und Stilanalyse (inkl. Duden)
- Figuren-Datenbank
- Zeitleiste
- Recherche-Datenbank
- E-Book-Export

Minus:

- Einarbeitungskurve
- Relativ hoher Preis

Preis: 179 Euro
Systeme: Windows, MacOS
Link: www.papyrus.de

Patchwork

Patchwork kommt aus Österreich. Sein Leistungsumfang ist in relativ kurzer Zeit enorm gewachsen. Seine Stärken liegen insbesondere in der Projektplanung.

Plus:

- Ideen-Clustering
- Zeitleiste
- Figuren- und Recherche-Datenbank
- Szenenanalyse
- E-Book-Export
- Schreibplanung

Minus:

- Einarbeitungskurve

Preis: 98 Euro (Duden: plus 35 Euro)
Systeme: Windows, MacOS
Link: www.autorenprogramm.com

Scrivener

Scrivener ist weltweit eins der beliebtesten Schreibprogramme. Es ist trotz vielfältiger Funktion relativ klein und leicht geblieben.

Plus:

- Schreibplanung
- Figuren- und Recherche-Datenbank
- E-Book-Export
- Störungsfreies Schreiben
- Auch für iPhone/iPad

Minus:

- Keine Stilanalyse
- Keine Duden-Prüfung

Preis: $45/$45/$20
Systeme: Windows, MacOS, iOS
Link: www.literatureandlatte.com

Ulysses

Ulysses' Besonderheiten bestehen darin, dass sich das Schreibprogramm zum einen für Texte jeder Art empfiehlt, also nicht nur für Manuskripte, sondern auch für Blogeinträge, Briefe und so weiter. Zum anderen ermöglicht es wirklich orts- und geräteunabhängiges, konzentriertes Schreiben.

Plus:

- Schreiben von überall
- Ablenkungsfreies Schreiben
- E-Book-Export
- Alle Textarten
- iCloud-Support
- WordPress-Support

Minus:

- Keine Text- und Stilanalyse
- Nur für MacOS

Preis: 40 Euro im Jahr (Abo)
Systeme: MacOS, iOS
Link: www.ulyssesapp.com

yWriter

yWriter ist ein szenenbasiertes Schreibprogramm, klein und stabil. Das Programm ist nur 2 MB groß und funktioniert auch auf älterer Hardware prima.

Plus:

- Geringe Systemanforderungen
- Kostenlos

Minus:

- Keine Text- und Stilanalyse
- Keine Recherche-Datenbank

Systeme: Windows (Android + iOS in Beta)
Preis: kostenlos
Link: www.spacejock.com/yWriter6.html

Word, OpenOffice, Softmaker Office

Auch diese Standard-Schreibprogramme sollen nicht ungenannt bleiben. Sie sind zwar nicht speziell für Autor*innen geschaffen, haben aber oft ihre eigenen Vorteile.

Plus:

- Keine Einarbeitung nötig
- Einfacher Austausch mit Lektoren oder Setzern via DOC-Format
- Integration mit anderen Office-Anwendungen (insb. für Sachbücher interessant)
- Keine Zusatzkosten, da schon vorhanden
- Problemlösungen einfacher, da Millionen andere Anwender*innen

Minus:

- Keine Autoren-Features

Wie wähle ich die beste Schreibsoftware für Autor*innen?

Da kann ich nur eine Vorgehensweise empfehlen: Testen Sie! Der eine schwört auf Papyrus, die andere liebt Scrivener. Sie müssen sich selbst eine Meinung bilden. Zu allen Schreibprogrammen gibt es kostenlose Testversionen, die Sie von den Herstellerseiten laden können. Tippen Sie darin mal los, öffnen Sie auch mal ein komplettes Manuskript, um die Performance mit einem 600-Seiten-Epos zu testen, prüfen Sie die Werkzeuge, von denen Sie sich am meisten versprechen. Und dann kaufen Sie das Programm, das Ihnen rundherum am meisten liegt. Es ist oft eine Entscheidung für's Leben, da programmspezifische Inhalte (Zeitstrahl, Recherchen…) sich meist nicht in eine andere Software transferieren lassen, also investieren Sie entsprechend Zeit in diese Testphase.

ACOS, CTR, CPC: Was die Abkürzungen bei Amazon-Werbung bedeuten und was Sie damit anfangen können

Seit einiger Zeit können nun auch deutsche KDP-Nutzer auf Amazon für ihre Bücher werben. Viele stolpern aber schon über die zahlreichen Abkürzungen, die ich deshalb hier mal etwas aufdröseln möchte. Sie sehen gar nicht alle aus der Liste? Klicken Sie auf »Spalten« -> »Spalten anpassen«. Auch wichtig zu wissen: Die Darstellung erfolgt meist mit bis zu 24 Stunden Verzögerung. Wenn Sie etwas verändern, brauchen Sie also Geduld – erst am nächsten Tag passiert auch etwas. Oder eben nicht.

Welche Spalten gibt es? Tipp: Sie können den Inhalt mancher Spalten in der Tabelle direkt ändern.

- Startdatum: Klar, wann Sie die Anzeige gestartet haben. Nicht änderbar.
- Enddatum: Bis dahin läuft die Anzeige. Änderbar. Erfahrene Nutzer empfehlen allerdings, kein Enddatum einzugeben, das könnte den Algorithmus negativ beeinflussen.
- Budget: das von Ihnen festgelegte Budget. Bevor es aufgebraucht ist, erhalten Sie eine Warn-E-Mail. Die kommt oft schon, bevor der Betrag tatsächlich ausgeschöpft ist. Das liegt daran, dass

Amazon mehr weiß als Sie (wegen der verzögerten Berichte).

- Impressionen: So oft war Ihre Anzeige zu sehen.
- Klicks: So oft hat jemand auf Ihre Anzeige geklickt, nachdem er sie gesehen hat.
- Klickrate (Clickthrough rate, CTR): Wie viele derjenigen, die die Anzeige gesehen haben, haben auch geklickt? Eine hohe CTR verrät, dass Ihre Anzeige auf die durch die von Ihnen ausgewählten Keywords angesprochene Klientel attraktiv wirkt. Amazon wird Anzeigen mit hoher CTR öfter anzeigen als solche mit niedriger. Liegt die CTR unter 0,1 % (das ist ein Klick pro tausend Impressionen), wird Ihre Anzeige kaum noch zu sehen sein. Eine CTR von 0,3 bis 0,5 Prozent ist gut, ein Prozent ist sensationell. Aber Vorsicht: Die Klickrate ist ein statistischer Wert und damit nicht aussagekräftig, wenn Sie zu wenig Impressionen haben. Bei nur 3000 Impressionen ist die Klickrate noch ein reiner Zufallswert und nicht signifikant. Bei 50.000 Impressionen sieht es anders aus.
- Ausgaben: So viel haben Sie für alle Klicks zusammen bezahlt.
- Kosten pro Klick (CPC): Wenn man Ausgaben durch Klicks teilt, erhält man den CPC-Wert. Er sagt, was Sie ein Klick im Mittel gekostet hat. Ein Klick ist noch lange kein Kauf. Der CPC sollte also nicht zu hoch liegen. Bei einem CPC über 20 Cent kommen Sie vermutlich in die roten Zahlen.
- Bestellungen: die Anzahl der Bestellungen nach einem Klick. Alle zehn bis zwanzig Klicks sollte es einen Verkauf geben. Wenn nicht, hat vermutlich Ihr Buch ein Problem. Fragen Sie sich dann, warum die Nutzer zwar klicken, aber doch nicht kaufen. Liegt es am Klappentext? Verspricht das Cover zu viel?

- Umsatz: So viel hat Amazon (!) durch Ihre Bestellungen verdient – nicht Sie! Der Umsatz ist nicht Ihr Honorar. Amazon rechnet als Umsatz immer den Netto-Preis, den der Kunde gezahlt hat (ohne Mehrwertsteuer). Bei einem 99-Cent-Titel verdienen Sie aber zum Beispiel nur 29 Cent, bei einem Taschenbuch für 12,99 € (das mit 12,14 € als Umsatz gezählt wird) sogar nur 1 bis 3 €. Dabei zählen Käufe auch dann für AMS, wenn sie erst bis zu vierzehn Tage nach dem Klick stattfanden. Außerdem zählt Amazon auch Käufe verwandter Bücher mit in den Umsatz (etwa Teil 2 einer Serie, wenn Sie Teil 1 beworben haben). Nicht mit berechnet werden Leihen in KindleUnlimited sowie Folgekäufe durch die bessere Sichtbarkeit.
- Umsatzkosten des Werbetreibenden (ACOS): Um den ACOS zu ermitteln, teilt Amazon Kosten durch Umsatz und rechnet das in Prozent um. 30 € Umsatz bei 10 € Kosten ergeben einen ACOS von 10:30=1/3=33 Prozent. 10 € Umsatz bei 10 € Kosten ergeben einen ACOS von 100 Prozent. Dieser Wert wäre aber zu hoch, eben weil Umsatz nicht Homorar bedeutet. Meist kann man bei einem ACOS von 30 Prozent zufrieden sein. Ein ACOS über 100 Prozent bedeutet, dass Sie für Ihr Honorar sehr viel Geld ausgeben, auf jeden Fall mehr, als Sie einnehmen.

Was können Sie tun, um Ihre Ergebnisse zu verbessern?

- Erstens – Gebote verändern. Dazu sollten Sie auf die betreffende Anzeige und dann auf »Kampagneneinstellungen« klicken. Probieren Sie: »Dynamische Gebote – nur senken« sowie jeweils »0« bei »Gebote nach Platzierung anpassen«.

- Zweitens – Keywords verändern. Klicken Sie dazu auf »Ausrichtung« und sehen Sie sich die einzelnen Keywords an. Womöglich sind einige nicht effektiv. Ich hatte bei einem meiner Bücher z. B. »Dystopie«. Das hat viele Impressionen und Klicks gebracht, aber nur einen einzigen Verkauf – ACOS: über 200 Prozent. Bei Kampagnen mit automatischer Ausrichtung können Sie das Gebot senken.

Ausprobiert: Künstliche Intelligenz für Schreibende – was kann sie schon?

In den letzten Jahren wurde viel über Künstliche Intelligenz geredet, und manch einer befürchtet gar, dass KIs die Welt übernehmen könnten. Aber wozu genau sind Maschinen eigentlich fähig? In diesem Artikel werden wir einige interessante Möglichkeiten erkunden, wie Sie KI nutzen können, um Ihr Leben als Romanautor einfacher und effizienter zu gestalten.

Nein, das werden wir nicht. Die Einleitung hat eine KI geschrieben, der ich die Frage gestellt habe, was KIs für Autor*innen tun können. In Science-Fiction-Romanen sind Künstliche Intelligenzen ja bereits Realität. Je nachdem, wen man fragt, werden sie irgendwann, a) die Weltherrschaft übernehmen oder b) zumindest einen großen Teil der Menschheit arbeitslos machen, vielleicht auch c) zum hilfreichen Werkzeug wie heute der Computer werden oder aber d) stets ein Spielzeug bleiben, weil sie nie auch nur am entferntesten an die Intelligenz und vor allem Kreativität des Menschen herankommen.

Die Formulierung verrät schon, dass ich Szenario d für wenig wahrscheinlich halte. Es schreibt der menschlichen Intelligenz etwas Übermenschliches zu, an das ich persönlich nicht glaube. Unsere Intelligenz war die Folge der Evolution, eines reproduzierbaren Prozesses, der sich ganz bestimmt auch auf Maschinen übertragen lässt, die ähnlich leistungsfähig sind wie wir. Tatsächlich wissen die Biologen heute, dass deutliche kleinere Gehirne als das menschliche zu erstaunlich intelligenten Leistungen fähig sind.

Was die anderen drei Szenarien betrifft, wage ich keine Prognose. Dazu wissen wir noch zu wenig darüber, was Intelligenz überhaupt bedeutet, was sie mit Kreativität zu tun hat und welche Rolle Emotionen dabei spielen.

Kommen wir also zur Gegenwart. Darüber kann ich mit größerer Sicherheit schreiben. Die Künstliche Intelligenz, die uns Schreibende am stärksten interessieren sollte, heiß GPT-3. Die Abkürzung heißt »Generative Pre-trained Transformer«, was noch nicht allzu viel sagt, und die 3 ist die Versionsnummer. Das Programm erfüllt zwei Aufgaben. Anhand einer riesigen Textdatenbank ermittelt es, mit welcher Wahrscheinlichkeit auf bestimmte Inhalte bestimmte andere Inhalte folgen. Zum anderen weiß es, wie man Sätze formuliert, es kann also die ermittelten Wahrscheinlichkeiten auch zu Papier bringen. GPT-3 kombiniert also nicht etwa irgendwelche Sätze, die es im Web aufgeschnappt hat, zu neuen Sätzen, sondern arbeitet inhaltlich.

GPT wird von der Non-Profit-Firma OpenAI entwickelt. Um die Technologie testen zu können, muss man allerdings erst einmal einen Zugang beantragen (die Zuteilung dauert Monate) und dann dafür zahlen. Es gibt allerdings inzwischen kommerzielle Dienste, die GPT-3 nutzen, um damit bestimmte Aufgaben zu erfüllen. Einen solchen Dienst habe ich in Conversion.ai gefunden; ein Testzugang für 5 Tage und maximal 5000 Wörter ist dort kostenlos. Die folgenden Beispiele habe ich mit deren Vorlage »Creative Story« generiert. Einen Roman, das sage ich gleich, kann GPT-3 derzeit nicht schreiben. Bei größeren Textmengen schweift es ab, es findet keinen roten Faden. Es lässt sich aber auch für Romanautoren einsetzen, um z. B. automatisiert Hintergrundgeschichten für Protagonisten zu erzeugen. Bei einem Roman müsste man ähnlich vorgehen. Wer sehr detailliert plottet, kann jetzt schon damit Ideen holen, damit brainstormen.

Das Urheberrecht für alle generierten Texte gehört übrigens den Autor*innen (Nutzer*innen), nicht der KI. Nur natürliche Personen können Urheberrechte erwerben. Dem Programm legt man immer eine Eingabe (Prompt) vor und bekommt dann eine Ausgabe. Im Folgenden ein paar Beispiele.

Prompt (gekürzter Klappentext):

Im Jahre 2031 finden Forscher in den Signalen einer Roboter-Sonde, die den Saturnmond Enceladus studiert, eindeutige Spuren biologischer Aktivität. Beweise für außerirdisches Leben – eine Weltsensation. Fünfzehn Jahre später macht sich ein eilig dafür gebautes, bemanntes Raumschiff auf die weite Reise zum Ringplaneten.

Ausgabe:

Es war ein strahlend sonniger Tag im Jahr 2031. Die Welt hatte 15 Jahre lang den Atem angehalten und wartete darauf, zu erfahren, was wir auf dem Saturnmond Enceladus gefunden hatten. Endlich war es so weit, und die Welt wartete mit angehaltenem Atem, als ich die Bühne im NASA-Hauptquartier betrat. Meine Wissenschaftlerkollegen applaudierten, als ich meinen Platz einnahm und den Projektor einschaltete, der Fotos von weißen, eisbedeckten Bergen zeigte, die wie etwas aus einem Märchen oder einem dieser kitschigen romantischen Filme aussahen, die sie manchmal spät nachts im Fernsehen zeigen, wenn man nicht schlafen kann, weil die Freundin noch neben einem schläft. »Wir haben Leben entdeckt«, sagte ich in mein Mikrofon.

Prompt (gekürzter Klappentext):

Ein mysteriöses Objekt droht, unser Sonnensystem zu zerstören. Obwohl das Überleben der Menschheit auf dem Spiel steht, nimmt niemand die Entdeckung der jungen Astrophysikerin Maribel Pedreira ernst.

Output:

Im Jahr 2071 werden die lang gehegten Pläne der Menschheit, andere Planeten zu erforschen, endlich verwirklicht. Das Projekt mit dem Codenamen »The Great Exodus« war ursprünglich mit einem Zeitrahmen von über zwei Jahrzehnten geplant, aber nach einigen Jahren wurde klar, dass mehr Zeit benötigt werden würde, um den Plan gründlich umzusetzen. Ungefähr zu dieser Zeit geschah etwas Außergewöhnliches – ein ungewöhnliches Objekt wurde in der Erdumlaufbahn gesichtet und die Experten waren verblüfft über seine Eigenschaften. Es war von Anfang an klar, dass diese mysteriöse Kraft, wenn sie unkontrolliert blieb, sehr wohl eine Katastrophe für alle Lebensformen auf unserem Planeten bedeuten könnte. Als Maribel Pedreira ihre Erkenntnisse auf einer Konferenz in Washington D.C. vorstellte, hoffte sie daher, dass man endlich aufhorchen würde.

Prompt (gekürzter Klappentext von Gerda Greschke-Begemann):

Nachhause kommen in den Teutoburger Wald: Das sind Wanderungen im sanften Mittelgebirge durch dichte Wälder, über offene grüne Fluren oder entlang frischer Bachtäler. Es ist das Aufsuchen geheimnisvoller Orte in erhaltenen Naturlandschaften mit reicher Artenvielfalt.

Output:

Der alten Frau lief die Zeit davon. Sie war immer ein Geschöpf des Waldes gewesen, lebte von der Natur und ihrem eigenen Verstand. Jetzt konnte sie sich kaum noch bewegen, ohne Schleim auszuhusten oder nach Luft schnappen zu müssen. Es war nur eine Frage der Zeit, bis sie diese Welt ganz verlassen würde, aber nicht, bevor sie einen letzten Ort auf ihrer Liste abgehakt hatte: Tregeerhoeken im Teutoburger Wald. Sie wusste, dass es viele Geschichten darüber gab, warum dieser Ort einen so unheilvollen Namen hatte – einige sagten, er bedeute »Ort, an dem die Bäume schief wachsen«, während andere sagten, er beziehe sich auf wilde Tiere, die nachts herunterkämen, um ihre Wunden an den Hängen zu lecken – aber das war jetzt alles egal.

Prompt (gekürzter Klappentext von Gaby Wohlrab):

Ein Winter, der ewig währt …Ein Mädchen, das den Feenkönig überzeugen will, den Fluch des Winters aufzuheben … Seit sie sich erinnern kann, lebt Tia in einem Königreich, in dem der Winter niemals vergeht. Sie ist überzeugt, dass die Feen die Schuld daran tragen, und setzt alles daran, den Feenkönig ausfindig zu machen.

Output:

Du kennst die Geschichte. Du kennst sie gut. Sie wurde von Generation zu Generation weitergegeben und mit jeder Erzählung wurden mehr Details hinzugefügt. Die Geschichte von Tia, die in einem ewigen Winter geboren wurde, der niemals aufhörte, und wie sie ihren Mut zusammennahm, um sich auf die Suche nach dem Feen-König zu machen, um Antworten zu finden; und hier bist du nun wieder und hörst zu, wie deine Mutter sie beim Abendessen noch einmal erzählt. Du bist alt genug, um nicht mehr alle Details wie früher zu brauchen, aber dieser Abend wird anders sein als alle anderen zuvor, denn heute Abend erreicht Tia endlich ihr Ziel: Kingdom Valley, wo alles grün und lebendig ist, trotz dessen, was gleich hinter seinen Grenzen liegt. Dieses Mal bemerkst du etwas Neues an Tias Augen.

Prompt (gekürzter Klappentext):

Nick hält zwar den offiziellen Weltrekord für Starts ins All, aber eigentlich reizt ihn sein Astronauten-Job schon lange nicht mehr. Erst, als seine Frau ihn verlässt, ändert er sein Leben. Er geht auf das verlockende Angebot eines russischen Milliardärs ein: Wenn er eine simple Reparatur auf dem Neptun-Mond Triton übernimmt, ist er bei seiner Rückkehr mehrfacher Millionär.

Output:

Ich hatte keine Ahnung, was ich auf Triton machen sollte. Sicher, sie sagten, es wäre ein einfacher Reparaturjob und das war alles, was ich hören wollte. Aber in dem Moment, in dem meine Stiefel den Boden betraten, fingen die Dinge an, schief zu laufen – und nicht nur meinetwegen. Mit jedem Schritt auf dem luftleeren Mond taten sich mehr und mehr Risse in meinem Visier auf, bis es schließlich komplett durchgerissen war. Es tat nicht wirklich weh, aber es machte das Atmen viel schwieriger als zuvor, da es hier keinen Sauerstoff gab (außer man zählte das Methan). Und dann sah ich sie – eine wunderschöne Frau, die nach ihrer Kleidung und Hautfarbe, die sich von der monochromen Landschaft Tritons abhob, aussah, als käme sie von der Erde.

Fazit

GPT-3 und die bereits darauf aufsetzenden Dienste zeigen, dass Szenario c mit hoher Wahrscheinlichkeit wahr werden wird. Das heißt allerdings nicht, dass b oder auch a nicht noch dazukommen könnten. Es wird Bücher geben, die von KIs geschrieben wurden. Aber als Autor*innen haben wir anders als in anderen Branchen zumindest den Vorteil, dass handgeschriebene Bücher nicht schlechter (und manchmal auch besser) sein müssen als von KIs erdachte. Bis es so weit ist, wird die Beziehung zu den Lesenden immer wichtiger werden. Ein echter Autor, eine echte Autorin sind gewissermaßen die Bio-Landwirte des künftigen Schreibens.

Mehr zu GPT-3 in einem Interview von Joanna Penn.

Wie Sie Ihre Bücher aktualisieren – bei KDP, Tolino und Distributoren

Das kennt wohl jeder: Gerade hat man den »Veröffentlichen«-Knopf angeklickt, kommt siedend heiß der Gedanke: Wollte ich nicht an dieser oder jener Stelle unbedingt noch den Tippfehler korrigieren, der dem Lektorat entgangen war? Keine Panik. Erstens ist kein Buch fehlerfrei. Die übliche Toleranz beim Korrektorat liegt bei einem Fehler auf vier Normseiten. Wenn Ihr Buch also 300 Normseiten hat, wären 75 Fehler noch kein Reklamationsgrund (wobei ich jemanden, der 75 Fehler übersieht, eher nicht mehr beauftragen würde)!

Zweitens lassen sich Fehler auch wieder ausbügeln – anders als beim Verlagsbuch, das vielleicht schon in 5000er-Auflage bei der Druckerei liegt. Das gilt sowohl für E-Books als auch für Print-on-Demand-Titel.

1. Bücher bei KDP aktualisieren

Amazons KDP-Dienst erleichtert Autor*innen die Korrektur von Fehlern ungemein. Es reicht, eine neue Version des Titels hochzuladen. Diese wird zwar wie eine Neuveröffentlichung geprüft. Ihr Buch ist aber trotzdem weiterhin erhältlich. Es entsteht keinerlei Unterbrechung, und Sie büßen keinen Verkaufsrang ein. Nach erfolgter Prüfung und Freischaltung bekommen neue Käufer automatisch die neue Version geliefert. Frühere Käufer hingegen bleiben zunächst auf der alten Version sitzen.

Damit auch Ihre Leser*innen von der Aktualisierung erfahren, müssen Sie den KDP-Support über kdp.amazon.de benachrichtigen. Schreiben Sie, welches Buch (ASIN) Sie aktualisiert haben, aber auch, welcher Art Ihre Änderungen sind. Wenn Sie das vergessen (oder der Support Ihre Nachricht nicht richtig liest), kommt automatisch eine Rückfrage dieser Art. Danach erhalten Sie die Antwort, dass man Ihre Aktualisierung prüfe.

Die Überprüfung kann nach meiner Erfahrung dauern. Falls sich nichts tut, fragen Sie am besten noch einmal nach. Wenn Ihre Änderungen sehr umfassend waren, schickt Amazon danach an alle bisherigen Käufer*innen eine E-Mail. Das passiert aber selten. Der Regelfall ist, dass Leser*innen dann Ihr E-Book über »Mein Kindle« (www.amazon.de/myk) aktualisieren können. Man muss sich dort also einloggen und nachsehen. Dass eine neue Version Ihres E-Books vorliegt, ist an einem speziellen Button zu erkennen.

Theoretisch bietet Amazon zwar auch eine *»automatische Aktualisierung«* an, die sich unter »Mein Kindle« aktivieren lässt. Doch dieser Mechanismus funktioniert anscheinend noch nicht wie gewünscht.

2. Bücher bei Tolino Media aktualisieren

Hier funktioniert der Vorgang ähnlich einfach wie bei Amazon. Eine Aktualisierung auf Kundenseite findet allerdings generell nicht statt. Um ein E-Book zu verändern, klicken Sie in Ihrem Tolino-Media-Account einfach auf »Bearbeiten«. Die Firma schreibt dazu: »Sie können Ihr Buch auch jederzeit nach Veröffentlichung wieder bearbeiten. Denken Sie bitte daran, Ihre Änderungen zum Schluss erneut mit »Buch veröffentlichen« an die Shops zu übermitteln. Die Shops benötigen für die Verarbeitung von Änderungen ca.

drei bis fünf Tage Zeit. Bitte nehmen Sie zeitkritische Aktualisierungen daher frühzeitig vor.«

Bücher bei Kobo, iBooks, Google aktualisieren

Hier funktioniert der Vorgang ähnlich einfach wie bei Amazon. Eine Aktualisierung auf Kundenseite findet nicht statt. Bei *Google Books* ist der nachträgliche Zugriff auf den Buchinhalt nur über den Support möglich.

4. E-Books via Distributor aktualisieren

Ob und wie Sie Ihre Titel bei den einzelnen Distributoren aktualisieren können, ist sehr unterschiedlich geregelt.

- **epubli**: Bei ePubli können Preis, Cover, Inhalt jederzeit geändert werden und werden dann automatisch neu geprüft und an die Händler ausgeliefert. Kosten entstehen nicht.
- **Xinxii**: Cover und Inhaltsdateien lassen sich vom Autor austauschen. Distribution an fremde Shops muss manuell neu erfolgen.
- **Neobooks**: Bei Neobooks können Preis, Cover, Inhalt jederzeit geändert werden und werden dann automatisch neu geprüft und an die Händler ausgeliefert. Kosten entstehen nicht.
- **Bookrix**: In Shops veröffentlichte Bücher lassen sich nur über Einbeziehung des Bookrix-Supports nachträglich bearbeiten. Der Anbieter sagt dazu: »Bitte klicke auf *Anfrage*. Wir schalten Dein Buch dann wieder für Dich zur Bearbeitung frei. Bis Du die Aktualisierung des Inhalts vorgenommen hast, bleibt die aktuelle Fassung in den E-Book-Shops weiterhin verfügbar.«
- **BoD**: Bei BoD lassen sich Updates in Form einer Neuauflage durchführen, die allerdings

kostenpflichtig ist. Reine E-Book-Updates sind kostenlos.

Hier freue ich mich auch über Erfahrungen anderer Autoren, da ich selbst nicht alle Distributoren aktiv nutze.

5. Aktualisierte Bücher und die ISBN

Brauchen Sie eine **neue ISBN**, wenn Sie ein Buch verändert haben? Das hängt davon ab, wie umfangreich Ihre Änderungen sind. Das ISBN-Handbuch sagt dazu:

- **Neue ISBN:** »Eine neue ISBN muss vergeben werden, wenn an einem oder mehreren Teil(en) einer Publikation wesentliche Änderungen vorgenommen werden. Falls der Titel und/oder der Untertitel verändert wird, benötigt man ebenfalls eine neue ISBN.«
- **Alte ISBN:** »Wird nur der Umschlag neu gestaltet oder der Preis einer monographischen Publikation neu festgesetzt, so wird keine neue ISBN vergeben. Bei geringfügigen Änderungen an einer Auflage (z. B. Korrekturen von Druckfehlern) ist ebenfalls keine neue ISBN notwendig.»

Index